U0662322

重新发现中国 主编｜贺雪峰 沈山

流变的家庭

转型期中国农民家庭秩序的多重面孔

李永萍 著

The Changing Family

Multiple Facets of the Chinese Peasant Family in Transition Period

GUANGXI NORMAL UNIVERSITY PRESS
广西师范大学出版社
·桂林·

LIUBIAN DE JIATING: ZHUANXINGQI ZHONGGUO NONGMIN
JIATING ZHIXU DE DUOCHONG MIANKONG

图书在版编目（CIP）数据

流变的家庭：转型期中国农民家庭秩序的多重面孔 /
李永萍著. —桂林：广西师范大学出版社，2022.1
（重新发现中国 / 贺雪峰，沈山主编）
ISBN 978-7-5598-4391-3

Ⅰ.①流… Ⅱ.①李… Ⅲ.①农民－家庭－研究－中国
Ⅳ.①D420

中国版本图书馆 CIP 数据核字（2021）第 214855 号

广西师范大学出版社出版发行

（广西桂林市五里店路 9 号　邮政编码：541004）
网址：http://www.bbtpress.com
出版人：黄轩庄
全国新华书店经销
深圳市精彩印联合印务有限公司印刷
（深圳市光明新区白花洞第一工业区精雅科技园　邮政编码：518108）
开本：889 mm × 1 240 mm　1/32
印张：12　　　字数：261 千字
2022 年 1 月第 1 版　　2022 年 1 月第 1 次印刷
定价：56.00 元

如发现印装质量问题，影响阅读，请与出版社发行部门联系调换。

目 录

序　言 / 1

一　婚姻与家庭秩序

婚姻模式的变迁与光棍成因的历史分析 / 3

老实人为何更容易成为光棍？ / 8

东北农村的离婚与婚外情 / 15

华北农村的本地婚姻市场与高额彩礼 / 22

农民的生育观念及其转变动力 / 31

论分家的区域差异及其对老年人的影响 / 38

转型期当家权的变迁 / 44

情感性家庭何以可能？ / 49

情感性家庭及其区域差异 / 56

宗族性村庄妇女在家庭中的自主性与依附性 / 61

民间信仰与妇女的生活意义 / 68

二　代际关系与养老

家庭政治的现代演变 / 77

中国农村的老龄化为何没有成为一个问题？ / 82

新三代家庭 / 88

弹性代际责任与有主体性的老年生活 / 93

老人种田的故事 / 97

代际关系与养老预期 / 101

人地关系与养老秩序 / 108

女儿为何参与养老？ / 117

为什么珠三角农村的老年人可以将"小病看成大病"？ / 121

老年夫妻分开管钱的逻辑 / 128

农村老年人闲暇的正当性与可能性 / 131

阶层分化下的老年人生活 / 142

店口农村的老年人协会为什么是维持性的？ / 147

老有所为：农村老年人协会的运行逻辑 / 155

三　社会竞争与家庭发展

村庄竞争与熟人社会的异化 / 173

农民遭孽：贫穷，还是竞争？ / 179

农民收入、教育竞争与"啃老" / 183

依附性社会竞争 / 189

熟人社会中的阶层分化与阶层秩序 / 196

流变的家庭

回归，还是再出发？ / 203

维持型家庭的内在机制 / 210

论农民的家庭发展能力 / 215

四　村庄中的家庭生活

家庭的低积累与高社会支持的应对机制 / 227

无压力社会与消遣式生活方式 / 238

家庭发展压力与村庄公共性的缺失 / 245

熟人社会关系的性质及其变迁 / 251

乡村公共空间的演化与农民闲暇 / 257

半公共空间与公私关系 / 263

隐秘的公共性 / 269

村庄经济关联与村庄社会关联 / 274

东北农村的社会关系 / 282

原子化地区人情的建构性 / 290

办酒席为何不收礼？ / 295

五　市场化与家庭策略

农民与市场的关系 / 303

城市化的不同模式 / 311

大城市郊区农村与普通农村农民城市化进程的差异 / 317

苏州农民城市化的动力和机制 / 323

为什么大城市近郊农村都是外地人种地？ / 331

农村副业资本化对小农经济的瓦解 / 335

六　家庭变迁与政策反思

城乡中国视野下农民家庭结构的多样性与灵活性 / 343

最具时代特征的"中年人" / 349

农民工的变迁 / 356

武汉农村为何解决不了土地抛荒的问题？ / 362

低保制度的变迁 / 367

序　言

在当下社会学的研究主题中，家庭研究算不上一门显学，甚至颇有一点冷门的味道。不少年轻的学者在家庭领域的边缘徘徊，常常望而却步。于是，家庭研究常常被围观，而入场者寥寥。这种寂寥的处境并不意味着家庭研究不重要。众所周知，家庭是社会的细胞，中国社会文化传统更是蕴含了浓厚的家本位的观念，以至于20世纪80年代社会学恢复重建以后，家庭研究曾长期占据社会学研究的主舞台，是改革开放以后中国社会学恢复发展历程中非常重要的一个环节。作为社会学研究的经典命题，家庭研究没有过时。进入21世纪以来，随着工业化和城市化加速，中国社会的基础结构发生了深刻的转变，家庭领域的新现象、新问题层出不穷，在新的时代背景下推进家庭研究，是摆在当下学人面前的紧迫任务。

近年来，农村家庭领域的一些现象引起了社会公众的广泛关注，例如养老问题、天价彩礼、光棍、两头婚，这些热点现象将家庭领域的变革重新置于社会大众的视野之中。每个人都生活在一个个家庭中，对于家庭生活有着切身的体验，自然也能由此生发出对于家庭变迁的朴素感受，因此家庭变迁中涌现出来的问题很容易成为引发广泛关注的热门公共议题。对这些热点现象还要有冷思考。长期以来，人们习惯于从家庭伦理弱化、家庭结构简化等层面分析变革时代的家庭问题，但是，家庭伦理到底如何变迁、家庭结构究竟处于何种状态、当前农民如何展开家庭生活等，都是有待于充分研究的问题。事实上，家庭研究领域虽小，但其内在诸多种关系、现象相互交织缠绕，而且具有极大的社会延展性。因此，深入家庭领域的学术研究既需要厚重田野经验的积累，还需要抽丝剥茧的耐心和见微知著的想象。

在华中乡土派的研究脉络中，家庭研究具有非常重要的地位。华中乡土派主要聚焦于乡村治理的社会基础研究，家庭秩序的稳定性直接关系到乡村社会秩序。沿着问题导向的研究路径，华中乡土派关于家庭的早期研究主要聚焦于家庭领域的具体问题，例如自杀、离婚、光棍等，且尤其注重从代际关系的角度理解转型期的农村家庭问题，并在此基础上进一步反思乡村社会秩序变迁。事实上，华中乡土派的家庭研究从一开始就被置于非常广阔的乡村社会视野之中，避免了就家庭而言家庭的研究路径。其中，既蕴含了由家庭看乡村社会的向度，又蕴含了从乡村社会看家庭的向度。家庭与村庄、市场处于联动而紧密的关系之中。通过持续的田野调研，华中乡土派家庭研究的深度和广度不断拓展，研究主题也不再局限于具体的家庭问题和家庭现象，而是兼及对于家庭结构、家庭功能、家庭关系的机制研究，初步呈现了变迁中的家庭秩序的复杂性和适应性。

置身于巨变时代的中国乡村社会，家庭其实是学术研究的富矿。一方面，传统的家庭研究议题在变迁社会中展现了新的研究空间，如何认识中国的家庭制度，是一个值得挑战的研究命题。另一方面，随着国家权力日益下沉，如何定位家庭的功能，如何发挥家庭在基层治理中的作用，以及如何激活家庭政策，等等，都是值得开掘和拓展的研究主题。在这个意义上，家庭研究从来不应是一个小众的研究领域，而应是锻造社会学想象力的基础领域。尤其是在社会学中国化的浪潮下，对中国家庭尤其是农村家庭的再认识和再研究无疑非常迫切。而要开掘这学术富矿，既离不开久久为功的学术积累，也需要对生动的家庭现象保持高度的敏锐和热情。

李永萍的家庭研究秉承了华中乡土派的研究传统。长期以来，她专注于农村田野调查，对田野中的家庭现象具有浓厚的兴趣，并迸发出了大量富有启发性的学术思考。此前，她的博士论文即以农村老年人的生活逻辑和生存状态为切口，探究了转型期农民家庭的资源、政治与伦理。这本随笔集是其长期以来在家庭领域耕耘的副产品，思考的问题触及农村家庭变迁的不同维度和不同层次，展现了转型期家庭秩序的复杂性和家庭问题的多面性，开掘了不少值得进一步研究的学术命题。值得一提的是，相对于正儿八经的学术论文，随笔的写作方式更多地保留了田野的灵感，在深入家庭领域的学术探险过程中，这样一种写作方式或许有助于脱卸思想的负担，轻装上阵，为家庭研究创新注入更大的可能性。与之相应，当前学术研究的一个问题是拐杖太多，因为太过依赖拐杖，做研究写文章反而束手束脚，不敢大破大立，严肃正经的形式之下常常是空洞的内容。

这本随笔集是李永萍家庭研究的一个新起点，它不一定成熟，但体现了她致力于在家庭领域深耕的踏实勤勉的作风和敏锐细致的思维。家庭领域的经验现象正处于快速变动的过程之中，吮吸着田野的养分，相信李永萍后续还会产出更多的、有分量的研究成果，向诸君展现家庭研究的魅力。

是为序。

杜　鹏

2021年5月10日

一

婚姻与家庭秩序

婚姻模式的变迁与光棍成因的历史分析

——从"开亲"说起

贵州石阡县农村历史上有"开亲"的习俗。"开亲"又称"定亲"或"娃娃亲",一般是在小孩五六岁至十三四岁之间进行。如今50岁以上的农民,大多数都是通过"开亲"而结婚,亦即当地的"开亲"传统一直延续到20世纪80年代左右。20世纪90年代以来,随着打工经济的兴起,当地农民开始外出务工,传统封闭的通婚圈逐渐被打破,"开亲"的习俗难以维系,代之以自由恋爱婚姻的兴起。那么,"开亲"这一习俗的消逝以及当地婚姻模式的变迁,给农民的婚姻带来哪些影响?

一

"开亲"的范围一般限于本镇或邻近的乡镇。从"开亲"到最终结婚之间,有一套复杂的仪式,并且从"开亲"开始,男女双方的家庭就要像亲戚一样走动。具体而言,从"开亲"到结婚之间要经历以下程序。

第一，问话礼。男方若是相中了某家的姑娘，就会找媒人到女方家问话，并带上礼物，一般是一套衣服。如果女方家同意这门婚事，会收下礼物；若不同意，则不收。

第二，下订书。男方请媒人向女方家送上"书纸"（即书面契约），纸上一般会写"朱陈合好"四个字。男方还会专门请一个"提篮人"跟着媒人去送礼，这一次送礼的范围主要是女方的叔伯兄弟家。送的礼物包括酒（一家一斤[1]）、肉（一家两斤），此外还要给女孩本人送两套衣服。

第三，下聘书，即向女方家下聘礼。这一次，男方家要请一个"押书先生"，一般是有文凭、会说话的，跟随媒人前往。此外还要请两个"挑礼人"。这一次送礼的范围扩大，要给女方的堂公伯叔、舅爷舅娘、姑父姑母、姨妈姨爹等亲戚送礼，也是一家两斤肉和一斤酒。另外，还要给女孩送四套衣服。

第四，讨庚，即向女方家要女孩的生辰八字。这一次由媒人和一个"提篮人"一起前往，主要是给女方家送酒肉，以及给女孩送一套衣服。

第五，预报佳期。男方家根据男女双方的生辰八字看好结婚的日子之后，要到女方家送信，即预报佳期。这一次要给女方的寨邻送粽子，每家三四个，还要给女方家送一百二十个大蒜，预示着女孩有规划、会持家。此外，要给女孩送一套衣服。

---

1 1斤为0.5千克。

流变的家庭

第六，接亲。接亲当天男方家要给女方送礼物，包括一整套衣帽鞋袜，从头换到脚。此外，还要给"坐轿肉"，即男方家给女方家两三斤生肉，女方父母煮上一块放在轿子里，女孩在路上饿了可以吃。

至此，婚姻的仪式和程序完满结束。从"开亲"到最终结婚一般要经历几年甚至十几年的时间，并且在此过程中有很多仪式和程序。"开亲"对于农民家庭有两个好处。一是可以更好地保证婚姻的稳定性。一方面，从"开亲"到结婚历时多年，男女双方有足够的时间对对方及其家庭进行了解，如果觉得不合意，也可以毁婚。一般情况下，如果是男方毁婚，那么女方不用归还礼物；如果是女方主动毁婚，那么就需要归还男方之前所送的礼物。另一方面，在婚姻程序和婚姻仪式中，不只有男女双方家庭的互动，双方的寨邻、亲戚等都要参与进来。这既是对双方关系的宣布，同时也对双方的关系构成一种约束，即男女双方的婚约关系在熟人社会中已经得到认可，没有特殊情况不能随便解除婚约。二是可以分散男方家庭的婚姻支出。男方家庭需要向女方家庭及其寨邻、亲戚等赠送礼物，但这些礼物不是一次性赠送，而是分散在多年间多次赠送，从而更有利于积累不足的小农家庭完成子代结婚的任务。

地方性的、封闭的通婚圈是"开亲"这一习俗能够维系的基本前提。在"开亲"作为主要婚姻模式的阶段，当地农村的光棍问题并不凸显。一方面，这是因为地方性的婚姻圈能够保持男女性别比的基本平衡；另一方面，分散多次送礼可保证男方家庭在积累不足的情况下也能够支付婚姻成本。因此，在这一时期，当地农村的光棍比较少。

然而，随着打工经济的兴起以及传统通婚圈被打破，类似于"开亲"的传统婚姻习俗逐渐被农民所摒弃。近年来，当地30多岁还没有结婚的年轻光棍越来越多。笔者调研所在的石阡县M村，村庄共有900多人，30岁以上还没有结婚的男性有二三十人。邻近的P村更为偏远，自然条件更差，该村总人口1500多，30岁以上的未婚男性有100多人。

二

相对于此前少量的老光棍是由于个体性因素娶不到媳妇而言，近年当地30多岁的年轻光棍则主要是结构性原因所致。打工经济的兴起打破了传统的地方性通婚圈，形成了全国统一的婚姻市场。全国统一的婚姻市场具有两层内涵：一是婚姻资源可以实现跨区域的流动，二是本地婚姻市场会受到全国性婚姻市场的挤压。

首先，由于经济条件较差，家庭积累不足，贵州农村在全国性婚姻市场中处于"低洼地带"。因此，婚姻资源在当地是非对称性流动的，表现为当地流出外地的女性资源多于外地流入当地的。在全国性婚姻市场形成的背景下，本地女孩都希望嫁到更好的地方，外地女孩则不愿意嫁到本地来。以目前处于婚龄的二三十岁的年轻女性来看，本地女孩大约有40%嫁到外地，而本地的外地媳妇只占10%左右，如此一来，就出现了30%的女性资源流失，由此进一步加剧了当地男性结婚的难度。

　　　　　　　　　　　　　流变的家庭

其次，从家庭层面来看，当地父代对子代的代际责任有限。父代会操心子代的婚姻大事，但并不会像华北父代那般倾尽全力，而是有能力便多支持一点，没有能力则更多地要依靠子代自己努力。因此，在贵州农村，不管是寻找婚配对象，还是支付婚姻成本，主要都是子代自己的责任，年轻人需要自己积攒结婚所需的资源，这自然增加了年轻男性结婚的难度。

此外，当地村庄社会对光棍并没有排斥，他们生活于其中不会感受到异样的眼光，可以和其他人一样参与村庄的公共生活和进行人情往来，光棍的身份不会影响其在村庄中的生活和立足。实际上，村庄社会对光棍的正常接纳，进一步增加了其"打一辈子光棍"的可能性。

在当前适婚人群面临男女性别比严重失衡的背景下，3000万光棍的出现是必然的，但关键在于，他们如何分布？实际上，每个区域的农村都会存在一定数量的光棍，这是正常现象，然而，在一些地区出现"光棍集聚"或"光棍成窝"的现象，就不得不引起关注。根据笔者的调研，"光棍成窝"一般都发生于偏远山区农村，如贵州农村、鄂西山区农村，这些地区受自然条件的限制，经济条件在整体上较差，处于全国性婚姻市场的"低洼地带"，女性资源大量外流，因此当地男性的结婚难度大。

老实人为何更容易成为光棍？

近年来，笔者在农村调研时都会关注农民的婚姻问题，发现"老实人"光棍成了一种新的光棍类型。当问及村民为何一些男性没有正常结婚时，其回答是"太老实了""不会和女孩交往"。"老实人"光棍主要出生于1980年之后，在此之前出生的，很少是因为人老实而成为光棍的。"老实人"光棍的一个共同特征是：老实，不会与女孩子交往，甚至与女孩子说话都会脸红。

"老实人"光棍并不是无所事事，他们一般都有自己的工作，工作完之后通常宅在家里，很少出门与人交往。从经济的角度来看，这些"老实人"光棍的家庭经济状况并不是很差，有些甚至在村庄里处于中上层，但他们就是找不到媳妇。当问及其家人以及周边村民时，大家都找不出其他的原因，似乎老实就是他们最大的缺点，也是其打光棍的最主要原因。在传统社会里，老实是对一个人的褒义评价，说明这个人做事踏实、有责任心、值得交往，女孩的父母往往会刻意给女儿找一个老实的人谈婚论嫁，认为这样的人适合过日子。那么，为何老实在当前会成为部分男性打光棍的主要原因？这还得回到对婚姻本身的理解。

一

俗话说，"婚姻不是两个人的事，而是两个家庭的事"。这句话有两层含义：其一，婚姻从来都不是男女双方说了算，而是需要综合考虑两个家庭的意见；其二，单独依靠青年男女两个人很难顺利谈婚论嫁，婚姻需要双方家庭的共同支持。其中，前者涉及婚配权力的问题，后者则涉及婚配能力的问题。可见，一桩姻缘的顺利达成，必然要涉及婚配权力和婚配能力这两个要素。实际上，正是婚配权力和婚配能力在转型时期发生的巨大变化，导致了两者的主体分离，并最终塑造出"老实人"光棍这个群体。

婚配权力是指谁在主导婚姻的达成，分为青年男女自己做主和父母做主两种类型。婚配能力是指影响婚姻达成的多重要素，具体而言，主要包含两个方面：一是个人禀赋，包括个体的相貌、择偶能力和交往能力；二是家庭支持，包括经济支持以及父母对子代婚姻的介入程度。婚配权力和婚配能力在传统时期和现代时期有很大不同，转变的结点大约在2000年，即打工经济普遍兴起前后。

在2000年之前，农民的婚姻达成形式主要以父母包办型和介绍型为主，婚配权力由父母主导。婚配权力是当家权的一部分，父母代表家庭行使这一权力。大集体及其之前的时期，婚姻主要由父母包办，"父母之命，媒妁之言"这句话很好地描述了那一时期婚姻达成的状态。如今很多六七十岁的老年人在回忆他们结婚的情景时，一般都会提到，在结婚之前男女双方大多从来没有见过面，只要父母觉得可以，这对青年男女就会结为夫妻。20世纪八九十年代包办型婚姻已经极少，以介绍型婚姻为主，一般是父母托亲戚朋友帮子女介绍对象，这一时期的婚配权力仍然倾向于父母一边。虽然在介绍和相亲之后，青年男女如果觉得不合适，也可以提出反对意见，但并非每个人都能如愿以偿，大多仍会听从父母的安排。

在婚配能力方面，传统时期更加注重家庭的整体情况，包括经济状况、父母的为人等，其中，父母的支持是最重要的，个人的特质反而最不重要。在这一时期，婚姻是"结两姓之好"，是两个家庭的结合，是为了完成两个家庭的目标，个人的特质、想法在婚姻中通常是被遮蔽的，婚姻更多是两个家庭的事情，而非为了个体的情感体验或情感寄托。因此，只要家庭各方面条件都还可以，就不存在娶不到媳妇的情况。即使个体在身体或者智力上有一定缺陷，父母也可以为之找到合适的婚配对象。考察如今农村年纪较大的光棍群体可以发现，这些人之所以成为光棍，很多都是因为家庭条件不好，或者是因为家庭成分问题，真正由于个人因素找不到对象的极少。

二

打工经济兴起以来，自由恋爱成为主导性的婚姻缔结方式。年轻人大量外出务工，在城市的打工生活中，交往圈子得以扩大，他们在朋友、同学的介绍下，可广泛交友，其中也包括异性朋友，这为自由恋爱提供了基础。当然，也有一些年轻人在外出打工的过程中没有找到对象，因此仍然要回到家乡通过父母托人介绍或相亲的方式来结交异性。但即使是这种方式，父母或媒人也只是扮演中间人的角色，最终这门婚事能否成功，关键是看两个人是否谈得来。在此过程中，婚姻的意义或目标也发生了变化，婚姻从"结两姓之好"转变为"两情相悦"，随之而来的是婚配权力的转移和对婚配能力要求的变化。

首先，婚配权力由父母转移到年轻人，婚姻更多是年轻人自己说了算。青年男女要经过谈恋爱的阶段，并在此过程中来观察对方是否适合自己，如果有一方觉得不合适，就可以提出分手。父母此时能够干预的空间很小，并且年轻人通常也不会听父母的意见，他们认为婚姻是自己的事情，要自己满意才行。当然，父母并非完全不管子代的婚姻大事，事实上，他们的介入主要是以提供经济支持的方式表现出来，尤其是在一些婚姻成本较高的地区（如华北农村），父母必须要为子代提前准备好婚姻所需的费用。

其次，对婚配能力的要求也与传统时期有所不同。传统时期的婚姻是"父母之命，媒妁之言"，父母不仅要看这个人怎么样，更关键的是要看对方家庭整体情况如何，因此是重视家庭而湮没个体的。然而，在当前，婚配权力更多转移到年轻人身上，年轻人对婚配能力的理解与父母完全不一样。年轻人虽然也看对方家庭情况如何，尤其是看经济条件如何，经济条件太差也不行，但他们更加重视婚姻中的情感共鸣，很关注对方是否和自己聊得来，因此个人禀赋（如长相、交往能力等）成为婚配能力中的关键要素。可见，这一时期婚配能力中的个人禀赋和家庭支持都很重要。其中，家庭支持（尤其是经济支持）是基础，经济条件太差的家庭很难娶到媳妇；而个人禀赋则是起决定性作用的变量，如果家庭条件很好，但长得太丑，或者是交际能力不强、不会与女孩子聊天，这样的男性也很难找到对象。

因此，在此背景下，婚姻的顺利达成就不能仅仅依靠父母，而是需要父代和子代共同努力才行，两者在婚姻达成中承担了不同的责任。其中，父代是负责"娶媳妇"，即从经济上对子代结婚提供支持；而儿子是负责"找对象"，要自己会谈，会与女孩子相处，只有谈到了对象，父母的经济支持才能发挥作用，否则在经济上做再多的准备也没用。根据父代是否"娶得起"和子代是否"找得到"，可以将有儿子的家庭分为四种类型：一是父母"娶得起"、儿子"找得到"，即父母在经济上做好了准备，儿子的个人禀赋也很强，这样的家庭是最容易娶到媳妇的；二是父母"娶不起"、儿子"找不到"，即父母在经济上不能提供足够的支持，儿子的个人禀赋也很差，这样的家庭最难娶到媳妇，儿子最容易成为光棍；三是父母"娶得起"、儿子"找不到"，即父母在经济上已经做好准备，但儿子就是谈不到对象，其原因很多就是"太老实""不会与女孩子聊天"，这就是本文所说的"老实人"光棍；四是父母"娶不起"、儿子"找得到"，即父母在经济上不能提供多少支持，但儿子的个人禀赋很强，长得帅，且会与女孩子交往，很讨女孩子欢心，这样的男性找对象不难，但在谈婚论嫁的阶段可能会面临一些困难。

流变的家庭

三

　　综上所述，在传统时期，婚配权力和婚配能力都集中于父代，年轻人的个体性和个人意见在婚姻中是隐藏的或被遮蔽的。而现代社会中，年轻人的个体性和主体性在婚姻达成中的重要性越来越凸显：一方面，婚配权力由父代转移到子代，婚姻更多是由年轻人自己说了算，年轻人具有更大的话语权；另一方面，婚配能力中，年轻人的个人禀赋也变得更加重要。可见，婚配权力和婚配能力的主体在家庭内部发生了分化，婚配权力由父代转移到子代，而婚配能力中，虽然越来越重视子代的个人禀赋，但父代的经济支持仍然非常重要，因此婚配能力是由父代和子代合力构成的。在这个转型过程中，父母对子代婚姻的介入从前台的全方位主导转变为在后台提供经济保障，并且，父母能够做的只是提供经济支持，能不能谈到对象得看儿子的本事。

　　农村"老实人"光棍的出现，表面上看是因为村庄社会对老实人的评价与之前有所不同，更本质的原因其实在于随着打工经济、自由恋爱以及全国性婚姻市场的形成，婚配权力的主体和婚配能力的要求都发生了变化，从而使得婚姻的达成由主要是父母的责任转变为需要父母和子女共同的努力，任何一方的缺位都可能会导致儿子娶不上媳妇。并且，随着婚姻的意义由"结两姓之好"转变为"两情相悦"，婚姻中的个体性因素变得更加重要。

　　除此之外，婚配机会和婚配资源是影响男性找对象的结构性原因，如男女性别比失衡的程度、区域经济状况（是否处于经济"低洼地带"）等，这些结构性的变量可以用来解释区域性的结婚难度问题。例如，在男女性别比失衡非常严重的地区，男性娶媳妇的难度显然更高；在经济条件总体较差的婚姻"低洼地带"，男性也更难娶到媳妇。但具体到一个区域内部，为什么有的家庭娶媳妇容易，有的家庭娶媳妇困难，则要从更加微观的角度去分析。

东北农村的离婚与婚外情

在东北农村调研时，当地村庄比较普遍的离婚和婚外情现象给笔者留下了深刻的印象。我们调研所在的一个村庄，有800多户，3000人左右。据村民介绍，80%左右的家庭有离婚、婚外情或者其他性混乱的现象。虽然这个数字有点夸张，但后期根据我们的调研和统计，全村离婚的家庭至少有100户，而夫妻一方或双方都有婚外情的现象则更为普遍。此外，该村还有一个男人同时拥有两个老婆的现象（第二个老婆没有正式领证），并且在全村范围内都是公开的。对于所有这些婚姻失序问题，当地人似乎早已习惯，他们并没有觉得很诧异或者认为这是不正常的现象，在其看来，"这种事不稀奇，只要人家能够摆得平，别人不能说什么"。在当地村庄，有婚外情甚至还被视为个体有能力和有本事的标志，当地农民经常说一句话："男人没小妾，活着不得劲；女人没情夫，不如老母猪。"

—

在现代社会中，婚姻双方拥有自由抉择的权利，离婚确实是很正常的事情。但是，在中国社会，婚姻并非仅仅是夫妻两个人的事情，婚姻的达成和维系还需要接受双方家庭以及整个社会的检视，因此，虽然个体具有离婚的自由，却并不能随随便便离婚。基于此，虽然离婚是一种正常的社会现象，但是当一个村庄或者区域离婚率非常高时，则不得不引起我们的关注和反思。近年来，笔者在全国各地农村调研时都对离婚现象有所关注，总体来看，当前农村的离婚现象越来越多，其中东北农村的离婚率位居全国前列。并且，东北农村的离婚现象还具有两个突出特点：一是大部分离婚是婚外情所致，二是中年人（四五十岁）离婚的现象尤其普遍。那么，我们应该如何来理解东北农村的离婚以及普遍的婚姻失序问题？

在当地农民看来，导致离婚现象增多主要有两个原因。一是外出务工。当地农村人均土地较多，农业剩余充足，农民外出务工开始的时间相对较晚，大约从2005年之后才兴起普遍外出务工的潮流。并且，由于务农的收入相对较高，农民一般不会放弃土地，加之还有照料老人和小孩的任务，因此除少部分年轻人以外，当地大部分农民家庭都不会夫妻共同外出务工，一般是一方在农闲时节外出打零工，另一方则留守在家。这使得夫妻之间长期分居，进而导致情感淡化，外出的一方或者留守的一方都可能因为"耐不住寂寞"而出现婚外情，从而导致离婚。二是农民普遍上网聊天。QQ以及微信在农村社会的普及，改变了农民的社会交往方式，很多农民乐于通过这些新奇的交流方式寻求刺激。据当地农民介绍，婚外情的对象很多是

　　　　　　　　　　　　　　　　流变的家庭

通过微信"摇一摇"的方式找到的,一般在离村庄十里¹地的范围之内。外出务工以及网络的普及是农民离婚的普遍性原因,但还需要进一步解释的是,在外出务工和网络普及已经成为一个普遍性的社会事实时,为何东北农村的离婚和婚姻失序问题更为严重?这需要进入当地农民的家庭、村庄以及日常生活之中来深入考察。

二

首先,从村庄社会结构的角度来看,东北农村属于原子化村庄。村庄历史普遍不长,村庄内部对个体的结构性约束较少,个体在日常生活中更为重视个人的情感体验。调研发现,东北、四川、江汉平原等原子化地区的离婚率明显高于华北小亲族村庄以及华南宗族性村庄。在此意义上,原子化的村庄社会结构奠定了东北农村婚姻失序的基本底色。但是,与川西平原以及江汉平原等原子化地区更多因为感情不和而导致离婚的情况有所不同,东北农村的离婚更多是因为婚外情,并且中年人离婚的现象尤其普遍。

其次,村庄社会结构的差异还影响了农民的家庭性质,进而影响了农民的行为逻辑。一方面,东北农民的家庭观念、家庭伦理和家庭责任都不是很强,家庭对于他们而言主要是一个生活共同体,是一个实现当下生活目标的生产生活的基本单

1　1市里为500米。

位，家庭本身所承载的价值感和意义感并不强，农民传宗接代的本体性价值也并不凸显。另一方面，当地农民面临的家庭压力并不大，子代的婚姻成本不是很高，且当地农民没有刚性的城市化需求，因此弱化了农民家庭进行资源积累的动力。一般而言，农民外出务工是为了更多地积累家庭资源，完成家庭再生产和家庭发展与流动的目标，因此，在其打工行为的背后，有很强的家庭伦理和家庭责任作为支撑，也正是基于此，农民才能忍受打工过程中的各种艰辛。但是，对于东北农民而言，其家庭伦理和家庭责任观念相对较弱，且家庭面临的经济压力相对较小，因此他们外出务工行为背后的家庭伦理责任实践便相对较弱，农民的个体性在打工过程中得以充分释放。例如，我们在当地村庄调研时了解到，很多中年男性在外出务工的过程中发生婚外情，并且逐渐减少往家里寄钱的频率。此时家里往往还有在读学生或者是未完成婚嫁的子女，但所有这些都并不足以将之拉回家庭，他们仍然"陷进去无法自拔"。家里的妇女知道真相后一开始往往会闹上一番，但最终无外乎两种结果：或者是离婚，或者是中年女性也开始有婚外情。因此，可以看到，当失去了家庭伦理和家庭责任的牵绊时，农民的行为选择将更加个体化。

再次，从村庄社会舆论的角度来看，当地村庄的公私界限非常清晰，且公共性不足，村庄内部缺乏干预个体及其家庭私事的公共性力量，舆论压力甚微，进而释放了个体行为的随意性。当地村庄的公共性具有两面性：在治理层面有一定的公共性，农民遵守基本的规则，能够达成必要的合作；在日常生

　　　　　　　　　　　　　流变的家庭

活层面的公共性很弱，村庄社会关系比较松散，农民对村庄社会的嵌入度不高，公私界限清晰，"公"难以介入"私"的领域。对于当地农民而言，离婚或婚外情都是属于个人家庭的私事，别人无权干涉，也没有必要干涉。农民只会在一些最为私密的场合和最为亲密的关系中（如夫妻之间、兄弟姐妹之间）谈论诸如离婚等事情，在小卖店等公共场合则不会谈论。实际上，一个村子里谁离婚了、谁出轨了，过不了多久都会成为公开的秘密，但在公共的场合谁也不会谈起，并且还要装作不知道，当地农民都非常避讳谈论别人家里的私事。对此，当地一位村民小组长和普通村民有如下看法：

> G村三社的社主任（即小组长）贾云说："到各家（通知事情），只谈工作上的事，别人讲私事，我立马就走。如果非要你听，抹不开面子，那听完也要尽快走，怕惹是非。家庭私事都怕人知道，只有关系密切的才会讲，这种事情少涉及为好，一般聊天都不涉及别人家庭内部的事。别的困难可以帮，介入家事会招来灾祸。要是你介入了，以后人家离婚了，有一方肯定会怪你，说你在其中说了什么不好的话。"

> G村六社的谢丰说："兄弟之间要相互帮忙，兄弟关系都没有处好，别人不会愿意搭理你；不孝敬父母的人，别人也不愿意搭理，说你人品有问题，这是底线问题。夫妻打架，不影响别人对你的评价，再说夫妻之间也不会老是打。出轨的人，我看不起，那样的人我不会跟他实交，平

常尽量少搭理，但是碰面还是那样，不会当面说他，这是人家的私事，劝赌不劝嫖。如果一个人好赌，那可以去说一下，说你挣钱也不容易。（婚外情）一般人不会去劝，谁去说？兄弟之间可能都不会说。自己家事还没管明白，还去管别人家的事？"

由此可见，在东北农村，村庄社会对离婚或者有婚外情的人并不会构成很大的舆论压力，村庄价值生产能力较弱，个体在其中受到的约束较小。并且，由于个体及其家庭在生产生活中的独立性比较高，当地农民也并不在乎别人的评价，村庄社会缺乏形成总体性的公共性场域。相对而言，川西平原虽然也是原子化农村，但由于农民在生产生活上有互助合作（主要是水利）以及社会交往的需求，他们会在乎别人对自己的评价，因而村庄舆论还可以发挥一定的作用。在川西平原，如果是因为感情不和而离婚，农民认为这是可以理解的，村庄社会也没有多大的舆论压力；但如果是因为婚外情而离婚，村民就可能在背后讲闲话，并且还会影响当事人在村里的交往。因此，虽然川西平原离婚现象也比较普遍，但还没有出现普遍的婚姻失序现象，农民在婚姻中还持有基本的底线。

三

此外，还可以从农民日常生活空间的角度来理解东北农村的婚姻失序现象。首先，东北农村的男女关系具有很强的开放性，这与当地的自然条件和家庭空间布局有关。东北农村气候寒冷，冬天可达到零下三十多摄氏度，并且白昼时间较短，农民有大量的时间需要在家里度过，当地农民经常用"猫冬"或"猫在家里"来形容这一状态。由于天气很冷，每家每户都有炕，并且必须要烧炕才能度过寒冬，从而在当地形成了以炕为中心的生活空间。从当地农民家庭内部的空间布局来看，一般一进门就可以看到炕。在以前农民家庭经济比较困难时，很多家庭只有一个炕，冬天寒冷时所有家庭成员都在一个炕上睡觉。当地农民的家庭基本没有专门的客厅用于接待客人，除一个小饭厅之外，其余都是房间，每个房间都有炕，且炕往往占据了很大部分的空间。当地农民家里很少有椅子或者板凳，客人来了一般也是坐到炕上聊天。因此，在当地农村，炕既是内在于家庭的，同时也是面向外部的。在家庭内部没有一个相对"公共"的区域用于接待客人，从而在家庭生活中形成"公私不分"的状态，这在一定程度上淡化了家庭生活的私密性。

其次，闲暇过于娱乐化。东北农村独特的气候条件，决定了当地的农业生产具有很强的季节性特征，农民有大量的闲暇时间。因此东北人喜欢唠嗑，将闲暇本身娱乐化，并且逐渐渗入两性领域，从而奠定了当地两性关系的重要底色。在东北农村，农民在日常的闲聊和开玩笑过程中经常会涉及两性话题，比如东北的"二人转"就有很多涉及两性关系的段子。

总体来看，东北农村普遍的离婚和婚姻失序现象既与其余农村有一定的共性，同时也有其独特性，这种独特性体现在家庭性质、村庄公共性以及农民日常生活等很多方面。

华北农村的本地婚姻市场与高额彩礼

　　近年来，高额彩礼在华北农村已经成为一种普遍现象。以笔者2017年暑假调研的河南驻马店农村为例，在当地，只有一个儿子的家庭彩礼一般为10万～15万元，而有两个儿子的家庭彩礼至少是20万元。除彩礼之外，男方家庭在婚前还必须建一栋两层的楼房，以目前的建筑成本来看，至少要花费25万元。因此，男方家庭面临越来越高的婚姻成本。在访谈中，很多中年父母提到，他们在儿子出生之后就开始为之积累，如果只有一个儿子，那么辛苦一点，还勉强能够为其支付高额的婚姻成本，但如果家里有两个或更多的儿子，父母的压力可想而知。

　　对于高额彩礼的分析，目前学界主要有两种视角：一是女方要价的角度，认为男女性别比失衡、妇女地位提升以及彩礼性质的变迁（从婚姻补偿功能到婚姻资助功能）是女方及其家庭婚姻要价的主要动力；二是男方支付的角度，认为男方及其家庭的支付能力和支付动力使得女方的婚姻要价转化为现实，其中，父代对子代的厚重支持是形塑男方支付能力和支付动力的关键要素。然而，笔者近几年在华北农村对婚姻现象的考察发现，除女方要价动力和男方支付动力之外，本地婚姻市场这一维度是理解华北农村高额彩礼现象的重要变量。那么，本地

　　　　　　　　　　　　　　　　　　　　　　　　　　流变的家庭

婚姻市场与高额彩礼之间究竟有什么样的关联？

一、华北农村为何偏爱本地婚姻？

华北农村以本地婚姻为主，媳妇多来自本村或邻村，超出本镇范围的婚姻极少。男女双方的家一般相距十里地左右。2000年以来，随着打工经济的兴起，年轻人外出务工成为一种普遍潮流，与之相伴的则是自由恋爱的兴起和全国性婚姻市场的形成。然而，华北农村至今仍然以本地婚姻为主，这主要与以下几个因素相关。

首先，外地婚姻具有不稳定性。尤其是村庄中出现过外地媳妇在婚后逃跑的现象之后，当地人对于外地婚姻更加排斥。在驻马店农村调研时，一位中年妇女说道："我们这里的父母一般都不支持外地婚姻。儿子出去打工时，我就对他说，千万不要找外地女孩，领回来我也不要，怕跑了，钱打水漂了。我们这里有这样的情况，现在的年轻人没有责任心，尽不到母亲的责任。当地人相互了解，亲戚加亲戚，行（找）个外地人，走亲戚都费劲。有女儿的家庭也是这样想，一个女儿的肯定不愿意嫁外地，除非是有几个女儿。"

其次，在激烈的村庄竞争中，姻亲是当地农民参与村庄社会竞争和寻求社会支持的重要资源。华北农村的小亲族结构塑造了村民相互竞争的基本结构，而在现代性带来的家庭发展压力面前，村庄内部的竞争愈演愈烈。亲兄弟之间、堂兄弟之间、普通村民之间都可能存在激烈的竞争，并且，在同质性越强的群体内部，竞争往往越激烈。当地农民有一句俗语，"亲戚只巴亲戚有，爷们只巴爷们穷"[1]，在他们看来，亲兄弟之间、堂兄弟之间都是高度竞争的关系，相互之间都希望对方比自己过得差，希望自己把对方比下去。如果对方比自己过得好，就会嫉妒；而如果对方比自己过得差，那就会笑话。而姻亲之间则是相互帮扶的关系，都希望自己的亲戚过得好，姻亲关系成为当地农民最为重要的社会资源。这就可以解释为什么当地农民喜欢本地婚姻，因为只有本地婚姻所建构的姻亲关系才能在日常生活中实现相互帮扶和相互支持，并且成为自己参与村庄社会竞争的重要资源。

此外，华北农村本地婚姻市场的维系还可能与早婚现象有关。当地农村以前也有早婚现象，但并不普遍，在近十年，此现象越来越多，年轻人通常在十七八岁就结婚，并且早婚越来越成为当地农民的优先选择。实际上，当前的早婚现象是由高额的婚姻成本所倒逼的结果。当地彩礼价格逐年攀升，一年一个价，因此当地农民都倾向于让自己的子代早点结婚，以尽可能减少婚姻成本。对于年轻的子代而言，如果学习成绩不好，一般上学上到初中毕业，此时通常十五六岁，下学后在家里或者是跟着亲戚外出"混两年"，就在父母的催促与安排下结婚。年轻的子代在结婚时没有任何经济积累，因而婚姻成本只能完全由父母负担。父母对子代婚姻的帮扶，使得他们对子代

---

1 "爷们"是对五服以内的血缘单位的总称，相当于"门子"或"户族"，"亲戚"则主要是指姻亲。

的婚姻介入更多，这种介入自然包括对本地婚姻的优先选择。并且，父母的介入，也只能在本地婚姻市场上才能发挥作用，因而进一步维系了本地婚姻市场的稳定性。

二、本地婚姻市场如何助推高额彩礼？

调研发现，本地婚姻市场与高额彩礼之间存在重要的相关关系。具体而言，本地婚姻市场这一变量主要从以下几个方面助推了华北农村的高额彩礼。

第一，本地婚姻市场加剧了阶层竞争的压力。男女双方及其家庭都参与到婚姻带来的阶层竞争之中，只是双方竞争的标的物有所不同。男方及其家庭竞争的是有限的女性资源，而女方及其家庭竞争的则是高额彩礼。当本地婚姻成为一种优先选择之后，女性成为本地婚姻市场上的稀缺品，因而在婚姻市场上具有绝对的主导权，并具有要高价的能力和动力。高额彩礼成为女儿优秀的标志，如果女方家庭不要高额彩礼，反而会被认为这家的女儿一定是有什么缺陷。在此情况下，女方及其家庭都竞相索要高额彩礼。而男方在婚姻市场上则处于相对被动的地位，男方及其家庭只有不断提高彩礼价格，才可能吸引女性，进而顺利实现家庭的再生产。

第二，本地婚姻市场的维系，使得传统的婚姻习俗得以延续并发生异化。实际上，只有在本地婚姻市场上，才能完全按照传统的婚姻习俗来操办婚事，如果是外地婚姻，则可以在相当程度上打破传统婚姻习俗。华北农村传统婚姻习俗的延续体现在两个层面。一是婚姻形式上，仍然以介绍型婚姻为主，自由恋爱的极少。介绍型婚姻中，媒人的介入使得男女双方及其家庭更加具有讨价还价的机会和空间。二是婚姻程序纷繁复杂，每一个程序都成为女方及其家庭要价的环节和基础。以笔者调研的驻马店东头村为例，男女双方在正式结婚之前，至少有以下几个非常关键的婚姻程序。

"小见面"：男方及其长辈第一次正式登门拜访女方父母，一般是在女方家里。通常是男方的父亲和一个爷们的几个长辈一同前往，按当地2016年的标准，"小见面"时男方家庭要给女方1万多元的见面礼。

"大见面"：类似于订婚，男方父亲和一个爷们的五六个长辈一同前往女方家，与女方父母一起商量婚事，按2016年的标准，"大见面"时男方家庭要给女方3万～5万元的礼钱。

"看好"：男女双方家庭定下最后的结婚日期，也是由男方父亲和一个爷们的几个长辈一同前往。"看好"是男方家庭支付彩礼的最重要环节，也是支付最多的环节，按2016年的标准，"看好"时男方家庭一般要给女方6万～10万元的礼钱。

按2016年的标准，男方家庭在这三个环节要支付给女方的彩礼钱至少是10万元。

此外，在"大见面"之后，男方家庭就要开始给女方家庭送礼。送礼包括两种类型：一是给女方买衣服和"三金"，这两项需要花费2万元左右；二是在"大见面"之后的中秋节、麦罢（当地有在收麦之后走亲戚的习俗）和春节等传统节日，男方都要给女方家送礼，一般是送烟、酒、饮料等，每一次几乎都是上千元的花费。

在结婚当天，男方还要支付新娘的上车费，按2016年的标准，少则几千元，多则上万元。

可以看到，传统婚姻程序的延续在很大程度上助推了高额彩礼的形成。但必须注意的是，传统婚姻习俗在当前只是保留了外壳，其内在含义已经完全被剥离。事实上，在传统时期，这一套婚姻程序至少需要两三年才能全部完成，其目的在于通过设置纷繁复杂的婚姻程序来加强男女双方家庭的相互了解，从而增加子代婚姻的稳定性。而在当前时期，婚姻程序中的各个名目犹在，但其目的不再是增进男女双方家庭的相互了解，而是成为女方家庭要价的借口。并且，这一套婚姻程序的完成时间被高度压缩，长则几个月，短则十天半个月，这已经完全背离了传统婚姻习俗的意义。

第三，本地婚姻市场加深了父代对子代婚姻的介入。父母的介入一方面表现为对子代婚姻成本的全部承担；另一方面也使得父母的部分意志得以强化，如对本地婚姻的优先选择。因此，父母的深度介入进一步加剧了本地婚姻市场上对女性资源的争夺，进而导致彩礼不断上涨。

第四，由于受到全国性婚姻市场的影响和挤压，本地婚姻市场的内涵也发生了改变。在传统的通婚圈中，虽然也是本地婚姻为主，但是女方及其家庭并不会随意索要高额彩礼。一方面，这是由于传统的通婚圈内部有被熟人社会公认的规则，逾越规则的人会被笑话甚至被边缘化；另一方面，相对于当前的本地婚姻市场而言，传统的通婚圈更加封闭，且没有受到全国性婚姻市场的挤压。而当前的本地婚姻市场虽然在通婚距离上与传统的通婚圈相似，但其不同在于已经受到全国性婚姻市场的挤压，全国性婚姻市场上男多女少的状况，加剧了本地婚姻市场上对女性资源的争夺。因此，本地婚姻市场内涵的演变，也成为高额彩礼形成的原因之一。

三、高额彩礼的社会影响

高额彩礼给男方家庭带来了沉重的经济负担，为了给儿子娶上媳妇，父代往往需要透支自己未来的劳动力，一直奋斗到不能劳动为止。因此，高额彩礼使中年父代面临巨大压力，并进一步导致对老年人（尤其是高龄老年人）的忽视。在高额彩礼的背景下，为儿子娶上媳妇变得越来越困难。这不仅改变了家庭内部的资源配置逻辑，表现为家庭资源不断向子代家庭集聚，而且也改变了家庭内部的权力结构形态和权力互动方式，子代当家成为常态，父代在家庭内部越来越说不起话，在家庭权力结构中逐渐处于边缘的位置。此外，在华北农村，高额彩礼还会对婚姻家庭产生如下影响。

其一，高额彩礼带来了普遍的早婚现象，并进一步造成离婚的普遍性。前文提到，在高额彩礼的压力之下，一旦家庭有一定的经济能力，都倾向于让子代早点结婚，因为晚婚不仅意味着彩礼会逐年上涨，而且在女性资源有限的情况下，还意味着结婚难度越来越高。在笔者调研的河南驻马店农村和安阳农村，年轻人在十七八岁结婚成为一种正常现象，超过20岁没有结婚的男子就很难娶上媳妇，极有可能沦为光棍。此外，近年来，笔者在华北农村调研发现，当地离婚现象越来越多，并且以20多岁的年轻人离婚居多。造成离婚的原因纷繁复杂，但早婚无疑是重要原因之一。首先，早婚使得男女双方在婚前没有经历谈恋爱的阶段，因而没有情感基础，并且双方都极为不成熟，婚后生活中任何的小摩擦都可能成为离婚的理由。其次，早婚意味着没有到法定结婚年龄，因此在结婚时不能领结婚证，调研中很多年轻夫妻都是在小孩几岁之后才办理结婚证。而婚后头几年是最容易离婚的阶段，加上没有结婚证的束缚，分开变得更加容易，在当地农民的语境中，离婚一般都表现为"女的跑了"。

其二，高额彩礼成为农民生育观念转变的动力之一。河南农村在20世纪八九十年代时计划生育政策执行得很严格，基层干部在计生工作中采取了各种措施，但从结果来看，当时的计划生育工作虽然对当地人口数量有一定的控制，但影响并不大。从当前二三十岁的年轻人来看，一般至少有两个兄弟和若干个姐妹，独子现象很少，"纯女户"更少。一方面，这与农民的生育观念有关，他们会想尽一切办法躲避计划生育；另一方面，也与基层干部的行为有关，尤其是村干部，他们也是生活于村庄中的农民，能够理解农民的生育行为，因此并不会"赶尽杀绝"，特别是对那些暂时还没有生儿子的家庭，往往都会"纵容"。也就是说，八九十年代严格的计划生育政策并没有从根本上改变农民的生育观念。然而，近几年来，随着彩礼的上涨和男性婚姻成本的上升，农民真切地感受到了生儿子，尤其是儿子多的压力。因此，当地农民的生育观念开始发生变化，"一儿一女"成为最理想的生育结果。

流变的家庭

农民的生育观念及其转变动力

华北农村一直以来都有较为强烈的"生男偏好",每个家庭至少要有一个儿子。笔者在华北农村调研时发现,"纯女户"在当地极为少见。没有儿子的家庭在当地被称为"绝户头",这样的家庭在村庄里说不起话、办不起事,更做不起人。即使在20世纪八九十年代计划生育政策执行得很严格的时期,当地农民也要想尽一切办法生儿子。当前当地的年轻人也仍然认同这一套生育观念,认为至少要生一个儿子才行。

驻马店东头村小刘的经历在华北农村很有代表性。小刘生于1990年,19岁结婚,现在已经是三个孩子的母亲,其中大女儿8岁,二女儿5岁,儿子2岁。当笔者问她"如果第三个不是儿子,还要不要再生"时,小刘非常肯定地回答,"要"。在东头村,像小刘这样的年轻媳妇,有三四个小孩很正常,而且基本上最小的一个是儿子。笔者在东头村调研时还遇到一个38岁的媳妇,现在有七个女儿,一个儿子。由于小孩太多,家庭经济条件难以应付,这一户在2017年被评为了贫困户。小刘说:"在农村,一定要有个儿子,以前这种观念更强,现在还好一点。我们(年轻人)也想要个儿子,有个根,传宗接代。要是没有儿子,婆婆虽然口里不说,但心里肯定是不好受的,时间长了，（家庭）不会和睦。为了家庭（和睦），也要有个儿子，毕竟是一家人，还是要顾及公公婆婆的感受。我生第二个女儿之后，当时冲动地说不想再生了，我妈把我说了一顿，她自己有这个经历……"接着，小刘向我们讲述了她母亲在没有生弟弟时所受到的那些委屈。

小刘母亲一共生育了四个子女，前面三个是女儿，最后一个是儿子，小刘是老大。小刘的母亲在2006年才生下小儿子，其间经历过三次流产，都因为是女儿而流掉。小刘比弟弟大17岁。也正是母亲一定要生儿子，导致小刘很早就辍学在家做家务。小刘说："我小学没有上完就没读了，家里太忙了。我们家当时是三姐妹，没有男孩，别人都看不起，我妈心里很难受。本来她已经结扎，后来又揭了。之后怀孕三次，因为是女孩，都做掉了。我妈怀孕后不敢出门，怕被人看见，那时计划生育抓得紧，她和我说，让我别去读书了，在家帮忙做饭……（没有弟弟之前）我妈心里纠结、难受，在邻居面前受委屈，说话办事都感觉矮人一截，抬不起头。比如结婚铺床，大家都愿意找有儿子的家庭，儿子越多的越好，没有儿子的不让你沾边。人家结婚铺床都不让我妈参加，她心里很失落。农村人在外面聊天都是一堆一堆的，说起儿子这个话题，我妈就没话说了。人家都说，这辈子没有儿子，肯定是上辈子做了啥亏心事，老天爷在惩罚。我妈一般很少参加聊天，别人也不愿意和她聊天……她就是受过这些委屈，所以一定要生个儿子，也让我一定要生儿子。我当时说不生了，她很生气，与我吵了一顿。"

可见，华北农村一直以来都有"生男偏好"的传统。同样，在华南宗族性村庄，当地农民也一定要生儿子。然而，相同的"生男偏好"，在华北农村和华南农村却是源于不同的动力。

一、生儿子：功能性还是价值性？

对于"为什么一定要生儿子"这一问题，华北农民给予了一个共同的解释——"为了传宗接代"。传宗接代，即延续香火，使得家族能够代代相传、血脉绵延，这是农民的一种价值追求，构成了对农民生育行为的价值性阐释。然而，进一步的调研发现，传宗接代虽然构成了农民生儿子的基本动力，但华北农民生儿子更主要是出于功能性的需要。华北农村一般都是多姓杂居，村庄内部形成了以五服以内的小亲族为核心的竞争性结构。小亲族之间的竞争不仅体现在村庄政治中，还体现在农民日常生活的方方面面。"有儿子"是参与村庄竞争的基本条件，没有儿子的家庭在村庄里没有面子，他们往往会自动退出村庄竞争，成为村庄社会中的边缘人。没有儿子的家庭往往没有继续奋斗的动力，父代在很年轻时就不再劳动，也不愿建房，呈现出"过一天算一天"的生活状态，全然没有有儿子的家庭那般奋斗的热情。此外，儿子越多，父母在村庄内部说话、做事都越有底气，在村庄竞争中也就越容易占据主导权和优势地位，因而华北农民迫切地希望通过生育更多的儿子来壮大自己的家族力量，从而在村庄竞争中取胜。

笔者在驻马店东头村调研时采访过一个典型案例。东头村的刘阿姨生于1952年，有两个儿子一个女儿，不幸的是，两个儿子都只生了两个女儿。刘阿姨的二儿子是大学生，和妻子一起在郑州工作，已经在郑州买房。刘阿姨靠自己的勤劳培养了一个大学生，按理说应该很自豪，在村里也应该很有面子，但在访谈中，她却显得非常沮丧，尤其是问及其家庭情况时，她情绪非常低落，没有孙子对她打击很大。她说："没有孙子，感觉低人一等，村里人都知道我老大（大儿子）只有两个女儿，老二一直在外面，村里人不知道他有没有儿子。别人问我老二是不是一儿一女，我说'嗯'，就应付过去。平常不愿意出去聊天，不愿意说那事。总觉得别人会看低你，说你两个儿子都没有儿子，肯定是上辈子干了什么缺德事，其实是命。"刘阿姨对没有孙子这件事耿耿于怀，最主要的原因是觉得在村里没有面子。对于华北农民而言，生儿子更多是出于参与村庄竞争的需要，与传宗接代的价值性目标相比，功能性的考虑更具有现实性和即时性。

与之不同，华南宗族性村庄的农民生儿子更多是为了传宗接代、延续香火等价值性追求。功能性与价值性有所不同，前者更多是出于现实性的考虑，而后者则更为强调绵延的价值目标。实际上，华北农民和华南农民在"生男偏好"上的不同动力，可以从父代对子代的代际支持等行为逻辑中进一步展现出来。

在华北农村，父代不仅要生儿子，而且要想尽一切办法、倾尽全力使每个儿子结上婚。如果子代最终沦为光棍，那么村庄舆论会谴责父母没有本事。儿子没有结婚会令父母在村庄内部没有面子，也使得其失去参与村庄竞争的机会，在村庄中逐渐被边缘化。笔者调研时发现，当地村庄打光棍的极少，只要儿子没有智力缺陷，父母都会想尽办法使他结上婚。如果男子的家庭条件不是很好，那么可以找条件差一点的女性，或者是通过找再婚的女性来解决。如果实在找不到合适的，找一个有智力缺陷的女子也是可以的。在驻马店农村，几乎每个村庄都有存在智力缺陷的媳妇，这些男子一般家庭经济条件很差，甚至有的是残疾人。对于男方父母而言，唯一的信念就是不能让儿子打光棍，打光棍意味着绝后，同时也意味着这个家庭在村庄会逐渐沦为边缘地位。因此，即使是有智力缺陷的媳妇，也要找一个。当然，他们不是真的想要这个媳妇，而只是想要她给家里生小孩，最好是生男孩。只有有了男孩，这个家庭才能在村庄社会中继续站稳脚跟。

而在华南农村，父代对子代的代际支持有限。父代有为儿子娶媳妇的责任，但责任并不意味着一定要亲力亲为，而是可以通过动员家庭整体资源来帮助子代成婚。并且，父代只消尽力即可。如果儿子迟迟没有结婚，村庄舆论会说这个儿子太不懂事了，这么大还不结婚，还要父母为他操心，就算最后真的不幸沦为光棍，村庄舆论更多是谴责子代自己没有本事，而不会说父母。

正是由于华北农民生儿子主要是出于功能性的需要，父母才会积极投入到为子代成家立业的实践中，不惜为子代奋斗一辈子。而对于华南农民来说，生儿子是为了家族血脉的绵延，是服务于传宗接代的需求，是一种更为长远的、价值性的考虑，因而并不会促使他们积极为子代的婚姻奔波。

二、农民生育观念转变的动力

华北农村当前仍然较为普遍的"生男偏好"，在多种因素的影响下，正逐渐发生转变。具体而言，河南农村的生育观念已经从"多子多福"逐渐转变为"一儿一女"，但前提仍是一定要有一个儿子。笔者在驻马店农村调研了解到，现在如果头胎是男孩，第二胎还是男孩的话，90%以上的家庭会选择流产。这主要源于两个原因：一是男性婚姻成本不断提高，如果只有一个儿子，通过父母的不断努力，还能勉强为其负担婚姻成本，若是有两个儿子，在当前的婚姻成本面前，大部分农民家庭都难以承担；二是养育小孩的成本不断提高，这既与市场物价提高有关，同时也源于农民在养育小孩上的相互攀比。东头村一位年轻媳妇说："现在养个小孩连吃穿都要跟人家比，看到别人家小孩吃什么，自己家小孩没有吃到，就感觉跟人家玩不到一块儿。以前大家都穷，没啥可比的，现在什么都要比，有钱的要比，没钱的也要比，砸锅卖铁都要比，不然就觉得亏待了孩子。"由此可见，河南农村农民生育观念转变的直接动力源于高额彩礼带来的男性婚姻成本的提高，以及养育小孩的成本提高。

与之相比，山东农村生育观念的转变则有所不同。在20世纪八九十年代时，山东农村当地政府的执行能力很强，计划生育政策执行得更为彻底和严格，因此计划生育取得了实质性的效果。最突出的表现是，"纯女户"家庭在山东农村已经达到相当高的比率。以笔者2016年调研的山东淄博郭村为例，在二三十岁的适婚青年中，该村"纯女户"家庭的比例达到40%。这带来的一个直接结果是，山东农村当前的婚姻市场结构性失衡并不明显，因此彩礼也没有河南农村那么高。可以说，山东农村农民生育观念的转变在很大程度上是严格执行政策的结果。

论分家的区域差异及其对老年人的影响

　　分家是农民家庭再生产过程中一种自然而然的现象，农民常用"树大分叉，人大分家"来表达分家的普遍性。分家作为农民家庭再生产过程中的常态，在不同地区具有非常不同的特点。并且，不同的分家实践会进一步导致父代在分家之后的境遇有所不同。

一

　　从历时性角度来看，我国农村的分家模式普遍经历了从"一次性分家"到"渐次性分家"的转变，分家的时间明显提前，分家由父代主导向子代主导转变。而从区域差异的角度来看，同一时期的分家行为在不同区域的农村也具有明显不同的特点。分家是家庭再生产过程中的重要节点，也是展现家庭关系、家庭权力结构形态的焦点。

　　华北农村的分家具有两个鲜明的特点。第一，所有的家产都要在子代之间均分，要绝对公平，否则会引起儿子尤其是儿媳的不满，并可能带来重大的家庭矛盾。兄弟之间在分家过程中具有很强的竞争性，为了彰显分家的公平以及避免在分家过程中产生矛盾，华北农村在分家时一般要请见证人到场，舅舅、本家的长辈以及村组干部通常是见证人的最佳人选。此外，在分家时还要写分家单，将兄弟之间和代际之间的权责关系通过"白纸黑字"明确下来。第二，父代不单独留下任何家产，土地、房屋、家庭生产资料等，都要在子代家庭之间均分。分家之后，父代一般在子代家庭之间轮流居住，帮助子代家庭劳动，一直到丧失劳动能力为止。我们在华北农村调研经常看到的情形是，年轻的子代外出务工，父代在家帮所有的儿子种地。到了收成时节，子代一般会回村，一方面是为了帮父母劳动，另一方面也是为了及时得到自己的粮食收成。父代种了很多地，但收获都不归自己，而是归各个儿子，父代只能依靠儿子给的养老资源（一般是每年五百斤粮食）生活。当然，也有一些家庭的父代会在村里开辟一些荒地，增加自己的收入来源。但从总体上来说，父代的养老资源主要依靠子代家庭的供给，而不是直接来源于自己的劳动所得。

因此，华北农村的父代在分家之后是完全依附于子代家庭而生活的，父代家庭自此丧失了主体性和独立性。

华北农村的分家还有一个重要功能，即实现当家权的代际转移。当家权包括对内和对外两个层面，对内即在家庭内部的当家权，对外则是指在村庄熟人社会中谁充当家长的角色。在华北农村，父代和子代不可能同时在村庄熟人社会中具有当家权，要么是父亲，要么是儿子，即村庄熟人社会中的"社区性家"只有一个。一般情况下，在分家之前是父代当家，而在分家之后则是子代当家，此时父代家庭在社区中已经"社会性死亡"。

二

华北农村农民对分家很重视，而原子化地区（如川渝农村、江汉平原等）的农民似乎并不是很看重分家这一过程。尤其是当前打工经济普遍兴起之后，年轻的子代外出务工，年老的父代在家务农，代际之间在一起相处的时间很少，分与不分似乎并没有太大的区别。但即使如此，华北农民仍然更倾向于分家，因为对他们来说，分家不仅意味着对父代家产的继承，而且意味着家庭权力结构的下移。而原子化地区分家所附带的含义较少，因此分与不分并不那么重要。

原子化地区农民分家具有以下一些特点。第一，兄弟之间在家产分配上并不是绝对公平，只是尽力做到相对公平。第二，家产分配不彻底，父代一般单独留有家产，因此在分家之后，只要父代还具有一定的劳动能力，就可以通过自己的劳动实现自养。这一点与华北农村形成鲜明的对比。华北农村的父代是帮助子代劳动，其务农的收入归子代所有，生活来源依靠子代的养老资源供给，而原子化地区的父代是为自己劳动，其生活来源为自己的劳动所得。这种微妙的差异对父代而言影响重大。当父代是靠自己的劳动养活自己时，其自由且独立，劳动带来的快感和幸福感很强，因此压力较小，只有到自己不能劳动，需要子代养活时，才会有压力感。而在华北农村，父代依靠子代按期供给的养老资源而生活，其完全依附于子代家庭，没有自己的独立性，此时父代的精神压力会很大，容易认为自己是子代家庭的负担和累赘。

流变的家庭

此外，原子化地区在分家之后，父代家庭和子代家庭是相对独立的，各自都可以当家，都能在社区中获得承认。可见，原子化地区的当家权是可以分裂的，在分家之后的很长一段时间内，只要父代还具有劳动能力和经济实力，仍然可以和子代一起作为平等的主体参与社区公共生活和进行社区中的人情往来。

三

宗族性地区的分家与原子化地区和华北农村又有所不同。首先，宗族性地区的分家具有整合性的特点，即分家是基于家庭整体发展的考虑，是在父代统筹安排之下而分，父代具有很大的话语权。其次，分家过程并非绝对公平，而是会尽量地照顾家庭中的弱者。父母认为哪个儿子条件较差，就可能将家庭资源更多地向其倾斜。最后，宗族性村庄在分家时一般会将父母"分养"，如果有两个儿子，一般情况下是父亲跟大儿子，母亲跟小儿子，因为小儿子的小孩更小，更需要母亲帮忙照顾，这也是扶助家庭中弱者的表现。在宗族性村庄，分家还具有另外一层意义，即意味着父代的人生任务已经完成，分家之后他们可以退出家庭主要的生产领域，子代开始履行赡养父代的义务。虽然现实中也有很多父代在完成人生任务之后继续劳动，但很重要的一点在于，他们具有选择权，即他们可以选择劳动，也可以选择不劳动。

宗族性村庄的父代在家庭和村庄中都具有较高的权威，因此在完成人生任务之后可以理所当然地由子代养老，并且社区舆论也认同这一规则，父代没有任何精神负担和精神压力。

<h1 style="text-align:center">四</h1>

不同的分家实践给农民带来了不同影响，其中，父代在分家之后的心理活动和心理压力尤其值得关注。

首先，是父代劳动的问题。分家之后，父代一般都会继续参与家庭劳动，成为家庭务农的主要劳动力之一。但此时的劳动，对于不同地区的父代而言却具有不同的含义。华北农村的父代是帮助子代劳动；中部原子化地区的父代是为自己劳动，为自己积攒养老资源；而宗族性地区的父代在劳动上具有很大的选择权，不管是否参与劳动，子代都会心甘情愿地赡养他们。因此，华北农村的中老年父代即使在自己能够劳动时也有很强的压力感和负罪感，觉得自己是在拖累子代家庭；中部原子化地区的中老年父代，只要自己具有一定的劳动能力，就活得比较自由，因为通过劳动可以实现自养；而宗族性村庄的中老年父代负担感最轻，即使完全依靠子代赡养，也是心安理得的。

其次，是父代在分家之后的当家权问题。华北小亲族地区的家庭是"继替型"的，分家代表着家庭权力的代际转移，即从父代转移到子代，父代家庭逐渐面临"社会性死亡"，开始依附于子代家庭而生活；在原子化地区，分家之后，父代家庭和子代家庭可以作为两个平等的主体参与村庄公共生活，父代

　　　　　　　　　　　　　流变的家庭

家庭仍然是一个独立的行动单位；而在宗族性村庄，即使分家之后，父代仍然可以当家，并且，中老年父代是村庄公共生活中最为活跃的主体。

中国农村幅员辽阔，各地差异很大，因此，我们要在具体的时空背景下理解农民的家庭以及家庭策略选择。

转型期当家权的变迁

当家权是家庭权力的核心，家庭权力主要通过当家权得以表达。

一

传统时期的当家权具有两个明显特征：一是主体统一，即当家权主要掌握在一个家庭成员手中；二是名实统一，即当家者享有更多的家庭权力，同时也承担更多的家庭责任。

在农村调研时，经常听到农民说一句话，"不当家不知柴米贵"，这形象地道出了当家并非容易之事。在村庄里，一个家庭日子过得如何，在很大程度上取决于当家者是否会当家。会当家的人把家里所有的事情都处理得妥妥帖帖，且善于管理家庭财务，将日子过得红红火火；若不会当家，家里的日子就过得比较冷清。当家可以说是一门艺术，需要有长期的生活经验作为支撑。也正是基于此，传统时期通常都是父母当家，一般要等到父母丧失劳动能力，甚至是到去世那一刻，才将当家权交给子代。父母坚信自己的生活经验比子女丰富，因而父母当家对于家庭再生产和家庭发展而言更有利。并且，在传统时期，不仅父权的色彩浓厚，而且男权色彩也很浓，因此父母当家一般是指父亲当家，当家权主要集中于父亲手中，母亲则协助父亲管理家庭日常生活的一些事务，在做家庭决策时，一般还是父亲说了算。父亲要对一家老小的生活负责，要思考怎样才能更好地积累家庭财富，怎样才能将家里日子过得更好，同时其在家里拥有最高的地位和权威，所有的家庭成员都要听从于他的安排。

二

在当前的家庭转型期，农民家庭当家权的一个总体变迁趋势是，逐渐由父代转移至子代，并由男性转移到女性，当前在农村经常可以看到是媳妇在当家。此时，当家权的内涵亦发生了很大变化。具体而言，主要有两个重大变化：一是从主体统一到主体分离，二是从名实统一到名实分离。实际上，当家权的主体分离和名实分离是相辅相成的，一旦当家权中开始出现主体分离，也就很容易出现名实分离。

当家权的主体分离是指，它不再集中于一个主体手中，而是分散在多个家庭成员手中。可进一步从代际之间和夫妻之间两个轴来分析当家权的主体问题。代际之间在当家权上是否主体统一主要体现为当家者的权责是否统一，即是否在获得当家权的同时承担更多的家庭责任和义务，也就是当家的"名"与"实"是否统一；而夫妻之间在当家权上是否主体统一主要体现在"家内当家权"和"家外当家权"是否集中于一个人手中，即是否不管丈夫还是妻子当家，其不仅在家里说了算，而且作为家庭的代表参与村庄公共事务。以一个儿子的家庭为例，在传统时期，当家权在代际之间主要集中于父代，在父代的夫妻之间，又主要集中于父亲一方，可见传统时期主要是由家庭内部的男性长者当家，一般只有作为当家者的男性才有资格参与村庄公共事务。例如，笔者在河南安阳农村调研时，一个70多岁的老年妇女说，"以前在家都是男的说了算，女的当不了家，要是有人来家里找人，问'家里有人没'，若男的不在家，我就说'家里没人'"。此外，很多中老年农村妇女在外人面前说起自己的丈夫时，一般会称之为"当家的"。

而在当前的家庭转型期，当家权主要集中于子代家庭，但同时父代家庭仍然要操心家里的事情。并且，在子代家庭内部，当家权还可能在夫妻之间进一步分化。总体来看，当家权在夫妻之间的主体分离在华北农村表现得最为明显，即家里是由妇女当家，家外则是由男性当家。例如，笔者在河南安阳农村调研，当问及家庭内部是谁当家时，当地农民说"男的当家，女的管家"，即女性主要负责家庭内部的事情，男性主要负责对外的事情，家里的事情可以由女性说了算，但在村庄公共事务之中仍然是由男性作为当家者。又如，在华北另外一些地区，虽然在表面上仍然是男性作为当家者参与村庄公共事务，但是其决策权在很大程度上要受到妻子的主导。这也是当家权主体分离的一种形式。而在宗族性村庄，男性在家庭和村庄中仍然具有较高的地位和主导性，不管是在家庭内部还是在村庄内部都主要由男性当家，女性的决策权较小。在原子化地

　　　　　　　　　　　　流变的家庭

区，如川西平原、江汉平原等农村，家庭现代化程度比较高，家庭关系相对理性化和均等化，妇女在家庭中具有较高地位，因此主要是由妇女当家，她们不仅在家里说了算，而且可以光明正大地参与村庄公共事务决策。

再来看当家权的名实分离，它是相对于当家权的名实统一而言的，是指当家者在当家权力和家庭责任两方面存在失衡的现象，主要发生在代际之间。前文述及，在转型期，当家权逐渐由父代转移至子代，子代当家的现象越来越普遍，一般而言在子代结婚之后父代就交出当家权。此时，子代所获得的主要是当家的权力，其中最主要的是家庭经济的支配权，即管钱的权力。但子代并不承担当家者所应该承担的家庭责任和义务，比如料理家庭的日常生活、维系熟人社会的基本人情往来、参与村庄的公共生活等方面，仍然主要由父代来操持。因此，转型期的父代虽然不再具有当家的权力，但仍然需要承担很多家庭责任和义务，他们身上的负担并没有随着其当家权的交出而减轻，反而可能愈来愈重。当然，转型期当家权名实分离的程度也存在一定的区域差异。总体来看，在代际伦理和代际责任比较强的地区，当家权名实分离的程度较高，父代需要付出的较多，如华北农村；而在代际伦理和代际责任比较弱的地区，当家权名实分离的程度较低，父代在交出当家权之后就逐渐退出对家庭的操持，如原子化地区农村。宗族性村庄虽然代际伦理和代际责任很强，但由于父代在家庭中仍然具有较高的地位，因此一方面他们当家的时间较长，另一方面其一旦交出当家权之后就完全退出家庭的生产领域，不再操持家庭的内外事务，开始安享晚年。

三

在剧烈的社会转型期，农民家庭也在经历重大转型，当家权的变迁是其中一个面向。总体来看，虽然农民家庭的当家权经历了很大变迁，但还没有形成一个统一的模式或标准。这是因为农民家庭正处于巨变的过程之中，家庭转型尚未定型，家庭成员之间还处于博弈期，存在很多变数，在此过程中会出现很多纷繁复杂的现象。并且，中国农村具有很大的区域差异，各个地区自然地理、历史、文化、社会结构等因素的不同，塑造了不同的家庭性质和家庭关系模式。因此，要对转型期的农民家庭进行具体的分析，对诸多家庭现象进行细微的考察，以此来形成对农民家庭的整体性认识。

情感性家庭何以可能？

传统的中国家庭是伦理性家庭，是伦理主导的，由伦理对家庭权力和家庭功能进行统合。在转型时期，市场化和现代性力量进入农村之后，塑造出两种不同的家庭实践形态，分别为功能性家庭和情感性家庭。

一

情感性是农民家庭的重要维度之一。传统社会中农民家庭的情感性很强，父慈子孝、兄友弟恭等都是家庭情感维度的重要体现。传统社会中的家庭情感是由父代的权威所支撑的，父代在家庭中占据主导地位，因此可以基于家庭的整体发展统合家庭资源，家庭伦理和情感也在此过程中被不断强化。随着现代性因素逐渐渗入农村，开放的市场给农民家庭带来更多的机会，但同时也带来更大的竞争和压力。农民家庭再生产的难度和目标都有所提升，为了顺利维系家庭再生产，代际之间要进行新的整合，所有的家庭资源都要向子代家庭集聚。父代在家庭中的主导权和话语权逐渐丧失，在现代性压力之下，家庭内部在资源上的深度整合是以子代家庭为核心的，在分配上并没有照顾到家庭中的所有成员，其中最典型的就是老年人在资源分配中被排斥和边缘化。并且，由于家庭再生产面临的压力较大，在资源整合的过程中也会出现各种矛盾，家庭政治较强，家庭成员间的情感表达被极度压缩。

但是，由于区位条件的差异，东部发达地区和中西部一般农业型地区的农民与市场之间的具体关系有很大不同，在此背景下，市场对于不同区域的农民及其家庭而言就具有不同的内涵。市场对农民及其家庭的影响主要体现在两个方面，即市场压力和市场机会。总体来看，对于中西部一般农业型地区的农民及其家庭而言，市场力量更多地体现为市场压力；而对于东部发达地区的农民及其家庭而言，则更多地体现为市场机会。虽然从历时性角度来看，在市场化和现代化力量的渗透之下，农民家庭在转型过程中的情感性和伦理性越来越弱，但由于农民与市场之间具体关系的不同，市场化对农民家庭的影响也有较大差异。

从家庭关系和家庭情感维度来看，东部发达地区农民家庭内部的关系较为和谐，家庭成员之间的情感交流较多，家庭情感维度较为明显，笔者称之为"情感性家庭"。而中西部一般农业型地区农民的家庭关系较为敏感，家庭情感表达的空间被压缩。在此主要从农民与市场关系的维度来理解发达地区的情感性家庭何以可能。

　　　　　　　　　　　　　　　流变的家庭

二

农民与市场的关系并不是抽象的，而是十分具体的，可以从两个层面进行测量：一是客观的角度，即市场距离和市场机会；二是相对主观的角度，即农民把握市场的能力。本文主要从第一个维度来对比东部发达地区农村与中西部一般农业型农村所具有的市场机会的不同。由于所处的区位条件不同、距离市场的远近不同，东部发达地区农村相对于中西部一般农业型农村而言具有明显的市场优势，主要体现在以下几个方面。

第一，市场机会丰富，家庭内所有的劳动力都能进入市场，家庭劳动力市场化的程度很高。在东部发达地区，农民家庭基本都已实现就业上的非农化，代际之间是正规就业与非正规就业之间的分工，即子代进入相对正规的行业，中老年父代则以非正规就业为主。这与中西部一般农业型地区子代外出务工、父代在村务农的"半工半耕"的家计模式有所不同。东部发达地区具有区域工业化的优势，本地就业市场广，因此可以容纳不同年龄和不同性别的农民就业。以笔者2017年调研的浙江绍兴市上虞区兴南村为例，年轻人如果拥有大专及以上的学历，很容易在本地就业市场上找到相对稳定且体面的工作，如公司的文员、公务员、企业中层管理或者是高级技术人员，即使是学历不高的年轻人，也能相对比较容易地在本地就业市场上找到较好的工作；中年人主要进入非正规就业市场，其中男性很多都是手艺人，如泥瓦匠、木匠、漆工、石工等，女性以进厂、当保姆、做家政为主；老年人则主要以打零工为主。可见，东部发达地区的优势在于，家庭内所有的劳动力都能市场化和货币化，家庭积累普遍较高且相对稳定。

第二，东部发达地区的劳动力务工时间和务工周期相对较长。本地就业市场的丰富性以及较近的市场距离使得每个劳动力每年可以务工的时间很长，即使是非正规就业的中年人，其一年的务工时间也在三百个工时以上。此外，劳动力务工的周期也很长，即每个劳动力一生可以打工的时间相对较长，东部发达地区六七十岁还在打工的老年人不在少数，这足以说明当地就业市场的丰富性。

第三，东部发达地区的市场优势还体现在本地就业。相对于中西部农民工到外地务工而言，本地就业具有两个明显的优势：其一，本地务工成本相对较低，尤其是对于中老年人而言，他们在本地非正规就业，可以白天在城里打工，晚上回到村里居住，减少了在外租房和生活的开支；其二，本地务工使得农民的就业市场和区域相对稳定，因此在打工过程中所结交的社会关系和社会网络资源是可积累和可利用的，这对于其拓宽就业渠道、增加就业机会都有很大的好处。而中西部农民工一般在沿海大城市务工，其就业区域和市场具有不稳定性，流动较快，因此在打工过程中结交的关系资源是暂时性的、不可积累的。

总体来看，丰富的市场机会使得东部发达地区农民家庭的积累性很强，农民的个人收入可能不高，但家庭总体收入却不低。笔者调研所在的上虞区兴南村，70%左右的农民家庭的年收入为10万～15万元。在较高的家庭收入的支撑下，当地农民家

流变的家庭

庭城市化的比例也很高，50%以上的农民家庭已经在外买房，并且与中西部农民的半城市化有所不同，当地农民的城市化是相对彻底的，即农民不仅能够在城市买房，而且能够在城市生活和立足。

三

东部发达地区农村丰富的市场机会不仅增加了农民的家庭收入和家庭积累，而且还对家庭关系产生了重要影响。在家庭资源的滋养下，农民的家庭关系呈现出温情与和谐的一面。以下具体分析农民与市场的关系如何影响农民的家庭。

首先，丰富的市场机会使得家庭内所有的劳动力都有机会进入市场，因此家庭内部劳动力的配置很灵活，从而避免了中西部农村基于劳动力刚性配置所带来的家庭矛盾。家庭劳动力的配置与市场机会有很大关联。在中西部农村，市场机会有限，只有家庭内部的优质劳动力（年轻人）才能进入市场。本地市场机会的稀缺性使得中老年人在当地就业机会有限，而外出到沿海发达城市就业又不具有年龄优势，因此主要以在村务农和照顾孙代为主。中年男性偶尔可以在乡镇和县城附近获得打零工的机会，中年女性主要以操持家务和带孙代为主。可见，中西部农村农民家庭内部的劳动力配置是相对比较刚性的，形成了以代际分工为基础的"半工半耕"的家计模式。而东部发达地区农村的劳动力配置很灵活，其中比较典型的就是年轻媳妇与婆婆谁带小孩的问题具有不确定性，可以根据家庭需要来进行具体的安排。近年来笔者在发达地区农村调研发现一个有意思的现象，即年轻媳妇暂时回归家庭带小孩。这与两个原因有关：其一，农民尤其是年轻一代的育儿观念有所改变，现在很多年轻人觉得爷爷奶奶带小孩不利于其成长，因此在有条件的情况下倾向于自己带；其二，在发达地区，中年婆婆也有很多就业机会，甚至她们进入市场的收入并不比年轻媳妇的少，例如，浙江虞南山区的中年妇女大量进入城市做保姆，一个月的收入少则三四千，多则七八千甚至上万元。在此情况下，家庭劳动力可以根据具体需要进行最优配置。

其次，东部地区市场机会的丰富性使得老年人有很大的就业空间。当地的老年人只要身体健康，70多岁都还有很多打工的机会。笔者调研所在的上虞区兴南村，70岁以上的老人每年打工还能挣2万多元的很多，并且老年人普遍都有存款，少则五六万元，多则上10万甚至几十万元。因而，在东部发达地区农村，老年人对于家庭而言真的是"一个宝"。一方面，他们在经济上具有很强的独立性，不依赖于子代养老，因此不会出现因赡养老人而产生的家庭矛盾纠纷；另一方面，他们还有能力支持子代甚至孙代家庭。在当地，孙代结婚时老年人有给红包的习俗，经济收入较少的一般给两三千元，而收入较多的一般会给好几万元，并且在孙代买房时也会给予一定的支持。当地老年人不仅不需要子代在赡养时付出经济成本，而且还能在经济上给予子代和孙代家庭很大的支持，从而维系了家庭关系的和谐。

总体而言，在东部发达地区农村，丰富的市场机会稀释了

　　　　　　　　　　　流变的家庭

农民家庭转型的压力，一方面家庭的积累较多，另一方面家庭的压力并不是很大，因而家庭关系相对比较和谐，情感性家庭得以存在。

归纳起来，东部发达地区情感性家庭的出现基于以下前提：其一，市场机会很多，家庭积累较强，家庭资源足以应对家庭再生产和家庭发展的需要；其二，市场竞争很激烈，并且家庭所有成员都参与市场竞争，竞争的压力不是来自家庭和村庄内部，而是来自市场，家庭因而成为个体情感的避风港；其三，情感互动建立在代际之间较为明晰的权利义务关系之上，代际责任的边界比较清晰，父代对子代的代际责任和子代对父代的代际反馈都是相对有限的，彼此是相对独立的主体，而非一方对另一方的完全依附，因而，代际之间以及其余家庭成员之间具有很大的情感互动的空间。

情感性家庭及其区域差异

传统中国家庭是伦理本位的。在传统家庭中，个人在家庭中的行为逻辑以及家庭成员之间的关系都要遵循伦理规范的引导。个体在家庭中是被遮蔽的，难以凸显出来，也很难建构成员之间的情感关联和亲密互动，所有的交往都是在家庭伦理的规范之下进行的。传统的中国家庭具有浓厚的情感性，但家庭成员之间的情感互动和情感交流要受到家庭伦理的规范和引导，所谓"情之礼化"正是这个意思。家庭情感不是个体成员之间建构和实践的产物，而是由其在家庭中所处的位置决定的，位置不同，其情感表达的空间也不一样。

总之，在传统的中国农民家庭中，家庭成员之间个体化的情感建构是受到压抑的，情感互动和情感表达要合乎"礼"的规定，否则就是不懂规矩。比如夫妻之间在外人面前不能过于亲密；父子之间虽有情感，但不能随便表露出来，在公共的场合，要维护父亲的权威和威严。可见，传统的中国家庭虽然有很强的情感性，但情感往往是隐而不露的，是被遮蔽在结构和伦理规范之下的。

一

当前中国家庭正在经历剧烈的转型，在由传统向现代转型的过程中，家庭现代性的一面逐渐凸显，如家庭成员的独立性提高（经济上的独立）、家庭责任更加清晰、个体在家庭中逐渐浮现出来。在此过程中，家庭情感也面临逐渐被释放的可能，其逐渐突破家庭结构和家庭伦理的束缚，以更具个体性和建构性的特点呈现出来，即家庭成员之间的情感互动不是基于家庭结构和家庭伦理的规范与引导，而是由家庭成员在日常互动过程中逐渐形成的。并且，家庭情感具有更大的表达空间。然而，家庭情感被释放的可能性有多大？如何释放？在不同区域的农村，由于在现代化进程中面临的压力有所不同，家庭内部的情感释放程度以及表达方式具有很大差异。

在大部分中西部地区农村，现代性因素的进入给农民家庭带来很大的压力，农民家庭再生产的目标提升、难度增加，其中最大的压力就是高额婚姻成本以及城市化的目标。农民家庭要对家庭内部的资源进行最大程度的动员和整合，通过代际合力的方式来应对所面临的压力，从而形成功能性家庭。功能性家庭通过对家庭成员有选择性的吸纳来积累家庭资源，完成家庭再生产和家庭发展的目标。

东部发达地区农村处于经济发展的先锋地带，当地农民具有本地市场务工的优势，市场机会丰富，家庭收入来源多元化且普遍较高。此外，东部发达地区农村在全国婚姻市场中处于优势地位，婚姻压力不大且成本较低，也没有城市化的刚性压力。因此，东部发达地区的农民家庭面临的压力较小，家庭关系较为和谐，代际之间的互动交流很多，家庭内部具有培育和滋养情感的基础，从而形成情感性家庭。本文所指的情感性家庭主要是指代际之间具有情感互动和情感表达的家庭。

但是，在东部发达地区内部，情感性家庭形成的动力机制及其表达方式也存在较大差异。以下分别论述珠三角农村、苏南农村以及浙江农村情感性家庭的特点。

二

笔者在珠三角农村调研发现，当地农民的家庭关系很和谐，代际之间的情感关联比较紧密，具有情感性家庭的特征。珠三角农村情感性家庭的产生与以下因素相关。其一，当地村庄内部仍然具有宗族的底色，父代在家庭中仍具有较大的权威和话语权。这种权威不是源于其作为劳动者的身份从市场上获得的资源积累，而更多是源于父权制延续带来的父代在家庭内部的象征性地位。实际上，当地宗族底色的残留也主要是存在于家庭内部，在村庄社会内部，宗族的力量已经很弱。其二，父代在家庭中的象征性地位通过地租经济而得以强化。因为当地农村的土地分红是以户为单位，而户主一般是父亲，所以父代在地租经济中掌握着较大的权力。并且，当地农民很依赖于地租经济，参与市场的动力和能力不足，因此父亲掌握的土地分红的权力进一步强化了其在家庭中的地位。可见，在当地农村，父代的权力并不会随着其劳动能力的弱化而弱化，而是通

　　　　　　　　　　　　　　　　　流变的家庭

过地租经济得以延续。这样一来，父代的权力日益成为一种绝对的权力，即对家产的控制权。在珠三角农村，代际之间的情感是在父代掌控家产控制权的框架中得以表达的，这种情感表达仍然具有很强的伦理导向。基于此，宗族文化和情感性融合是理解珠三角农村代际关系的关键点。在这种背景下，珠三角农村的家庭关系虽然很和谐，具有情感性家庭的特征，代际之间的情感互动也比较多，但是在情感中却较少亲密感，代际之间的情感互动和情感表达一方面是基于对父代的尊重，这是由其宗族底色的特征所决定的，另一方面则是基于父代对家产的控制权。

　　而在苏南农村，情感性家庭的形成与当地农民高度参与市场、高度市场化紧密相关。苏南农村代际之间的情感性是在互动中形成的。一方面，当地经济发达，市场机会很多，且农民参与市场的动力很强，家庭中几乎所有的劳动力都积极进入市场，甚至还出现一个老人同时打三份工的现象。因此，当地农民家庭的资源积累普遍较多，家庭再生产和家庭发展面临的压力较小，从而消解了家庭政治的空间，代际关系较为和谐。另一方面，苏南农村的父代和老年人都积极为子代付出，在经济上支持子代家庭，但这并不是父代不可推卸的、刚性的人生任务，而是他们自身家庭责任和家庭情感的一种表达。此时父代对子代的支持就是一种额外的帮扶，子代对父代心存感激，这为代际之间的情感整合奠定了基础。可见，苏南农村的父代通过参与市场，为子代家庭提供现实的物质支持，这成为滋养家庭情感的重要基础。并且，情感还与家庭功能性的现实需要糅合起来，融入家庭发展的具体实践过程中。

在浙江农村，农民家庭受到村庄竞争和阶层分化的影响和重塑，情感性家庭主要存在于经济上的上层家庭。上层家庭通过各种方式表达对父母的孝顺，如给父母买贵重的保健品，带父母外出旅游等。实际上，上层家庭对父母好，除了基于对父母的伦理责任，更多是为了彰显其经济实力，并以此来获得在村庄社会中的面子和权威。家庭互动和家庭情感表达也成为其面子竞争的一种手段。而中下层家庭在阶层竞争的压力之下，首先要解决的是家庭的资源获取问题，家庭成员之间的情感互动仍然受到压抑。

三

总的来说，在转型时期，出现了两种不同的家庭实践形态，分别为功能性家庭和情感性家庭。前者的形成是源于现代化和市场化力量的进入给家庭带来巨大的发展压力，为了应对家庭发展的压力和实现家庭的顺利再生产，家庭内部在资源和人力上进行深度动员，从而形成了以家庭发展为核心的功能性家庭。这种家庭形态在中西部农村（尤其是华北农村）较为典型。而后者则是在丰富的市场机会的滋养下形成的，家庭面临的发展压力不大，家庭政治不强，因而家庭中的情感得以充分释放，家庭内部的情感互动密集。但在东部发达地区内部，由于工业化路径、农民参与市场的程度以及村庄阶层分化的程度不同，情感性家庭的形成动力及其表达方式也存在较大的差异。

宗族性村庄妇女在家庭中的自主性
与依附性

　　广东佛山农村属于有宗族底色的村庄，在市场化力量的冲击之下，当地村庄社会的宗族力量已经非常弱，但在家庭内部，宗族的传统观念仍然残存。当地农民家庭内部仍然是以父权和夫权为主导，女性在家庭中处于依附性地位。中老年夫妻一般是男性管钱、当家，中老年妇女很少进入市场，其在家庭中的任务主要是照顾家人，负责家人的日常生活起居，经济上没有独立性。如今的年轻女性基本都有自己独立的收入来源，因此她们拥有经济上的独立性，在家庭中有一定的自主空间。但大部分年轻女性并没有掌握家庭的财政大权，父权和夫权色彩在家庭内部仍然很浓厚，年轻女性在家庭中本质上还是依附性的。

　　此外，在当地人看来，妇女要维护丈夫的权威，在外面不能说丈夫不好的话，否则会被视为"不是好女人"，当地人认为，"懂事的女人都说自己老公好，不懂事的女人才说自己老公不好"。当有极少数妇女在村庄内部公开指责自己的丈夫或者说丈夫不好时，村里人都会在背后纷纷议论，说这个女人不懂事，最终结果是不仅在村里没有人愿意与这个妇女交往，而

且会导致其丈夫在村里也很没有面子，因为"你自己都不给你
老公面子，别人怎么会给他面子"。

一

在当地农村，二三十岁的年轻女性在家庭中有一定的话语
权，具有一定的自主空间和自主性，这主要体现在以下几个方
面。首先，大部分年轻女性有了经济上的相对独立性，可以独
立支配自己的经济收入。在个人消费方面，她们主要依赖于自
己的个人收入。其次，在交往上，年轻女性可以建构自己的朋
友圈，具有一定的自由空间，在一定程度上可以突破家庭的束
缚。再次，在夫妻感情上，年轻的女性可以将夫妻之间的感情
适度地表达出来。在传统宗族性村庄，夫妻之间的情感性是被
压抑的，尤其是在公共场合，夫妻之间不能表现得过于亲密，
否则会被视为有失体统。最后，在与娘家的关系上，如今的年
轻女性可以经常回娘家。而在传统的宗族性村庄，女儿是不能
随便回娘家的，女儿在出嫁之后与娘家人之间就不再是私人性
的关系，而是婆家和娘家两个大家庭的关系，是一种公共关
系。因此，传统时期，娘家人一般只有在公事或者大事上才会
介入女儿的生活，并且不是以父亲或母亲的私人身份介入，而
是以娘家家族的名义介入，这种介入是两个家庭之间的互动。
若没什么大事，女儿不会轻易回娘家，否则会被视为不懂规
矩。然而，在当前，女儿与娘家人之间的关系发生变化，女儿
在出嫁之后可以经常回去，并且可以与父母继续保持亲密的私

流变的家庭

人关系，父母也可以直接介入女儿的生活。

　　然而，宗族性村庄的年轻女性并没有从大家庭中彻底解放出来，表面上她们似乎独立了，实质上在家里还是男性说了算，她们在家庭中仍然没有主体性，仍要依附于男性而生活。首先，在夫妻关系上，年轻女性不能掌控丈夫，无论是经济上还是日常生活中，年轻男性的大男子主义色彩仍然很浓厚。其次，在家庭内部，年轻女性仍无法将丈夫从大家庭中拉回自己的小家庭，夫妻组建的核心小家庭在大家庭中是被遮蔽的，小家庭要服从于大家庭的安排。再次，年轻女性在婆家生活仍然有压力感，归属感不强，她们要小心翼翼，遵守基本的规矩。笔者2018年在佛山农村调研时采访了一位1991年出生的年轻媳妇，虽然公公婆婆对她很好，但是她在婆家生活仍然不适应，因此一个星期要回一两次娘家。我问她回娘家干吗，她说"回去当皇帝"，接着，她开始对比自己在婆家和娘家完全不同的状态：

　　　　在娘家更自在，反正就是什么都好。在婆家，有些事不干，好像不好意思，有负担感。回娘家，真的是什么都不用干，毫无心理压力。在婆家，还是有一些压力，不能太邋遢，他们（公公婆婆）不会说，但是我怕他们会说，他们不好意思说我，我也不好意思不做。在婆家，要懂规矩，比如要搞好自己房间的卫生。玩得晚了，回来也会怕，晚上九点多回来，就有点压力了，他们不会直接说我，但是会和我老公说。还有生孩子，他们想尽快抱孙子，我打算明年再生，他们就会在老公面前说。不过相对于我那些朋友来说，我（在婆家）已经算是很自由了，我还是很幸运的。她们很多都是奉子成婚，上班很累，下班要带孩子，还要做饭。公公婆婆不会做饭，他们会说，我都帮你带一天的孩子了，已经很累了，你自己做饭。老公也不帮她们，很辛苦。

对于当地年轻女性而言，婆家还不是她们真正的家，不是她们能掌控的家，其夫妻小家庭并未从大家庭中独立出来。她们在婆家还是外来人，是依附者，要依附于丈夫在婆家生活。只有等到她们自己真正具有当家权时，才会有归属感，才会认为那是自己的家。

二

妇女是家庭变革的重要力量，她们在家庭中的觉醒和个体意识的提高，将会对家庭关系和家庭结构产生深远影响。其中很关键的一点在于，妇女在家庭中的地位如何，往往决定了在家庭内部是核心小家庭占主导，还是大家庭占主导。随着妇女地位的提升以及独立意识的觉醒，她们会试图将丈夫从大家庭中拉回核心小家庭，让其减少对大家庭的责任，更多地为自己的小家庭而奋斗打拼。此时，家庭关系就会发生微妙的变化，兄弟之间、代际之间的冲突和摩擦会增多。但在宗族性村庄，妇女在结婚之后，是嵌入于丈夫所在的大家庭，而非仅仅嵌入于丈夫和孩子组建的小家庭，她要承担对大家庭的责任，其不仅是一个妻子、一个母亲，同时还是媳妇，是嫂子或者弟媳。横向的夫妻家庭要服从和服务于纵向的家庭结构。在家庭关系的处理上，往往是男性说了算，妇女在其中没有主导权，即使有意见，也不能公开表达出来。

在宗族性村庄，兄弟关系限于兄弟个人之间，而非已婚的两个兄弟家庭之间。在兄弟关系的处理上，妇女能够介入的空间很小，在结婚之后，男性也并没有完全从大家庭中被拉回夫妻组建的小家庭，仍然要承担对大家庭的责任。因此，宗族性村庄较少存在兄弟之间的竞争。而华北农村的兄弟竞争则非常激烈，兄弟关系普遍不好。因为在华北农村，兄弟关系并不是兄弟两个人之间的关系，而是兄弟两个小家庭之间的关系。华北农村的妇女很厉害，男性在结婚之后被自己的妻子不断拉回小家庭，兄弟各自都要为自己的小家庭打算，从而导致兄弟关系的紧张。

在赡养父母方面，宗族性村庄主要是由男性（即儿子）说了算。养老是儿子的事情，由儿子做主，媳妇做不了主，给父母多少赡养费也是由儿子决定，媳妇即使心里不高兴也不会表现出来。例如，笔者在佛山农村采访了一位52岁的妇女，她的婆婆80多岁，其个人收入包括：基本养老金（一年几千元）、土地分红（一年2000多元）、儿子赡养费（每月2500元）。这位中年妇女觉得丈夫给的赡养费有点多，但是她从来不会在丈夫面前说不应该给，她说："我觉得给得有点多了，她都80多岁了，哪里用得了那么多钱。是她自己要这么多的，给少了

她不愿意。以前是给2000元一个月，后来婆婆说不够用，就给
2500元一个月。要是不给她，她会天天去（我们）厂里，找外
孙女拿钱（外孙女是厂里的财务）。现在一个月分两次给她，
如果一次性给了，中间时间隔得太长，她又忘了，就会说没有
给她。"这位中年妇女的老公还有一个弟弟，弟弟的经济条件
不是很好，因此几乎没有给婆婆赡养费，婆婆生病住院也没有
出钱。但她并不会因为弟弟不给婆婆赡养费而自己也不给，她
说："（婆婆）住院的钱，都是我们出，有意见有什么用呢？
不可以不管，这是他（老公）母亲，都是自己人，不管不行。
（弟弟不管。）他是他，我是我。别人在背后说他（不管母
亲），他在村里就没面子。"

<h1 style="text-align:center">三</h1>

总体来看，在佛山农村，随着市场经济的冲击，当地的
妇女地位有很大提高，尤其是年轻女性开始具有一定的自主空
间。但是，女性在家庭中并没有完全独立，女性及其所在的核
心小家庭都没有从大家庭中真正解放出来，父权和夫权在当地
仍然具有浓厚的色彩。

在华北农村，女性在家庭中的地位提升得更快。当地妇
女虽然不能直接参与家庭和村庄的公共事务，但她们可以通过
"控制"丈夫而间接参与。华北农村的核心小家庭占据主导地
位，男性在结婚之后就被妻子拉回自己的小家庭，脱卸了对大
家庭的责任和义务。

而在川渝农村，女性地位最高。在家庭内部，男女是平等和独立的，并且一般是妇女当家，女性说了算。

　　可见，在不同类型的村庄里，妇女地位以及妇女地位的变革具有一定的差异性，这本质上源于不同区域农村农民的家庭性质和村庄社会结构的差异。

民间信仰与妇女的生活意义

浙江东部大部分农村地区都有信佛的传统，这与其所处的地理位置和大部分人所从事的行业密切相关。浙东大部分村庄靠海，农民大多从事与海洋有关的工作（如出海捕捞、海水养殖等），而与海洋相关的活动都具有极高的冒险性和不确定性，因此农民需要诉诸神灵的保佑。当地几乎每个村庄都有村庙，各村的村庙里供奉的神灵各不相同，但村民统一称之为"佛"。在当地，信佛已经成为大部分妇女一生中都会经历的过程。一般而言，妇女到了四五十岁，完成自己的人生任务之后，就开始步入念佛的行列，这在当地已经成为理所当然的"文化惯习"。

一

当地妇女的信仰实践实质上贯穿其一生。然而，在妇女生命历程的不同阶段，信仰实践的表现形式有所不同。根据信仰实践的不同表现形式，可以大致将妇女的一生划分为三个阶段：结婚前、结婚后至完成人生任务之前（主要指儿子结婚）、完成人生任务之后。

　　　　　　　　　　　　　　　　　　　流变的家庭

当地有着浓厚的信佛传统，女性在这种环境里长大，潜移默化中已经或多或少地习得了信佛的文化。她们从小跟着家里的长辈到庙里朝拜，虽然不知道佛是什么，但在心中对佛已经有了敬仰的态度。按照当地习俗，没有结婚的女性一般是不用单独去庙里祭拜的，她们更多的是跟着家里的女性长辈，来回穿梭于各个村庙之中。在这个过程中，她们对佛不再陌生。

而在结婚之后至完成人生任务之前，处于这一阶段的妇女是最为辛苦的。她们一方面要料理家务，另一方面还要协助丈夫挣钱，以帮助子代成家立业。此时妇女最为关心的是家庭生活，他们将所有的重心都放在世俗生活层面，虽然这带来了无尽的压力，但为了子代，她们觉得生活有奔头、有希望。在这一阶段，妇女也信佛，但生活的重担使其没有额外的时间，因而，此时她们的信仰更多体现在心态上，在行动上表现并不明显。正如一位50岁左右开始念佛的老太太所言，"以前我也信，但没有时间，那时要劳动。现在没什么事情做了，就可以念佛了"。

等到完成人生任务以后，当地大部分妇女就要开始真正步入念佛的行列。信佛与念佛有所不同，前者更多指的是一种信仰的心态，而后者更侧重于信仰的实践。信佛只要求妇女在心态上保持对佛的敬仰，而念佛则要求将信仰变为日常生活中的实践。正如我们在当地村庄所看到的情形，大部分妇女在完成人生任务之后，"有时间就会念佛"。无论是在家里，还是在村庄其他的公共场所，都能看到很多妇女拿着一串佛珠，嘴里不停地念着"阿弥陀佛"，在念佛的间隙，还不忘和周边的村民聊聊天。此时，念佛已经深深地嵌入到她们的日常生活之中。

在当地，从信佛到念佛的转换，需要经历一个仪式过程。一般而言，这个仪式过程需要持续三年，三年顺利结束，才代表妇女真正开始念佛。浙江宁海县下湾村的陈文芳生于1973年，念佛已经有两三年了，她是村里为数不多的在40岁之前就开始念佛的妇女。她给我们详细讲述了这三年仪式过程需要完成哪些事情。

和陈文芳一起开始念佛的有18个妇女，年纪都是40多岁，刚开始是由陈文芳组织。"三年时间，我们去了一百多个村，每个村的菩萨过生日都要去（上香），年纪大的人都知道（每个村的菩萨过生日的时间）。""我们有一张红布，上面写了我们18个人的名字，还有我们老公的名字，总共代表36个人。去村里上香时都要带上，把红布挂在佛桌前，就代表我们36个人来这里报过到。老公一般不会去。18个人，三年至少要去七十二个村才算完满，我们去了一百多个村。一定要在三年之内完成，这像是任务一样。最后一站是去普陀山，拜过之后，18个人一起烧掉红布，代表三年圆满结束了。"并且，三年时间里，18个人基本不会缺席，"一般都愿意自己去，我们的脚到过村里，比光是带个名字去好"。按照当地习惯，刚开始念佛时，一般要至少18个人才能组成一个队，"就像读书一样，我们18个人就是一个班的。我们去普陀山穿的衣服、鞋子都是一样的。我们18个人感情好，去到村里都要照相。三年毕业之后，回家自己念（佛），平常一般不一起（念），各念各的"。

当地人将这三年称为"满堂红"。"满堂红是要成对的，夫妻双双成对，白头到老"，"三年满了，代表对佛祖拜好了，代表对佛祖衷心，年轻的时候去外面（庙里）跑一跑，老了就在村庙里拜一拜，跑的（庙）多了，心中有数"。因此，这三年时间可以看作是妇女从"信仰的心态"向"信仰的实践"转换所必经的仪式过程，只有经历了这个过程，才算真正开始信佛。

二

对于当地妇女而言，信佛既是出于现实生活的需要，也是为了精神世界的重塑。

首先，当地大部分妇女到了一定年龄后念佛，有一个现实的原因，即当地在祭拜祖先时需要给祖先烧佛纸。佛纸不是简单的黄纸，而是经念佛的妇女"加工"过的纸钱，即妇女将纸钱买回家中，念经之后，纸钱才变得在阴间有价值。正如当地一位老人所言，"不念（经），（纸）钱烧过去没用，就像是假钱一样"。当地农民在大年三十、清明节、七月半、冬至日都要给祖先烧纸钱，因而，念佛的妇女通常会将平常已经念过经的纸钱积攒起来，到了这些日子时再一起烧给祖先，并让祖先保佑家人平安。临近这些祭祖日子之时，家里念佛的妇女会更为抓紧时间念佛，以期能够在祭祖日多给祖先烧一些纸钱过去。此外，在办白事时，也需要烧很多纸钱。每家平常念的纸钱基本都在祭祖日烧掉了，因而丧家通常会请几个念佛的妇女到家里帮忙。一般请10个，从早上六点一直念到下午三点。丧家一般不会付钱，但要给念佛者送一些礼物（如一桶油）作为答谢。

事实上，当地的大部分家庭中至少都有一位妇女念佛（中年媳妇或是老年婆婆），以满足家庭的佛纸需求，否则就只有出钱向别人买。因此，从现实角度而言，大部分妇女到了四五十岁要开始念佛，也是由于家庭本身对于佛纸的需要。随着家里老年妇女的去世，中年妇女要接续这个责任，以满足家庭在佛纸需求上的自给自足。

其次，信佛是为了精神世界的重塑。妇女完成人生任务之后，开始逐渐从村庄公共的仪式生活中退出，回归到个人和家庭的私人生活。妇女在完成人生任务之前，为儿子建房、娶媳妇是其生活最大的动力，这使得其精神世界得到极大的充实。而回归到私人生活的妇女，需要找寻到另外一种方式，来实现其精神寄托和生活的意义，从而继续保持生活的动力。念佛正是当地妇女普遍寻求的方式。在当地，我们发现，妇女通过念佛，一方面可以使其闲暇时间过得很充实，这在村庄公共空间缺乏的背景下尤为重要；而另一方面，也是更为重要的，可以重塑精神世界，重新找到为家庭做贡献的方式，从而使其生活过得有意义。因此，当地妇女对佛的信仰并不是纯抽象的，而是十分具体的。每一个信佛的妇女都会在空闲时拿着一串佛珠，嘴里不停地念着"阿弥陀佛"。在外人看来，这只是一个词，或者只是一个符号，而在念佛的妇女心里，每一声"阿弥陀佛"背后都有深刻的含义，代表着她们为家庭、为亲人的祈愿。妇女的信仰以家庭作为中介而变得具体。表面看来，农民信仰的是佛，实际上，信仰的是家。家才是农民生命意义的实现场所，尤其是妇女人生意义的实现场所。

三

三年的仪式过程更像是一个"非（正）常的阶段"，在经历这个阶段之后，一切又回归到平常。三年仪式过程之后，念佛便成为妇女日常生活中的一部分，此时的念佛既表现得如此神圣，又表现得如此平常。妇女一有时间就念佛，这已经成为和吃饭、睡觉、劳作一样平常的事情。每逢初一、十五，妇女会去村庙上香，一般都是自己单独去，没有统一的组织。除此之外，儿子结婚、老人去世、家里建房等都要去拜佛。例如，儿子结婚当天，要去庙里跟菩萨说，"儿子结婚了，让佛保佑"。家里有人去世了，也要去庙里拜，"让菩萨保佑去的人安安乐乐地去，不让他痛苦"。

对于妇女而言，她们对于佛教抽象的教义并不感兴趣，其关注的是佛的灵性，是佛对她们家庭的护佑。对于佛的灵性，当地人认为："你相信佛，佛就灵；你不相信佛，佛就不灵。"妇女信仰的中心是世俗生活，尤其是家庭生活。当地妇女的信仰体现出很强的功能性，这种功能性以家庭作为依托，并深深地嵌入到她们的日常生活实践中，体现出很强的生活性。信仰渗透到妇女日常生活的方方面面，从人生的重大仪式到日常生活中的具体小事，信仰都给予妇女极大的动力。信仰是勾连神圣与世俗的中介，妇女通过对神的虔诚祭拜来祈求神圣的世界保佑她们个人及其家庭。

实际上，中国人的信仰具有两个突出特点：一是功能性，这是指农民的信仰并不是为了彼岸世界的救赎，而是为了在此岸世界生活得更好，是出于现实生活的需要；二是家庭性，这是指农民的信仰并不是为了个人的救赎，而是以家庭为单位，为家庭祈福。这也是中国人与西方人的信仰的重要区别所在。

二

代际关系与养老

家庭政治的现代演变

——以华北农村家庭父代边缘化为例

华北农村的家庭政治很发达。家庭政治并非指家庭成员之间的相互斗争，而是指家庭成员之间围绕家庭资源、家庭权力而展开的互动和博弈，并在此过程中形成一种均衡。因而，家庭政治并非突发性或即时性的，而是具有常规性的特征，它融入农民"过日子"的日常生活之中。

当然，家庭政治并非只包含家庭成员之间相互博弈的一面，其更为重要的一面在于家庭成员在博弈过程中形成双方所认同的均衡和规则。在此意义上，家庭政治是农民"过日子"过程中的常态。家庭政治并非完全封闭在家庭内部，而是与村庄社会形成互动。

一

在村庄熟人社会之中，家庭政治不可能完全被封闭于家庭内部，而是会通过各种方式溢出家庭，并成为村庄社会中短期内的焦点事件。这一点在华北农村最为典型。华北农民家庭具有很强的社区性，主要体现在两个层面：其一，家庭在社区层面被认同为一个整体，在华北农村，只要父母还在世，父母之下的大家庭在村庄里还是被认同为一个"家"（或"户"），即联合家庭作为一种文化模式仍具有一定的意义；其二，村庄内部有一套被村民所公认的关于家庭关系的规则，父代和子代之间的权责相对比较清晰，如果家庭成员之间没有遵循相应的规则，会遭到村民笑话，以及村庄舆论的谴责。

因此，在村庄的公共性与家庭的私域性之间存在一定的互动，即村庄内部关于家庭关系的规则会对家庭成员之间的互动和相处构成某种外在压力，使得任何一方都不敢轻易打破规则，否则会被推上村庄舆论的风口浪尖。

然而，村庄的"公"是以相对被动的姿态进入家庭的"私"，公共规则只能由家庭成员主动援引，外人很难直接干预个体家庭的私事。家庭成员中的各方都可以援引对自己有利的规则，从而使自己拥有一定的道德资本。但此时，规则本身变得形式化，其所隐含的价值和情感已经完全丧失，援引规则是为了积累道德资本，从而使自己不受村庄舆论的指责。例如，在养老方面，华北几乎所有的农民都认为赡养老人是儿子应尽的责任和义务，并且村庄舆论会对那些不养老人的子代构成压力。但是子代究竟如何养老则是另外一个问题，正如笔者在山东淄博农村调研时一位妇女所言，"有的媳妇喂老人像喂狗一样"，此时，子代的确"养"了老人，没有置老人的生死于不顾，但却是不带任何感情的"养"。并且，在子代已经养老的情况下，老人难以再援引公共规则对子代构成压力。因而，社区性的介入是否会导致家庭政治更为激烈？或者是否会导致家庭政治往更为异化的方向发展？这些问题都值得进一步挖掘。

二

总体来看，在华北农村，家庭内部的规则性很强，并且有村庄规则性作为支撑。那么，值得进一步讨论的是，是谁在制定村庄规则，以及转型期的村庄规则是否有变化。

在传统时期，父代在家庭中具有绝对的权威，同时也在村庄公共生活中占据主导性地位。如此一来，村庄规则显然是由父代制定，并且也是对其有利的，因此父代对自己的老年生活是有所期待的。而在转型期，随着家庭权力结构的变迁，子代在家庭中掌握更大的话语权，父代不仅在家庭生活中失语，在村庄社会中同样失语。转型期的华北农村仍然具有村庄规则，只是此时的规则显然对子代更有利。一个明显的现象是，村庄规则肯定了子代家庭面临的压力和负担。在此背景下，父代倾力为子代付出成为理所当然，反之那些不能为子代付出的父代被看作"不会做老人"，他们背负着沉重的心理压力。因此，在当前的村庄舆论和家庭关系背景下，华北农村的老年人在家庭中处于极度边缘的位置，具体而言，他们在家庭中地位的滑落主要体现在以下几个方面。

第一，老年人丧失了人生任务的完成感。在传统时期，父代的人生任务是相对有限的，虽然因地域不同而略有差异，但一般而言都有一个节点，完成自己的人生任务之后，父代就可以安享晚年。然而，近几年在华北农村调研发现，随着农民家庭转型以及家庭发展压力剧增，父代的人生任务链条无限延长，陷入无休无止的劳动之中，一直到自己丧失劳动能力为止。如果父代有劳动能力而不劳动，会受到指责，这会进一步成为子代不养老的正当理由。第二，老年人在失去劳动能力之后只能获得子代的"底线养老"，老年生活陷入不确定的状态。第三，老年人丧失了对未来生活及死后世界的想象。在华北农村调研，当问及老年人对以后生活有什么想象和打算时，他们大多都会说"不敢想""不去想"。未来对他们而言不再是可期的，而是面临很大的不确定性。

与老年人地位滑落相关的是他们的主体性缺失。与宗族性地区和原子化地区相比，华北地区老年人的主体性最弱。在宗族性村庄，老年人的主体性源自宗族血缘结构的保护，他们在"祖先—我—子孙"这一链条中处于核心地位，是"在世的祖先"，因而其在家庭中拥有绝对的权威，在宗族的归属体系之下也有自己的主体性。在原子化地区，代际关系相对理性和平衡，父代和子代相互之间的责任与义务并不强，因而，父代具有自己的主体性，并且相比于宗族性村庄而言，这种主体性体现得更为自我。而华北农村的老年人则缺乏自己独立的价值体验，其价值感是依附于子代的。

三

在中国，家庭并非一个完全的私人生活领域，村庄以及国家的力量都可以介入其中。村庄的公共性与家庭的私域性之间

　　　　　　　　　　　　流变的家庭

的互动在不同区域有所不同。

在宗族性村庄,村庄的结构性力量对个体的约束相对较强,村庄的"公"可以直接介入家庭的"私","公"与"私"之间是相互融通的。在养老方面,代际之间不需要将彼此的责任和义务界定得非常清晰,子代养老是天经地义的事情,受到宗族血缘结构的保护。父代生养了子代,子代就具有赡养父代的义务,无须任何其他条件。并且,宗族性村庄子代对父代的赡养不仅包括为父代提供经济上的反馈,而且还包括满足父代精神上的需求(如陪伴)。

在原子化地区,村庄结构相对比较松散,农民是原子化的个体,村庄舆论力量较弱且对个体的约束也不强,即村庄的"公"与家庭的"私"之间是相对隔离的,村庄的"公"难以介入家庭的"私"。因此,在养老方面,主要是"看子代的良心",具有极强的个体性和偶然性。老年人的生活状况如何主要取决于代际之间的相处——如果相处得很好,子代对父代的反馈就较为厚重;如果相处得不好,子代对父代的反馈则相对薄弱。

在华北农村,村庄的"公"以相对被动的姿态进入家庭的"私",每个家庭成员都倾向于援引对自身有利的村庄社会规则,以使自己拥有道德资本,在家庭政治中获胜。在养老方面,子代只按村庄最低标准对父代进行反馈,呈现出"底线养老"的状态。

中国农村的老龄化为何没有成为一个问题？

　　笔者在北京平谷区农村调研发现，当地的老龄化程度很高，调研所在的刘家店镇总人口8700左右，其中60岁以上的有2463人，老龄化比例约为28%。然而，当地老年人的养老并不成为一个问题，他们的收入来源主要包括以下两个方面：一是政府的福利养老金，60岁以上的老年人每月有700多元，且金额每年会上涨；二是种桃的收入，当地农民家庭以种桃为主，不少六七十岁、有一定劳动能力的老年人仍在种桃。当然，北京郊区农村的老年人养老不成为问题有其特殊性，即政府的福利养老金很高，即使老年人没有其他收入来源，靠福利养老金也足以维持其基本生活，这是一般中西部农村的老年人所不具备的优势条件。然而，随着我们在全国各地农村展开调研，却发现即使在中西部最为普通的农业型村庄，大部分老年人的养老也未成为一个问题。也就是说，老龄社会的到来在中国农村并没有成为问题，没有给家庭和社会带来严重的危机。

　　　　　　　　　　　　　　　　　　　　　　　流变的家庭

一

　　之所以说中国农村的老龄化没有成为一个问题，主要有三层内涵。其一，农村老年人的养老没有给政府带来很大的财政负担。除北京、上海等特大城市之外，大部分农村老年人没有被纳入政府的社会保障体系，他们每个月只有100多元的基本养老金。因此，在农村老年人的养老方面，政府的财政投入并不多。其二，大部分农村老年人的基本养老生活能够得到保证。其三，农村老年人（尤其是低龄老年人）还可以发挥余热，他们并没有完全退出生产领域，在完成自养的同时，还能为家庭继续做贡献。那么，农村的老龄化问题是如何得以化解的？或者说，为何老龄化问题没有演化为养老问题？这主要源于我国农村的三大制度优势：一是家庭制度，二是土地制度，三是村社集体制度。

　　首先是家庭制度。在转型社会中，家庭养老仍然是我国农村主要的养老方式，不仅成本最低，而且老年人也最易接受。家庭养老在我国具有很强的伦理支撑，"养儿防老"被认为是天经地义的事情。父代生养了子代，子代就应该履行赡养父代的责任。并且，在农村熟人社会之中，家庭养老还具有很强的舆论支撑，那些对父母不好，或者是不履行赡养父母责任的子代，在熟人社会中将会遭受很大的舆论压力。因此，在内在的伦理规定和外在的舆论压力的共同影响下，绝大多数的子代都会自觉承担起赡养父母的责任。家庭可以从以下两个层面保障老年人的养老生活。一是可以保障老年人基本的物质生活。在大部分农村地区，当老年人没有收入来源时，主要是依靠子代给赡养费或者是粮食。多子家庭一般是均摊赡养责任，并且在当前的农村社会中，女儿参与养老的现象越来越多，女儿和儿子一样开始承担更多的赡养责任，这进一步强化了家庭养老的制度基础。二是老年人可以从家庭中获得情感慰藉。调研发现，很多老年人不愿意去养老院，主要原因就在于养老院可以保障老年人基本的饮食起居，却无法回应老年人的情感需求。因此，家庭制度构成农村养老的重要制度支撑，在很大程度上降低了农村老年人养老的成本。

其次是土地制度。我国农村实行土地集体所有制，这一制度设置保证了每家每户都有土地可种，同时也使得老年人与土地的结合成为可能。因此，土地集体所有制之下的"老人农业"构成了农村养老的又一制度优势。因为可以与土地结合起来，农村老年人（尤其是低龄老年人）就不纯粹是一个消费者，还是一个生产者，并且由于农业机械化水平的不断提高，老年人作为生产者的时间不断延长。在农村调研发现，七八十岁还在种地的老年人不在少数，只要还有一定的劳动能力，就可以种地。可见，"老人农业"的关键在于解决了农村低龄老年人的养老问题。

最后是村社集体制度。村庄不仅是一个熟人社会，而且是一个具有组织潜力的集体，其组织潜力就在于村社集体制度。调研发现，在农村社会中，以村社集体为组织载体，以村干部为核心组织力量，可以有效建立起社区内部的互助养老机制，这一机制主要在两个层面回应农村老年人的养老问题。一是高龄老年人的照料问题。高龄老年人的照料主要是时间成本的问题，经济上的开支并不是很大。在部分中西部农村地区，由于年轻人和中年人都要外出务工，如果家庭内部有高龄老人需要照料，谁来照料确实是一个问题。一方面，中青年人面临的生活压力很大，如果要照料老年人，就必须留一个人在家，如此一来家庭中少了一个劳动力进入市场，家庭资源积累能力减弱；另一方面，老年人也不愿意子代因为要照料自己而无法外出务工。在此情况下，如果在社区内部建立一套互助养老机制，可以在一定程度上化解这个问题。例如，让村庄内部的低龄老年人照顾高龄老年人，并且实行积分制，低龄老年人获得的积分可以用于未来的兑换。这种社区内部的互助养老机制，既使得老年人没有脱离原来生活的村庄，又很好地解决了其照料问题。相比市场化的养老服务而言，这种互助养老方式成本更低，且更容易被老年人及其子女所接受。二是回应老年人的精神文化需求。农村老年人不仅有物质生活上的需求，而且有精神文化需求。大部分农村地区精神文化生活比较匮乏，通过村社集体的组织，为老年人提供一个公共活动空间，并且探索将老年人有效组织起来参与公共文化活动的方式，也是村社组织可以有所作为的方面。

二

家庭制度和土地制度不仅可以保障农村老年人的基本养老生活，使得养老并没有成为一个问题，而且还为低龄老年人发挥余热提供了空间。上文述及，农村老年人养老没有成为问题，关键的一点在于低龄老年人仍然可以发挥余热。农村老年人没有"退休"的概念，他们何时退出生产领域不是以年龄为衡量标准，而是以自己的身体素质和劳动能力为衡量标准，因此，农村老年人经常说的一句话是"只要能干就一直干"。

那么，农村低龄老年人是如何发挥余热的？低龄老年人并非孤立的个体，他们通过与子代家庭分工合作，形成以代际分工为基础的"半工半耕"的家计模式，参与子代家庭再生产的过程，并在此过程中形成对子代家庭的继续支持。这一家计模式在中西部农村非常普遍，年轻人到大城市务工，老年人在村里务农和照料孙代，这使得家庭劳动力得到最优配置，家庭资源积累能力较强。老年人的"半耕"主要包括务农和照料孙代两个方面，这两项任务看似没有给家庭创造直接的经济收益，却给子代家庭减轻了很大的负担，使得子代家庭可以安心在城市务工。因此，"半耕"构成农民家计的重要组成部分。在当前农民家庭城市化的背景下，老年人参与子代家庭再生产的过程不再仅仅局限于留守农村务农和照料孙代，而是出现了很多新的方式。例如，当子代家庭在城市买房和生活之后，低龄老年女性就可能进城照料孙代和帮助子代料理家务，而低龄老年男性则一个人留守农村，或者是低龄老年夫妻一起进入城市成为"老漂"，等等。

无论是采取哪种方式，农村低龄老年人都在作为生产者继续为家庭做贡献。也正是在此意义上，我们认为，农村低龄老年人其实不存在养老问题，他们也不构成家庭的负担，在家庭制度与土地制度的支撑下，他们不仅可以很好地实现自养，而

流变的家庭

且还能在一定程度上继续支持子代家庭的发展，减轻子代家庭再生产的压力。然而，农村低龄老年人可以继续发挥余热往往是被学界和社会大众所忽视的，他们对于家庭和社会的价值往往也是被忽略的。

三

由于忽视了我国农村养老的三大制度基础，以及忽视了低龄老年人仍然可以作为生产者发挥余热，当前学界和政界普遍将农村养老问题夸大化了。并且，很多学者认为，在家庭现代化和家庭转型的过程中，家庭的养老功能不断弱化，在此情况下，学界普遍认为，只有加大政府在养老方面的财政投入，才能从根本上化解转型期的养老困境。然而，我们必须认识到，我国当前还属于发展中国家，政府的财政能力还非常有限，不足以为所有老年人提供较为完善的社会保障体系。如果完全依靠政府的社会保障体系兜底，在政府的财政能力有限的背景下，反而可能会造成严重的社会问题。

本文的分析表明，在家庭制度、土地制度和村社集体制度三大制度优势的保障下，我国农村老年人能够获得基本的养老保障，这在很大程度上减轻了政府的财政负担和养老压力。在此意义上，关于如何完善养老的政策建议，关键就不在于加大政府的社会保障力度，而是在于如何通过制度设置进一步维系和强化当前化解农村养老问题的制度体系。

新三代家庭

2014年笔者及团队成员在湖北应城农村调研，发现当地普遍存在一种新的家庭形态，我们称之为"新三代家庭"。新三代家庭是相对于传统的三代家庭而言的。传统的三代家庭里，父辈只和一个儿子的小家庭在一起，一般而言，父辈和小儿子不分家，居住在一起，而其余儿子在结婚后则与父辈分家单过。在这种家庭结构里，父代对小儿子（或其余自己与之一起生活的儿子）的付出较多，对其余儿子的付出相对较少，在赡养父母时，其余的儿子也就有了推脱的理由。

而在新三代家庭里，父辈要参与每一个儿子的小家庭，要为每一个儿子的小家庭付出，与每一个儿子的小家庭都有着千丝万缕的联系。

一

新三代家庭的形成不是自然而然的，在一定程度上是村庄竞争的产物，强烈的村庄竞争催生了这种新型的家庭形态。应城农村近年来村庄竞争比较激烈，与华北农村的村庄竞争有所不同，应城农村竞争的目标是看谁最先走出村庄并在城市买房立足，即村庄竞争是向外的。这使得不管是单独依靠父代（务农），还是单独依靠子代（务工），都难以在竞争中取胜，必须依靠父代与子代的合作才有可能走出村庄。

同时，新三代家庭的出现也和当地农民家庭的生计模式、居住模式有关联。当地村民以"半工半耕"为主要的生计模式，父代在家务农，年轻一代在外务工。这种生计模式也形成了当地独特的居住模式：平常，年轻一代都在外务工，居住在城市，而父代和孙代一起居住在农村；春节时，年轻一代回到村庄里，和老人组成一个"临时的大家庭"。这种"临时的大家庭"，既能够保证各个子代家庭之间相对的和谐，又能够保证父代对每一个儿子的小家庭都平等对待。

二

应城农村的新三代家庭具有如下几个特点。

第一，形式上，是一种"不分家式"的分家模式。父代与子代的家庭一般都没有分户，但是二者在经济上是分开的。每个儿子都与父母构成一个单独的大家庭，而不是几个儿子之间构成一个大家庭。父代要同时参与几个儿子的小家庭的生活，并同时对之负责，因此父代的负担会进一步加重。父代与每一个儿子都不分家是新三代家庭的核心特征。不分家，父代就要永远对子代承担责任。只有在都不分家的前提下，年轻一代才有足够的理由让父母为自己付出，父代也才有足够的理由为每一个儿子"奔"。

第二，生计模式上，以"半工半耕"为主。父代与子代共同努力，支撑年轻家庭在城市立足。父代在家务农，其实一年下来并不能存下多少钱，但收入能够基本维持其开支，因而不用向子代要钱，这其实也在一定程度上减轻了子代的负担。正如一位村民所言："我们自己种点田，把那点人情开支搞好，不让儿子养，不要伢们负担，不然就要向儿子们要钱。"

第三，家庭结构上，父代与每一个儿子的家庭都是独立的。父母要同时负担几个儿子的家庭，支撑每一个小家庭在城市立足。这是由"不分家式"的分家模式导致的，因为分家不明确，父母"是大家（几个儿子）的父母"，对每个儿子都要负责。并且父母对每一个儿子都要平等，否则就会带来家庭矛盾。笔者调研的炮竹村的一位村民有两个儿子，由于家庭经济条件有限，父母只在应城市郊区为两个儿子买了一套9万元的小产权房，但是两个儿子怎能住在同一套房子里？他们俩除在结婚时分别用了这套房以外，其余时间都是自己在应城另外租房子住。这位村民说："现在的目标就是再买一套房，两个儿子一人一套。"

第四，代际关系上，形成了子代对父代的"强代际剥削"。年轻的家庭要参与到激烈的村庄竞争中，离不开父代的支持，父代对每一个儿子的家庭都具有同样的责任。并且，父代对子代的付出是没有终点的："有了儿子愁房子，有了房子愁媳妇，有了媳妇还要带孙子……"父代的付出，不仅体现在子代身上，甚至延续到了孙代一辈。在当地，激烈的村庄竞争以及家庭发展的需求导致子代进城是不可逆的，如此，父代不仅仅要将子代推向城市，更要想方设法帮助其在城市立足，支持子代不再回流到村庄里。可见，子代对父代的剥削是长久而彻底的。

第五，新三代家庭具有强大的竞争力，能推动子代更好、更快地进入城市。这种家庭模式动员了父代与子代家庭所有的劳动力，因而在激烈的村庄竞争中具有强大的竞争力。然而，在家庭具有强大竞争力的背后，是中年父母巨大的压力，以及老年人凄惨的生活状况。中年父母是竞争压力的直接承受者，也是最大的承受者，而老年人则是在激烈竞争中被忽视的群体。老年人"老无所依"，只能依靠自己，自食其力，一旦失去劳动能力，就会面临危机重重的生活。

三

不分家，是新三代家庭的核心。新三代家庭的形成，给家庭和村庄都带来很大的影响。

对家庭而言，新三代家庭的形成重塑了家庭的代际关系。在原子化村庄里，代际关系的普遍特征是"低度平衡"，父代对子代的付出有限，同时子代对父代的反馈也有限，二者之间是一种相对平衡、比较理性的代际关系。而在新三代家庭中，代际关系呈现出一些新的特点，表现为加重了对父代的代际剥削，父代的负担进一步加重，只要还能劳动，就永远都活在为子代付出的轮回之中。

然而，在新三代家庭里，子代对父代的反馈是否也会增强？目前而言，尚不能得出明确的结论，因为这种新三代家庭尚处于初级阶段，还没有到子代反馈父代的阶段。但是，不可否认的是，在新三代家庭里，父代与子代之间的关系更为紧密。这种紧密的代际关系是家庭出于维持生计、在村庄竞争中获胜的需要，并且也使得父代对以后的养老有所期待。现在的中年父母对子代几乎倾尽全力地付出，因而他们有理由对自己以后的老年生活抱有期待。

对于村庄而言，新三代家庭的形成，推动了当地城市化快速发展。这种新型的三代家庭，集中家庭的所有力量，将子代"推出农村，走向城市"，并且还要支撑子代家庭在城市立足。这样，父代要在农村里辛苦劳动，年轻一代也要在城市里努力工作，而最终的受益者不仅是子辈，更是孙辈，因为在全家共同努力走出农村的情况下，孙辈就可以享受到更好的教育。

可以看到，在激烈的村庄竞争中形成的新三代家庭，虽然在不断地剥削父代，然而对于整个家庭，甚至整个社会而言，这是一种进步的力量。唯有如此，才有可能使底层的群体有机会改变自己的命运，才有可能形成高度的社会流动。新三代家庭是转型期农民家庭应对现代化压力的一种实践形态，其有助于家庭的发展和流动，但也不可避免地给农民家庭带来新的问题，这是家庭转型所必须付出的代价。当然，这种家庭形态不可能长久存在，随着农民家庭转型的逐渐完成，新三代家庭会逐渐消失。

流变的家庭

弹性代际责任与有主体性的老年生活

2018年笔者在黄冈农村调研，发现当地的老年人过得都比较好，很多老年人在访谈中都说自己现在过得很快活。当地老年人不仅基本生活能够得到保障，而且生活得非常自由。笔者把当地老年人的生活状态称之为"有主体性的老年生活"。"有主体性"是相对于"依附性"而言的，因为有了主体性，所以老年人能够自主安排自己的生活，能够真正享受晚年。但是，并非所有农村地区的老年人都能获得有主体性的老年生活，比如华北农村的老年人，他们被卷入子代家庭再生产的压力之中，自然难以获得自由而有主体性的老年生活。黄冈农村的老年人之所以能够获得有主体性的老年生活，与当地农村弹性的代际责任有很大关联。

一

在黄冈农村，父代对子代的代际责任是弹性的。弹性的代际责任是相对于刚性的代际责任而言的，二者的区别不在于代际支持的强弱，而在于父代对子代的代际责任是不是可选择的，以及是不是有限的。因此，要从两个层面来理解弹性的代际责任。

首先，父代对子代的代际责任是可选择的。这就是说，村庄社会内部在父代对子代的代际支持上没有形成结构性压力，没有超越于个体家庭之上的统一的社会规范，因此每个家庭可以根据自己的实际情况做出选择，经济条件好的家庭可以对子代多支持一点，经济条件差的可以少支持一点。那些对子代支持较少的父母，也不会遭受村庄社会舆论不好的评价。每个家庭都具有很强的自主性，可以根据家庭经济状况做出灵活的决策。

其次，父代对子代的代际责任是有限的，而非无限的。在当地农民看来，子代结婚之后，父代的责任基本就完成了，至于带孙代以及子代家庭城市化的目标，都不是父代必须完成的任务。父代有能力时可以帮忙，没有能力时就只能完全依靠子代自身，并且父代并不会因为自己没有额外支持子代而感到愧疚。对此，笔者调研所在的樊家楼村一位73岁的老年人说："儿子结完婚，任务就完成了，后面的（事）都是儿子的。我有钱就出，没钱就不出。我帮他建房、娶媳妇，已经是对他很好了。儿子回来还给我钱，每年回来一次，给5000元，我肯定要了。他让我少种点田，不要那么辛苦。"

在弹性的代际责任之下，子代结婚之后，当地的父代可以理所当然地为自己积攒养老资源。子代结婚时父母通常是50多岁，此时，他们的身体一般还很健康，可以在村务农，还可以在村庄附近打点零工，他们有足够的时间和机会来为自己积攒养老钱。黄冈农村六七十岁的老年人基本都为自己攒了养老

流变的家庭

钱，少则一两万元，多则五六万甚至上10万元。老年人有经济上的自主权，在物质上不需要依赖于子代家庭，而且他们具有独立的生活空间，不需要依附于子代家庭而生活。正是基于此，他们才会觉得生活过得很快活，很自由，他们不仅仅是活着，而且是有尊严地生活，能够自主地安排自己的时间和生活空间。在当地农村采访老年人时，时常会被他们积极的生活态度和良好的精神状态所感染。

当地的老年人在有劳动能力时都在劳动，或者种田，或者打零工，不少七八十岁的老年人还在种田。上文提及的那位73岁的老年人，老伴已去世，他一个人种了30多亩[1]地，他说生活过得很快活、充实。除劳动之外，老年人还需要闲暇，需要与人交流。当地很多老年人在劳动之余喜欢在村子里找人聊天、打牌，或者是去集镇上的老年人协会。正是因为老年人在生活上具有主体性和独立性，他们才可以自主地安排自己的生活，不受子代家庭的约束，也不怕子代会对自己到处玩而感到不满，老人自己挣钱自己花，子代也无话可说。那位73岁的老年人用"压力压不住我"这句话形象地描绘出老年人的生活状态，他说："我现在很自由，想干就干，干累了就回去看电视。烟有抽，酒有喝，饭有吃，这样就满足了，过得很开心。我现在没有压力，压力压不住我了，担子是子女的，压不到我这里。我自己照顾好自己，替子女分担一下就行。他们的心我不操，操冤枉心。"

---

1 "亩"为中国农村传统的土地面积单位，1亩约为0.067公顷。

二

　　相对于黄冈农村而言，华北农村老年人的养老状态要差一些。华北农村父代对子代的代际责任较黄冈农村的更为厚重，父代的人生任务不仅包括抚育子代长大、为儿子娶媳妇，还包括带孙代以及帮助子代家庭实现城市化的目标。并且，所有这些责任对于华北农村的父母而言都是刚性的，是不可选择的，是必须完成的，不管有钱没钱都要如此。父代本身也认同这套伦理观念，因此心甘情愿地为子代家庭付出。尤其是近年来，随着婚姻市场上男女性别比失衡，而华北农村又偏爱于本地婚姻，男性面临的婚姻成本持续攀高，父代完成人生任务的压力剧增。由于代际责任的无限性和刚性，华北农村的父母在子代结婚之后，仍然要源源不断地支持子代家庭。如此一来，华北农村的父母终其一生都没有时间和机会为自己积攒养老资源，只要还有一定的劳动能力，就要不断为子代家庭付出。当他们不能劳动时，只能依附于子代家庭而生活，依靠子代给予的养老资源生存。

　　从物质的角度而言，华北农村与黄冈农村两地的老年人并没有太大的差异，二者之间最本质的差异在于年老之后是否有经济上的独立性和生活上的主体性，这一点对于老年人而言非常重要。同样是一笔钱，是子女给的养老费，还是自己攒下来的养老钱，老年人在花费时会有不同的心理体验。可见，有主体性对于老年人而言非常重要。

　　　　　　　　　　　　　　　　　　　流变的家庭

老人种田的故事

　　湖北黄冈樊家楼村的凡志顺生于1945年，老伴去世多年，有一儿一女，都已成家立业。儿子1985年出生，初中毕业，学了电焊，目前在苏州打工，一个月工资七八千元。由于婆婆很早去世，媳妇目前在家带小孩。2018年凡志顺的儿子在团风县买了一套二手房，花费46万元，老人给了4万元。应该说，凡志顺的家庭条件并不差，老人一个人在家种了30多亩田，并且已经种了十几年，最多时种植规模达到40亩。

　　凡志顺的30多亩水田主要种植水稻，其中有4亩田是他自己家的，其余全是亲戚、邻居或者兄弟的，他总共种植了大约10户人的田，每户1～3亩不等。这些田基本都挨着他自家的田地，种植起来较为方便。因为亲疏远近的不同，土地流转金也多少不一，大部分是每亩每年100元，最高的价格是每亩每年200元，此外还有部分是不要钱或者只需要过年时给对方几十斤新米即可。凡志顺在流转土地时要考虑两个问题：一是种植起来是否方便，因此，他要么是选择临近自己土地的田地以减少种植成本，要么是选择水源较好、好种的土地；二是种植起来是否划算，他能接受的土地流转金在每亩200元以内，如果超出这个价格，他就选择不流转。

实际上，熟人社会内部自发的土地流转租金不会太高，通常不超过200元每亩。自发的土地流转对于双方来说是双赢的：对于土地流出者而言，他们因为各种因素无法种地，如果不给别人种，土地只有荒着，而给别人种不仅可以避免土地撂荒，还可以获得少量的收入；对于土地流入者而言，适度的规模经营可以使劳动力价值最大化。2017年以来，当地农村开始有部分合作社流转土地。由于有政府的补贴，合作社流转土地时给予农民的流转金相对较高，一般为300～500元不等。如此一来，农民自然更愿意将土地流转给合作社，这对村庄内部的"中坚农民"（下文简称"中农"）造成不小的冲击。凡志顺种植的其中3亩土地就遭遇了这种情况，这3亩土地是邻居凡宿生家里的。凡宿生60多岁，还可以种田，但由于老伴到武汉照顾孙代，他本人也跟着到武汉打零工，因此将自己的3亩田地给凡志顺种植。凡宿生这块田并不算好田，并且距离凡志顺家较远，之前几年的流转金为每亩每年100元。2018年开始，邻村的合作社有意向到本村流转土地，价格为每亩300元以上。凡志顺说："今年可能价格要提高到200元才行，不然人家（凡宿生）就不愿意（将土地流转）给我了……但是200元的话，我要考虑一下，要算一下划不划算，不划算就不要了。"

　　凡志顺有拖拉机（可打田和运输）、抽水机等机械，大多农作环节都是他自己一个人完成，包括打田、播种、除虫、平常管理、抽水等。当问及他一个人种植30亩田是否辛苦时，凡志顺乐呵呵地说："我觉得还好，不辛苦。种田是个季节活，现在不挑不驮，是很轻松的，我觉得我一天光是在玩呢。"

他还给我们算了一笔账：30亩田，一个人种，一年最多花三个月，其中还有大部分是平常管理时间，真正农忙时间不到一个月。播种需要半个月左右，现在是撒播；除虫需要三天左右，且每年除虫的高峰期一般只有三天，通常是在8月15日前后，过了这三天，除虫也没效果了；收割只需要一天，且收割之后直接卖掉，不用晾晒，很方便；抽水抗旱需要几天时间。此外就是日常管理。对此，凡志顺这样描述："高兴时我每天都去田里转一转，不高兴就隔两三天去一次，骑着我的三轮车，30亩田，半个小时就转完了。有时停下来看一看，（庄稼）长得好，心里就愉快，收获的时候心里最愉快。"随着机械化的普及，很多以前需要花费重体力的农作环节都被机械取代，种田因而变得很轻松，对于像凡志顺这样种了一辈子田的农民而言，尤其轻松。

凡志顺还给我们算了另一笔账：每亩田的投资大约为600元，平均产量为1300斤，按照每斤1元的价格计算，每亩田的毛收入为1300元，除去投资，纯收入为700元左右，因此，种植30亩田，一年的毛收入为4万元左右，除去投资，纯收入为2万多元。对于一个70多岁的老年人而言，一年能够凭自己的劳动挣得2万多元，是何等幸福之事！凡志顺对当前的生活很满足，也很满意，生活过得有滋有味，他说："农闲的时候，我喝喝酒、晒晒太阳，哪里有活动就去看一看，凑凑热闹。有时还坐车去黄州（黄冈市区）转转。我觉得自己生活过得蛮好的，每天都很高兴。我每天都要喝酒，冬天喝白酒，夏天喝啤酒，啤酒我是当水喝，夏天一天六罐。早上起来我要喝点蜂蜜水，中午稍微简单点，晚上非要吃肉，打个汤，要三菜一汤，还要喝酒。"

可见，土地对于农民，尤其是对于农村的老年人而言，具有重要的意义。虽然并不是每个老年人都像凡志顺那样可以种植30亩田，但大多数老年人只要身体健康，种植三五亩田是完全没有问题的。老年人不仅可以通过土地实现自养，减轻子代家庭的负担，而且还能在与土地结合的过程中获得意义感和价值感。土地带给农村老年人的意义感和价值感主要体现在两个方面：一方面，老年人可以通过土地养活自己，从而可以有尊严、有主体性地生活，不需要看子代的脸色；另一方面，农业生产的季节性特征赋予老年人生活以节奏感，老年人可以根据农业生产的特征和节律安排自己的生活，使日子变得充实、有意义、不乏味。有了土地，老年人就不仅仅是活着，而且是有主体性地去安排自己的生活。这才是有意义的、有乐趣的，才会让人有积极的生活态度和精神状态。因此，土地对于老年人而言不仅仅是生存保障，更是重要的意义载体。当前的农业政策一定要看到土地对于农村老年人的重要意义。

流变的家庭

代际关系与养老预期

笔者在东北农村调研发现，虽然当地属于原子化地区，但父代对子代的代际责任相对比较厚重。在当地农民看来，父代对子代主要的责任是为儿子娶媳妇，包括要承担娶媳妇所需要的彩礼（当地2017年的彩礼水平为10万元左右）和在城镇买房的费用（一般在乡镇买房即可，大概需要十几万元）。此外，父代还需要帮助子代带小孩。

表面看来，东北农村的代际关系与华北农村类似，实质上存在很大差异，最本质的差异有以下两点。其一，东北农村父代对子代的责任并非刚性的，而是弹性的和可选择的。父代有能力就多付出一点，没有能力就少付出一点，村庄社会并没有一套刚性的标准，因此在完成人生任务方面父代并不会承受太大的压力。实际上，东北农村的父母在当前之所以愿意为子代付出更多，一方面是因为当地的家庭资源积累普遍较多，大多数父代都有帮助子代的能力，另一方面是由于近年来子代的婚姻成本愈益提升，单靠子代的能力可能无法顺利结婚。其二，虽然当地的父代为子代付出较多，但他们对于子代将来的反馈并没有很强的预期。那么，为什么东北农村的父代为子代付出很多，但对子代的反馈预期却并不高？本文通过讨论代际关系与养老预期之间的关联来对这一问题进行分析。

一

根据村庄社会结构的差异，可以将我国农村大致分为华南宗族性村庄、华北小亲族村庄以及中部原子化村庄。在不同类型的村庄里，村庄社会结构的强度不同，代际关系也存在很大差异。总体来看，村庄社会结构越强的地区，代际伦理越强，代际关系越厚重，父代对子代的养老预期也越强；村庄社会结构越弱的地区，代际伦理越弱，代际关系越淡薄，父代对子代的养老预期也越弱。

在华南宗族性村庄，村庄历史普遍比较悠久，且村庄社会结构较强，村庄内部一般是一个血缘单位聚居。代际关系呈现出"厚重平衡"的特征：一方面，父代对子代的代际责任和代际伦理比较厚重；另一方面，子代对父代的代际反馈也比较厚重。在宗族性村庄，子代赡养父代被认为是理所当然的事情，父代生养了子代，子代就应该赡养父代。生养构成子代赡养父代的唯一条件，不管子代的经济状况如何，不管父代为子代付出了多少，也不管家庭关系（如兄弟关系）如何，子代都要赡养父代。并且，这一套观念在村庄社会中是被所有人认同的，如果出现不赡养父代的人，整个村庄和宗族都会对之进行谴责，这样的人在村庄里将无法生存。基于此，在宗族性村庄里，父代对子代的代际反馈有很强和很稳定的预期，老年人到了一定的年龄（一般是五六十岁）就可以心安理得地让子代赡养自己。此外，宗族性村庄的子代对父代确实也非常孝顺，不仅在家庭资源的分配上会优先考虑父代的需求，而且还会经常陪伴父母。因此，宗族性村庄的老人从来都不担心自己的养老问题，也不需要提前为自己积攒养老资源，他们不仅非常确定子代一定会赡养自己，而且还非常确定子代一定会赡养得非常好。

在华北小亲族地区，村庄内部一般是多个小亲族并存，村庄社会结构具有较强的竞争性和分裂性。一个小亲族一般是一个五服以内的血缘单位，内部具有较强的整合性，也是当地红白事的基本单位。而不同小亲族之间则具有较强的竞争性和分裂性，也正是基于此，华北农村的村庄政治异常发达，村庄竞争渗透在农民日常生活的方方面面。有竞争，就需要有参与竞争的规则，因此，华北小亲族村庄一般具有较强的规则性，但规则并非不可改变，也并非只有一套。每个人在竞争中都可以援引不同的规则，从而使得当地农民的行为逻辑具有很强的策略性。在代际关系方面，华北农村在当前呈现出"厚重失衡"的特征，即父代对子代的付出较多，而子代对父代的代际反馈不足。但是，华北农村一般不会出现完全不赡养父母的情况，这是因为：一方面，华北农村的家庭伦理比较强，赡养父代仍然被视为子代必须完成的任务；另一方面，这与华北农村较强的规则性有关，村庄社会在养老方面有基本的底线，不养老的人会遭受村庄舆论的谴责。因此，华北农村的父母对于子代养老也有很强的预期。但是，这种预期是不稳定的，或者说，华北农村的父母对于子代的代际反馈既确定又不确定——他们确定的是子代一定会赡养自己，不会完全不管自己，不确定的是子代会如何赡养自己。在华北农村，子代赡养父代被视为基本的道德底线，一个连父母都不赡养的人，在村庄里是抬不起头的，会被别人在背后"戳脊梁骨"，并使自己在村庄竞争中处于弱势地位。但是，子代如何赡养父代则是另外一个问题，村庄舆论能够介入的是子代是否会赡养父代，而不能介入如何赡养。如此一来，如何赡养老人就具有很多不确定性，会受到很多因素的影响，比如子代的经济状况、父代为子代付出多少、兄弟关系等。正是这种确定感与不确定感共存，进一步增加了华北老年人的心理压力。

在原子化村庄，村庄社会结构比较松散，家庭伦理也相对较弱，代际关系呈现出"低度均衡"的特征，即父代对子代的代际责任有限，子代对父代的代际反馈也相对有限，代际之间的独立性相对较高。在此背景下，父代对子代的养老预期并不是很强，父代一般会提前为自己做好养老的准备。一般而言，子代结婚之后，原子化地区的父母就可以为自己积攒养老钱，他们不会将积攒的资源全部为子代付出，通常会为自己"留一手"。原子化地区的老人经常说的一句话是"靠谁都不如靠自己"，只有当他们积攒了足够的养老资源，才会对自己的老年生活有安全感。但是，这并不是说原子化地区的子代都不赡养老人，都让老人自养，而是说，在当地代际之间的责任和伦理并没有那么强，因此老人不会对子代赡养抱有很大预期。实际上，根据我们的调研，正是因为代际之间的权利义务关系并不厚重，所以原子化地区的代际关系具有很强的实践性，代际关

流变的家庭

系的好坏不是源于家庭伦理和村庄结构的规范，而是源于代际之间的相处情况。如果相处得好，代际关系会非常亲密，反之，代际关系亦可能非常紧张。总体来看，由于原子化地区的老人对子代赡养自己并没有很强的预期，因此，无论子代的反馈如何，老人都能很快适应和接受，从而不会承受太大的心理压力。

二

理解了不同区域的代际关系和养老预期之后，我们就可以进一步分析在现代化压力之下，不同地区的代际关系以及老年人状况发生了哪些变化及为何会发生这种变化。在现代化进程中，农民家庭有更多的机遇，但同时也面临更大的压力，例如子代的婚姻压力、城市化压力、教育压力、医疗压力等，其中子代的婚姻压力和城市化压力是当前农民家庭面临的主要压力。在现代化的压力面前，子代家庭的发展成为家庭的首要目标，这必然会压缩家庭其他目标的实现。在此背景下，家庭资源分配必然会倾向于子代家庭，从而压缩了父代，尤其是老年人的资源获得能力。并且，家庭面临的压力会在家庭成员之间扩散，并逐渐传导至老年人那里。那么，在现代化的压力之下，不同地区的老年人面临的状况有何不同？

在华南宗族性村庄，村庄社会的结构性力量很强，因此现代化力量进入得相对比较缓慢，村庄社会内部还有较强的抵御现代化压力的结构和载体。在此背景下，宗族性村庄的老年人在家庭内部仍然具有较高的地位，仍对子代赡养抱有稳定的预期，并且子代家庭也会在物质和精神方面对老人有良好的反馈。目前来看，华南宗族性村庄的家庭关系还没有经历巨变，但随着现代性力量的逐渐渗入，也将面临重塑。

原子化地区的村庄社会结构比较松散，现代化力量进入得比较快速和彻底。此外，由于原子化地区的老人对于子代赡养本来就不抱多大预期，当现代化压力进入家庭之后，老年人能敏锐地感知，且会主动接受自己逐渐被边缘化的地位。原子化地区的老年人非常想得开，当他们看到子代家庭开始面临巨大的压力时，会更加主动和坦然地安排自己的养老生活。

华北小亲族地区的老年人在现代化压力之下的处境最为沉重。一方面，华北小亲族村庄内部仍有一定的规则性，在养老方面有基本的底线；另一方面，现代化压力给农民家庭带来很大影响，家庭关系、家庭结构、家庭伦理都在经历巨变。华北农村的老年人非常痛苦，他们一方面仍然对子代的赡养抱有期待，但另一方面，又切实地体会和感知到子代家庭面临的压力和不易。此时他们陷入两难困境：如果子代不赡养老人，那么其在舆论谴责之下将没有脸面继续生活在村庄；如果花较多时间和物质资源赡养老人，则会影响子代家庭的资源积累能力以及发展能力，进而影响子代家庭的顺利再生产。在此情况下，很多家庭只能选择"底线养老"，即保证父母有吃、有穿、有住，但吃得如何、穿得如何、住得如何，每个家庭有很大差异。

三

通过分析代际关系和养老预期的区域差异，我们可以进一步讨论不同地区家庭性质的不同。

总体来看，宗族性地区的家庭是一种伦理性家庭，家庭成员之间的互动和相处更多是基于伦理规范，家庭关系最重要的就是要符合家庭伦理的规定。小亲族地区的家庭是一种社区性家庭，家庭成员之间的关系和相处虽然有伦理规范的成分，但最重要的是要遵守村庄社会的基本规则，因此家庭关系也是呈现给别人看的。原子化农村家庭的独立性最强，是一种实践性或情感性家庭，家庭成员之间的关系是靠"处"，因此每个家庭都可能有不同的相处模式，并且不同家庭的家庭关系具有很大的差异性，家庭相对于村庄社会而言是相对独立的，家庭成员的自由空间比较大。

人地关系与养老秩序

　　笔者在东北农村调研发现，当地的老年人在家庭中具有较高的地位，子代对老年人普遍都比较孝顺和尊重，并且流露出的是真感情，并非为了做给别人看。

　　笔者在吉林省长春市干沟村采访过一位50岁左右的村医，当聊起他已经去世十几年的父母时，这位村医当着我们的面多次流泪。他说自己对父母很有感情，他们于2001年同一年去世，"当时心里的感觉无法形容，像天塌下来一样"，并且还写了一篇题为《黑色2001》的文章纪念自己的父母。这位村医对父母的感情在当地并不特殊，根据我们的调研，当地大部分家庭的子代对父母都非常有感情，而且将父母照料得很好，老年人在家里不愁吃、不愁穿，还有较高的地位。

　　干沟村一位73岁的老年人生动地向我们描述了什么是"老年人在家里有地位"。他说："我没钱了，直接吱一声，儿子就会给。我都是直来直去，单刀直入。有不合理的事，我也敢说，敢跟他辩论，不受约束。我不是在背后说，是当面说，说完拉倒，至于你怎么理解，是你的问题。"当然，当地的老年人并不会无理取闹，他们也很为自己的子女着想："老人不是太上皇，不会一手遮天，现在比较平等，家庭很温暖，摩擦比较少。一般，老人都是按儿子说的办，不掺和儿子的事。如果儿子通情达理，老人可以大胆一点说。如果儿子、媳妇不通情达理，老人就不说了，不然你能天天打仗？老人忍了，避免矛盾激化，若不这样家庭就不好了。但是大部分儿子都不会让老人受气。"老年人在家里有地位，实际上意味着他们拥有一定的主体性，在家庭内部能自由表达自己的意见和观点，而非完全依附于子代家庭。

在家庭转型过程中，随着农民家庭面临的压力越来越大，家庭关系也面临重塑。在此过程中，老年人地位普遍呈下滑的趋势。那么，为何东北农村在当前仍然保留了比较有序和良好的养老秩序？这与当地的人地关系有很大关联，以下具体分析。

一

东北农村人均土地较多，笔者调研所在的干沟村，人均土地面积为4～5亩，户均为15～20亩。并且，东北农村以平原地形为主，种地很方便，基本实现了机械化，这就意味着农业对于当地农民而言仍然非常重要。正是由于农业剩余比较丰厚，村庄内部的获利机会相对较多，当地农民开始外出务工的时间晚于全国平均水平。当地大约从2005年之后才开始兴起外出务工的潮流，并且一般都是季节工，即农忙时节在家务农，农闲时节外出务工。除一些土地较少的家庭之外，很少有农民家庭完全放弃土地全家外出务工。人地关系和农业剩余不仅影响了农民家庭的分工模式，还塑造了比较完整的村庄社会生活，进而对当地的家庭关系和养老秩序构成影响。

首先，东北农村相对宽松的人地关系以及丰厚的农业剩余，塑造了以夫妻分工为主的家庭分工模式，进而降低了养老的时间成本和经济成本。一般而言，子代赡养老人需要付出两种成本：时间成本、经济成本。时间成本主要是指当赡养老人与外出务工之间只能选择其一时，对子代家庭经济收入的影响；经济成本主要是指赡养老人需要付出的物质资源，其中最大的开支是医疗花费。在传统的农业社会中，赡养老人不仅经济成本较小，而且时间成本也很低。那时村庄社会是相对封闭的，农民生于斯，长于斯，死于斯，其生产和生活都是在村庄熟人社会中完成，因此照料老年人的时间成本非常低，并不会因为照料老人而对家庭经济收入构成巨大影响。此外，在传统的农业社会里，医疗技术不发达，即使老人生病了也难以检查出来，大多数是自然死亡，因此赡养老人需要花费的经济成本也较低。并且，传统社会中人均寿命相对较短，子代赡养老人的时间也很短。

随着工业化和现代化进程的加剧，封闭的村庄社会逐渐被打破，农民开始进入市场，传统的家庭分工模式逐渐被重塑，传统的代际关系也面临新的考验和冲击。在打工经济普遍兴起的背景下，当前我国中西部大多数农村地区都形成了以代际分工为基础的"半工半耕"的家计模式。此模式建立在人地关系比较紧张、农业剩余相对不足的基础之上，"半耕"的不足促使家庭内部有劳动能力的成员都倾向于优先外出务工，只有等

　　　　　　　　　　　　　流变的家庭

到外出找不到工作时，才退回农村务农。笔者在中西部农村调研发现，50多岁外出务工的农民（尤其是男性）不在少数。50多岁的中年一代，其父母差不多七八十岁，正是需要子代赡养和照料的时候，而此时中年夫妻要么是一起在外务工（如果没有带孙代的任务），要么是男性在外务工，女性在家料理家务。在此背景下，赡养老人的时间成本就很高，如果要在家赡养老人，自然会减少外出务工的时间。此时，如果农民家庭面临的压力较大，比如子代结婚的压力、城市化的压力以及教育的压力等，就必然会选择以外出务工积累更多资源为主，从而相对弱化对老年人的赡养；而如果面临的发展压力不大，当父母需要赡养时则可以及时回村照料。

而在东北农村，人均4~5亩、户均15~20亩的土地规模不仅使得农民家庭的农业剩余相对充裕，而且在乡村社会内部提供了大量的就业机会（比如跑运输、当经纪人、开小卖店、开粮食收购点等），从而使得农民家庭的主要收入来自农业和农村。在此背景下，当地农民家庭主要以夫妻分工为主，代际分工并不明显。一直到2005年左右，由于打工经济的普遍兴起，以及当地对子代教育的重视，如今二三十岁的年轻人大都接受了大专以上的教育，因此基本都在外地有相对稳定的工作，从而在农民家庭中开始出现了代际分工的现象。但当地40岁以上的农民是以夫妻分工为主。农忙季节，夫妻一起在家务农；农闲季节，男性一般会外出打零工（通常在本省范围以内），女性则在家料理家务，顺便在村庄附近打零工。老年人则是家庭内部的辅助劳动力，主要帮忙料理家务。在此背景下，赡养老人的时间成本很小，即在家赡养老人对中年一代的经济收入影响不大。可见，在东北农村，宽松的人地关系塑造了以夫妻分工为主的家庭分工模式，即使外出务工也是季节性和暂时性的，从而降低了养老的时间成本，进而使得传统的养老秩序得以延续。

其次，充足的农业剩余不仅影响了农民家庭内部的分工模式，而且还塑造了相对比较完整的村庄生活，从而使得村庄舆论在一定范围内可以发挥作用。赡养老人是子代天然的责任和义务，因此是可以道德化的，可以进入村庄的公共领域和舆论范围。相对而言，夫妻关系则是更为私密性的，村庄舆论一般不会介入。在当地村庄社会的语境中，养老不仅是家庭的私事，在一定程度上也是村庄内部的公共事件，村庄舆论可以介入养老领域并对之进行评价，进而影响子代在赡养老人时的行为逻辑。笔者在东北农村调研发现，如果儿子对自己不好，老人可以到村庄的公共场合（如小卖店）去说，如此一来，这个儿子就会变得非常被动，并且会受到村庄舆论的谴责。干沟村一位50多岁的男性说："不孝顺的人，村里人一定知道，老人会在村里说，（即使）老人不在村里说，也会和亲戚说，亲戚也会传到村里。谁家对老人好，对老人不好，都要出来说。对老人不好的，老人更要在村里去说，说出来出出气。"可以看到，在东北农村，养老之所以能够进入村庄公共领域，成为村庄内部的公共事件，一方面在于老人的地位比较高，他们在受到不好的待遇时敢于在村庄公共场合中表达，另一方面在于当地村庄生活比较完整，在村的农民很多，并且他们的生产和生

　　　　　　　　　　　　　　　　　流变的家庭

活仍然需要在村庄内部完成，因此村庄舆论会对农民个体构成压力，农民在一些事情上仍然会在意别人对自己的评价。在当地农村，如果一个儿子对自己的父母不好，那么他在村里是很没有面子的。

再次，东北农村相对宽松的人地关系和充足的农业剩余，使得当地农民家庭一直以来的资源积累能力都比较强，家庭资源比较丰裕，这为代际关系提供了充分的空间。东北地区属于原子化村庄，村庄社会结构并不强，村庄政治氛围不浓，家庭政治也被进一步稀释。在原子化地区，家庭关系的好坏主要是靠"处"，具有很强的实践性特征，代际关系也是凭良心、讲感情，而并非受村庄社会结构或家庭伦理的约束。在此背景下，在家庭资源比较丰裕的地区，代际之间的情感具有表达的可能性和空间，代际关系普遍较好，老年人的生活状态也很好，东北农村就属于这种类型。而在家庭资源比较紧张的地区，代际之间的情感表达空间被极度压缩，代际关系就可能变得比较紧张。可见，东北农村老年人良好的养老状态与当地一直以来较为丰富的家庭资源有很大关系。

此外，充分的农业剩余还使得老年人的土地和劳动力对于子代家庭而言非常重要。前文述及，当地农村人均占地4～5亩，如果是两个老人，就有10亩左右的土地。在此情况下，老人无论跟着哪个儿子一起过，那个儿子都不会觉得自己吃亏了，并且老人还能成为家庭重要的辅助劳动力。

总体来看，宽松的人地关系和充足的农业剩余使得当地农民家庭的分工模式是以土地为联结的。农民参与市场只是作为家庭经济的补充，他们对劳动力市场的参与并不充分，如此才使得传统的养老规则和养老秩序没有被打破，并得以维系和延续。

二

除人地关系这一变量之外，当地农村独特的分家模式和养老模式也构成对老年人的保护。当地独子家庭一般不分家，多子家庭中，老人通常和小儿子不分家，其余儿子则在结婚之后不久分家单过。在家产分配上，如果有N个儿子，一般是将家产分为N+1份，老人有一份单独的家产，这一份家产在老人去世之后归小儿子所有。并且，老人的劳动力也主要归小儿子家庭所有，在能够劳动的阶段，主要帮助小儿子料理家务。干沟村一位老年人说："吃谁向谁，在谁家就要为谁服务。我在小儿子家里吃住，他负责赡养我，如果我又去帮助大儿子干活，别人都会说。"当然，在一些特殊时间，老人适当帮助其余儿子，也是被理解的。例如，在农忙季节，如果小儿子家里的活已经干完了，其余儿子家里还有很多活没有干，此时老人可以过去帮忙。实际上，这样一种分家模式也相对公平，在分家与养老之间形成了相互匹配的机制，小儿子获得的家产更多，因此在赡养老人时需要付出的也就越多。在这种分家模式之下，老人在去世之前都有单独的家产，因而在生活中有主体性，与小儿子生活在一起也没有压力感。这与河南农村形成鲜明对比。在河南农村，分家时家产全部均分给各个儿子，老人没有单独的家产，在分家之后，一般是由几个儿子轮养老人。在此情况下，分家之后的老人完全依附于子代家庭而生活，其主体性较弱。

实际上，东北农村的分家模式和养老模式与关中农村有很大的相似性，但二者之间也存在一定的差异。其相似性在于，老人都是与小儿子不分家，小儿子能够获得更多的家产，最终主要是由他负责赡养老人。而其差异性则在于，老人与其余儿子的关系有所不同。在关中农村，虽然在分家之后主要是由小儿子养老，但是当老人生病（尤其是生大病）之后，一般是由几个儿子均摊医疗费；老人去世，一般也是由几个儿子共同均摊丧葬费用，或者是一个儿子负责安葬一个老人。而在东北农村，分家之后，老人生病主要由小儿子负责，其余儿子没有共同均摊医疗费的义务，小儿子也不会主动向其余儿子要医疗费，当然一般情况下其余儿子会根据自己家庭的经济状况出一部分，但这并非其必须尽到的责任；老人去世，一般由小儿子一个人负责安葬老人，其余儿子没有均摊安葬费的义务，但他们通常会给几千元钱。

可以看到，在东北农村，老人与小儿子之外的其余儿子之间的关系具有理性与情感共存的特征。一方面，东北农村的老年人与其余儿子之间分家更为彻底，在分家之后，其余儿子自立门户，并且也基本没有赡养老人的责任和义务，代际关系呈现出比较理性的特征；但另一方面，其余儿子在分家之后都不会完全不管老人，日常生活中他们经常会给老人买东西，或者给一些零花钱，在老人生病以及去世时，也会给一些钱，然而在当地社会的语境中，所有这些都不是其余儿子必须尽到的责任和义务，而是一种情感的表达，表达自己对父母的孝顺和爱。在东北农村，在分家之后，老人与其余儿子之间的权利义务关系并没有那么清晰，但这反而滋养了彼此的情感，代际之间的情感性更为凸显。而在关中农村，老人与所有儿子之间的权利义务关系在分家时都规定得非常清晰，代际之间的伦理性更为凸显。

女儿为何参与养老？

按照传统农村社会的习俗，赡养父母是儿子的事情，女儿并没有赡养父母的责任和义务，当然，也不享有财产继承权。但笔者近年来在各地农村调研发现，女儿参与养老的现象越来越多。女儿要和儿子一起均摊父母的赡养费和医疗费，如果父母失去自理能力需要子女照料时，女儿也要和儿子一样轮养父母。然而，在分家时，女儿却依然不享有财产继承权。调研发现，女儿参与养老，并不是源于法律上的规定，而是家庭内部互动的结果。而当一些家庭的女儿参与养老后，在熟人社会中很快就会形成扩散效应，并逐渐成为大多数人的共识。

在驻马店农村，女儿参与养老大致于2010年开始兴起。女儿是否参与养老，其决定权既不在于父母，也不在于女儿自身，而是在于儿子和媳妇。大多数女儿参与养老的情况，都是儿子（尤其是媳妇）提出的，在此情况下，如果女儿不参与养老，那么儿子、媳妇也不赡养父母，因此，女儿在某种程度上是被迫的。尤其是在多子家庭发生养老纠纷时，女儿参与养老的情况更为普遍。女儿参与养老之后，会对儿子、媳妇形成压力——女儿都赡养父母了，儿子、媳妇还不赡养就说不过去。

那么，应该如何来理解女儿养老这一现象？

首先，女儿参与养老有一个客观的背景，即赡养父母的经济成本和时间成本越来越高。

从经济成本来看，主要是老年人的医疗花费越来越大，而医疗费用的提高来自两个层面。一是老年人人均寿命延长，患大病的概率越来越大。以前（主要是打工经济兴起之前）人均寿命较短，大集体时期50多岁的人就显得很老，一般寿命都在五六十岁，超过70岁的老人极少，并且那时患大病的人也不多。二是随着医疗技术的不断发展，很多以前检查不出来的大病，现在都能检查出来，这也从另一个层面增加了老年人的医疗花费。驻马店东头村一位村民说，"以前医疗技术不发达，很多病都检查不出来，过去也有突然倒下的情况（现在很多是脑充血导致突然倒下），都以为是鬼抓跑了，不会认为是生病。现在什么病都能检查出来，检查出来就要花钱"。此外，以前农民看病一般都在村卫生室，最多到乡镇或县城医院，而现在只要检查出大病，至少要去县市医院治疗，乡镇等小医院都不敢接收大病患者。

而从时间成本来看，在打工经济兴起之前，大多数农民都在村，收入来源以务农为主，因而，照顾老年人是顺带的事情，不具有太大的机会成本。然而，随着打工经济的兴起，农村青壮年劳动力大量外出务工，尤其在华北农村，娶媳妇的成本和压力都很大，农民家庭再生产的成本提高，因此只要具有一定劳动能力、在外能够找到活的人，都倾向于外出务工。此时，如果家里有老人需要照顾，就直接减少了其外出务工的收入来源，这也是很多子代不愿意赡养老人的原因之一。东头村一位中年妇女说："女儿养老一般都是儿子、媳妇提出的，随着社会的经济发展，（老人）花的钱越来越多，负担越来越重，都不愿意出这份力，就是因为嫌太麻烦了。你想出去打工，我也想出去打工，都不愿意一个人承担。"在此情况下，开始出现一些儿子和媳妇不愿意赡养老人的现象，但是他们并不会直接说自己不赡养，而是会将女儿卷进来，认为女儿也是父母生养的，凭什么不赡养父母。女儿一般都与父母比较亲，也不愿意父母过得不好，因此很多女儿就此被卷入养老的过程。

其次，女儿参与养老还有重要的伦理支撑，即父母生养了女儿，女儿便理应赡养父母，这也成为儿子要求女儿参与养老的重要理由。对于女儿而言，父母确实花费了很大的精力把自己抚养成人，从伦理而言，女儿养老也是应该的。尤其是当儿子、媳妇提出"女儿不养我们也不养"时，女儿即使被迫也要赡养父母，否则既可能导致父母无人照料，还会造成兄弟姐妹之间的冲突和矛盾。

再次，妇女地位的提升也是女儿参与养老的重要支撑。当前农村一般都是妇女当家，妇女在家庭内部具有很大的话语权和决定权。

此外，在华北农村，女儿参与养老还有一个有利条件，即大多数女儿都嫁在本地，婆家与娘家的距离在十里路左右，这为女儿参与养老提供了很大的便利。

总体而言，华北农村家庭的女儿养老是儿子养老困境倒逼的结果。当这一现象出现之后，地方社会不断为其寻找存在的合理性，从而使得越来越多家庭的女儿参与养老，女儿养老也逐渐成为熟人社会中的共识。

　　　　　　　　　　　　　　　　流变的家庭

为什么珠三角农村的老年人可以
将"小病看成大病"？

在广东佛山南海区农村采访一位村医时，他说当地的老年人都是将"小病看成大病"，这句话引起了笔者的兴趣。所谓将"小病看成大病"，即把小病当大病看，当地老年人只要有一点不舒服就会去医院检查。在这位村医看来，当地老年人将"小病看成大病"很正常，因为他们有钱，并且当地农村离城市很近，农民可以很容易获得城市的医疗服务。但是，根据我们在全国各地农村的调研，并非所有地区的老年人都有将"小病看成大病"的能力和勇气，大部分地区的老年人是把"小病拖成大病"，而患大病就直接放弃治疗。佛山农村的老年人之所以能够将"小病看成大病"，不仅仅在于他们有钱，而且还在于他们可以毫无心理压力、光明正大地去看病，看病不会对其构成一种心理负担。而在大多数农村地区，老年人生病之后不仅没钱看病，而且还会面临沉重的心理负担。在笔者看来，老年人将"小病看成大病"不仅仅是一个经济问题，更是一个家庭问题，反映了家庭内部的代际关系和家庭资源如何分配的问题。

一

佛山农村的老年人之所以普遍将"小病看成大病",是因为他们及其家庭具有经济实力,并且在家庭资源分配上会保证老年人的资源获得。

首先,当地农村的老年人基本都具有经济上的独立性,原因有以下几点。其一,当地市场机会丰富,六七十岁的老年人只要具备一定的劳动能力,仍然可以找到务工机会,并且,如今很多60岁以上的老年人在年轻时进入市场务工也积攒了不少资源。其二,地租经济是当地老年人重要的收入来源,土地分红以户为单位,户主一般都是老年人,因此,当地农村的老年人至少可以获得自己的那一份地租收入,一些子女甚至把家庭所有的地租收入都给老年人。其三,当地发达的社会福利体系,也为老年人提供了重要的保障。60岁以上的老年人,每月至少可获得250元的基本养老金,如果自己缴纳了一部分,则可以获得更多。此外,很多村庄还给老年人额外的福利,比如重阳节或者春节时,会给老年人发钱。因此,当地老年人普遍都有积蓄,少则几万元,多则甚至有几十万元,当地很多年轻人的积蓄还没有老年人的多。

其次,当地农村子代对父代的代际反馈也比较多。在佛山农村,父代对子代的代际责任有限,其责任包括抚育子代长大和帮助子代结婚,如果父代没有经济能力,婚姻主要由子代自己负责。至于带孙代以及子代家庭城市化的目标,都不是父代必须完成的刚性的责任,父代有能力可以帮忙,没有能力则靠子代自己完成。子代结婚之后，如果继续和父母生活在一起，就要按月向父母缴纳生活费，每人每月至少500元。父代对子代有限的代际责任给了父代足够的缓冲空间，他们没有不断将资源向下转移的压力，在子代结婚之后有充足的时间和机会为自己积攒养老资源。而子代对父代的反馈较为厚重，在父母不能劳动之后，子代要给他们赡养费，少则一年几千元，多则一个月就给一两千元。即使家庭条件不是很好，也要给父母赡养费，这被视为子代必须尽到的责任。尤其是当父代生病时，子代一定要出钱让父母看病，否则会被视为不孝，遭受村庄舆论的谴责。

南海区鹤峰村的黄满超生于1963年，家有三兄弟，他是老二。他的母亲已去世，父亲91岁高龄，现在三兄弟每人每年给父亲2000元赡养费。黄满超的家庭收入其实不高，他开了一家摩托车维修店，生意不好，一年挣3万元左右。老婆在家种田，一年收入1万元左右。一个儿子一个女儿，都已婚。儿子高中毕业，在水泥厂工作，工资每月4000元，媳妇在家带小孩，没有工作。当被问及能否少给一点赡养费给父亲时，他说："2000元一年已经够少了，一个月才100多块，不给不行，我们这里的人都要给（老人赡养费），不给别人会说，说做儿子的没用，没出息。老人肯定要尊重，老人在家里地位高。老人说什么都听着，不听话，老人生气了，对他身体不好。（父亲）90多岁了，有这个身体，千金难买，这是一种福气。"

因此，从家庭内部视角来看，当地农村的老年人不仅具有经济上的独立性，而且在大家庭的资源分配上，也具有优先权。他们在家庭内部具有较高的地位，有话语权，说话有人听。并且，老年人在家庭内部的权威还延伸到村庄社会之中，从而在村庄内部形成对他们有利的社会舆论。在此背景下，当地农村的老年人不仅具有将"小病看成大病"的能力，并且在将"小病看成大病"之后，也不会面临多大的心理负担，因为在其看来，子代出钱为自己看病是天经地义的事情。

在此意义上，老年人生病是否会由一个经济问题转变为伦理问题，取决于两个方面的因素：一是经济的维度，即家庭是否有经济能力；二是代际关系的维度，代际关系直接决定了家庭内部的资源分配是否会倾向于老年人，以及老年人在生病之后是否会承受巨大的心理压力。

在佛山农村，农民家庭不仅具有帮老年人看病的经济能力，而且由于老年人在家庭内部的地位较高，家庭资源分配会倾向于他们，因此老年人生病就仅仅是一个经济问题，只要家庭有经济实力，都可以帮老年人治病，而不会演变为家庭成员在"治或不治"之间做选择的伦理问题。而在中西部农村，经济欠发达，农民家庭面临较大的发展压力，且老年人在家庭内部并没有宗族性村庄老年人那样的权威，因此一旦生病，尤其是生大病之后，家庭成员就会陷入"治或不治"的伦理选择困境，并且老年人自身也会背负很大的心理压力。在部分中西部农村，老年人在生大病之后，为了减轻子代的经济负担以及在选择"治或不治"时的伦理压力，个别老年人最终会选择以自杀的方式来结束自己的生命。

可见，在医疗现代化的背景下，也并非所有地区的农民在面临医疗问题时都会陷入"治或不治"的伦理选择困境。

二

正是在有限的代际责任以及较高的家庭地位的基础上，珠三角农村的老年人生活过得非常惬意，很悠闲。当地农村的老年人都有"退休"的概念，他们一般在60岁左右就不再参与市场，不再劳动。即使子代经济条件不是那么好，也不影响老年人过自己悠闲的养老生活。因为在当地农民看来，父代的责任只是负责将子代养大，以及在力所能及的范围内帮助子代成婚，一旦子代结婚，父代对子代的代际责任就可以终止，之后的事情要靠子代自己去打拼。

当地农村的老年人有很丰富的业余活动，平常他们喜欢聚集在村里的公共活动空间下棋、打牌或者吹拉弹唱，身体健康的老年人每年都会与朋友或家人外出旅游。此外，当地很多老年人有喝早茶的习惯。我们在当地调研期间，每天早上经过镇里的茶馆时，都见里面坐满了人，以老年人为主。他们在那里喝茶、吃点心、与朋友聊天。老年人一般早上六点多就出门，一直吃到九点多，在镇上买点蔬菜或水果之后再回家。对于当地的老年人而言，喝早茶已经成了一种生活方式和习惯，他们喜欢在这样悠闲的节奏中消磨时间。

三

再来讨论一下珠三角农村的养老观念。在珠三角农村，子代赡养父代是基于基本的家庭伦理，即"父母生养了我，我就应该赡养父母"，除此之外，没有任何附加的条件。不管兄弟关系如何，不管其余兄弟是否要赡养父母，也不管父母对自己付出多少，生养构成了赡养父母的唯一条件。这种养老方式可称之为"伦理性养老"。因此，当地不会出现"因为其余兄弟不赡养父母，所以我也不赡养"的情况。正是在这种养老观念之下，当地农村的老年人对自己的晚年生活都抱有期待。

相对而言，华北农村是一种"规则性养老"。华北农村的家庭很讲规则，无论是代际还是兄弟之间，相互都要遵守既定的规则，如果一方打破规则，则会对家庭关系构成整体的影响。华北农村的规则性养老包括两个层次。首先是代际在付出与反馈之间有潜在的规则。父代对子代的付出会直接影响子代对父代的反馈，但二者之间并非正相关的关系，即父代对子代付出很多，子代的反馈不一定多，但若是父代对子代付出较少，那么子代对父代的反馈肯定不多。因此，在华北农村，父代对子代无尽的付出是一种刚性的要求，只有不断为子代付出，才可能换来子代赡养父代的可能性。如果父代在有劳动能力时没有倾尽全力为子代付出，就可能成为子代不赡养父代的正当理由。其次是儿子之间一定要公平。一方面，父代在财产分配上对每个儿子要公平，否则会成为子代不养老的借口；另一方面，兄弟之间在赡养父代时也要做到公平，如果一个儿子

流变的家庭

不赡养父母，那么也可能成为另一个儿子不赡养父母的理由。此外，华北农村的规则性养老还体现在家庭养老模式的趋同性上，华北大部分农村采取轮养制，这种养老模式也是最能体现公平的方式。

原子化地区的养老又有所不同，其是最没有规则的，每个家庭的养老方式和养老状况都可能不一样。原子化地区的养老主要是"凭良心"，其家庭伦理相对较弱，并且村庄内部也没有形成关于养老的统一规则，因此，养老状态的好坏主要取决于代际之间在日常生活中的互动和相处情况。如果处得好，老年人的养老状况就非常好；若是处得不好，老年人的养老状况就可能很糟糕。这是一种"情感性养老"。

通过代际关系和养老观念的区域差异，我们就可以理解为何珠三角农村的老年人可以将"小病看成大病"，而大部分中西部地区的老年人则是将"小病拖成大病"。

老年夫妻分开管钱的逻辑

笔者在浙江店口农村调研时发现一个有意思的现象：当地很多老年夫妻都是分开管钱，年轻夫妻分开管钱的则极少，普遍是妇女管钱。来看以下两个案例。

店口镇祝村的冯仕灿生于1946年，有一个儿子在办厂，家庭年收入100万元以上，家庭条件在村庄中属于上层。年轻时，家里是冯仕灿管钱，而从60岁开始，他和妻子就各管各的钱。冯仕灿的个人收入包括：包工生意一年五六万元、店口镇门市一年两三万元、儿子每个月给4000元零花钱，以及每个月2000元的养老金。其妻子的个人收入包括：每个月2000元的养老金、儿子厂里卖废品的钱每月2000元左右。夫妻两人现在和儿子、媳妇一起吃饭，家庭开支基本都是儿子出，夫妻两人自己的人情开支是由冯仕灿出，此外，个人开支由各自负责。冯仕灿说分开管钱更自由。

冯仕灿的堂弟生于1960年，有一个儿子，已婚，现在外面开店，家庭条件属中等偏上。其堂弟夫妻俩也是分开管钱。堂弟的收入主要来自在包装厂打工，一个月3300元；堂弟媳的收入主要来自在厂里做手工（拧螺丝），一个月2000元。家庭开支两个人共同负责，堂弟每个月拿出1300元作为家庭开支，堂弟媳每个月拿出800元。人情开支方面，男方的亲戚归堂弟出，女方的亲戚归堂弟媳出。夫妻俩在经济上分得比较彻底。

那么，为何店口农村的老年夫妻具有分开管钱的可能性和必要性？这可以从以下几个方面来理解。

首先，从家庭生命周期来看，老年夫妻基本都完成了自己的人生任务，子代已经成家立业，老年夫妻也不需要再办什么大事，因此在经济上具有分开管理的可能性。而年轻夫妻还有很多人生大事需要完成，如建房（或买房）、子代教育、子代结婚等，这些大事都需要花费很多钱，因此需要对家庭经济进行统筹管理，只有如此才能更好地完成家庭再生产。正如冯仕灿自己所言："（年轻）夫妻的钱要是各归各，大事是办不好的。我年轻时，家里的钱都是我管。以前家里要建房子、讨媳妇、买车，钱都在我一个人这里。60岁以后，不会再去创业了，什么大事也不用做了，没有大的开支，分开管，用得自由一些。"随着家庭人生任务的逐渐完成和家庭再生产的逐渐展开，家庭成员在经济上经历了从"合力"到"分开"的过程。

其次，当地老年人的现金收入较多，有分开管钱的必要性。浙江地区经济发展较快，这为老年人提供了很多非正规就业机会，如在家里做手工（拧螺丝），一天至少可以挣三四十元。并且，老年人的收入基本都是来自市场，谁挣了多少钱很好区分。这一点与中西部农村很不相同，中西部农村老年人的现金收入极少，大部分老年人是通过务农维持生活，而农业收入是夫妻两人的共同劳动成果，很难据夫妻两人的贡献在量上进行区分。

再次，当地老年人，尤其是男性老年人具有较强的社会交往需求，因此分开管钱在消费上比较自由。实际上，笔者调研发现，当地经济条件比较好的老年夫妻更倾向于分开管钱，其一是因为夫妻两人的收入来源都比较多，面临的压力相对较小，其二则是因为上层老年人交往需求更大，男性老人和女性老人都有自己的交往圈，因此其消费需求也更大。而下层家庭由于面临的压力比较大，家庭成员的个体利益要服从于家庭的整体利益，因此老年夫妻分开管钱的现象相对不是那么普遍。

此外，当地的老年夫妻之所以可以分开管钱，其基本前提是父代家庭在经济上具有独立性，并且具有独立支配自己财产收入的合法性，在此基础上才可能衍生出老年夫妻分开管钱的现象。而在中西部农村，农民家庭在现代化进程中面临的压力更大，必须通过对家庭成员的动员和整合以顺利完成家庭再生产。在子代成家之后，子代掌控了当家权，父代家庭依附于子代家庭。父代家庭在有劳动能力时要不断为子代家庭付出，其经济收入也要支援给子代家庭，父代家庭在经济上不具有独立性，更不具有独立支配家庭经济的合法性，因而较少出现夫妻分开管钱的现象。

　　　　　　　　　　流变的家庭

农村老年人闲暇的正当性与可能性

——兼论老年人闲暇的区域差异

在东北农村调研时，笔者发现当地农村老年人的闲暇生活比较丰富。当地村庄几乎每个村民小组都有一两个小卖店，小卖店的功能很齐全，不仅是农民购买日常生活用品的主要去处，可以在里面买到几乎所有的家常日用品，而且还是农民闲暇的主要去处，他们没事时就喜欢去小卖店玩。对于六七十岁的老年人而言，小卖店是他们除家里之外待得最多的地方。老年人耐不住寂寞，并且空闲时间比较多，他们喜欢到小卖店里看电视、打牌、唠嗑、下棋，或者是什么都不做，就在那里静静地坐着，感受小卖店的热闹。干沟村60多岁的苑秀昌几乎每天都去小卖店，他说："我喜欢去小卖店，在家里挺寂寞，小卖店里唠嗑热闹。每天下午吃完饭，五点多去小卖店，找岁数差不多的人聊天，晚上八九点回家，回来就可以睡觉了，不然（夫妻）两个人在家坐几个小时挺无聊的。"

在打工经济普遍兴起的背景下，年轻人基本都外出务工经商，老年人成为当前农村生活的主体，他们的闲暇应该成为当前乡村建设的一个重要议题。在不同地区的农村调研发现，并非每个地区的老年人都具有闲暇的正当性和可能性，老年人的闲暇存在较大的区域差异，笔者试图对之进行梳理和分析。

一

分析老年人的闲暇可以从两个维度入手：一是老年人闲暇的正当性，二是老年人闲暇的可能性。从这两个维度出发，可以对中国农村老年人闲暇的区域差异有一个整体的认识和理解。老年人闲暇的正当性是指，在家庭和村庄社会等因素的影响下，他们是否可以比较自由地安排自己的时间，是否可以毫无心理压力地过闲暇生活，简单而言，就是指老年人能不能享受闲暇。而老年人闲暇的可能性是指，村庄社会内部是否提供了充分的条件，包括是否存在将老年人组织起来享受闲暇的社会资本，以及供老年人享受闲暇的公共空间和场域。老年人是家庭的一员，同时也是村庄熟人社会的一员，因此，要从农民家庭和具体的村庄社会语境中理解老年人的闲暇。

首先来看老年人闲暇的正当性。影响老年人闲暇的正当性主要有两个因素：一是村庄社会结构，二是家庭发展压力。从村庄社会结构差异的视角，可以将我国农村分为华南宗族性村庄、华北小亲族村庄和中部原子化村庄，村庄社会结构的差异受到村庄历史、地理、文化等多重因素的影响。农民生活在具体的村庄社会之中，不同的村庄社会结构塑造了农民不同的行为方式和行为逻辑，并且，还进一步对农民家庭产生影响。在不同的村庄社会结构之下，农民家庭的代际关系、人生任务以及老年人的地位等都存在较大差异，从而影响了老年人闲暇的正当性。因此，在这一问题上，村庄社会结构是一个基础性变量，以下具体分析。

在华南宗族性村庄，一个村庄一般是由一个宗族或者几个宗族构成，血缘结构性力量很强，父权和夫权仍然居于主导性地位。老年人是家庭和村庄社会中的双重权威，既在家庭内部具有话语权，同时在村庄社会中也居于较高地位。宗族性村庄的代际关系相对比较厚重，父代对子代的代际责任和子代对父代的代际反馈都比较强，父代的人生任务感也比较强。但是，父代在家庭内部具有较高的地位，他们可以通过整合家庭资源的方式来完成自己的人生任务。例如，父代可以相对延后子代分家的时间，从而使得"兄弟一体"的伦理责任能够继续发挥作用，即使已经结婚的儿子也要部分承担其未婚兄弟的婚姻责任，从而在很大程度上缓解了父代完成人生任务的压力。因此，宗族性村庄的父代虽然有较强的人生任务感，但他们并非一定要亲力亲为，而是可以相对地超脱出来。并且，宗族性村庄父代的人生任务是有节点的，一般在子代结婚之后，父代就完成了自己的人生任务，可以"宣布"进入养老状态，并心安理得地让子代赡养自己。因此，宗族性村庄的父代可以较早从人生任务中解脱出来，他们有闲暇时间，并且具有闲暇的正当性。子代也认为父代辛苦了一辈子，应该好好享受晚年生活。

在华北小亲族农村，一个村庄一般是由几个不同姓氏的小亲族构成，村庄社会内部既有一定的整合力量，同时也具有很强的竞争性和分裂性。一般而言，小亲族内部具有较强的整合性，尤其是在红白事上，小亲族是当地办理红白事的基本单位。但同时，小亲族内部以及不同小亲族之间存在很大的竞争，有时越是在小亲族内部，日常生活中的竞争可能越为激烈。比如，在河南农村，亲兄弟之间以及堂兄弟之间的竞争尤其激烈，因为他们的人生起点很接近，具有更强的可比性。这种竞争性和分裂性的小亲族结构对农民家庭关系也构成很大影响。在华北农村，父代对子代的代际责任很厚重，父代的人生任务感非常强。并且，华北农村缺乏宗族性村庄那样一种整合性的村庄结构力量，使得父代完成人生任务的压力更大。他们完成人生任务不仅是为了传宗接代，对得起祖先和子孙，更是为了在村庄竞争中占据优势地位。虽然华北农村的老年人在传统时期在家庭内部也具有较高的地位，但是显然没有宗族性村庄的老人的地位那么高，这从两地农村分家模式的差异就可以看出。在宗族性村庄，一般是所有儿子结婚之后再一次性分家，在这样的分家模式之下，父代可以对家庭资源和家庭成员进行整合，通过家庭所有人的努力共同完成家庭的顺利再生产。但在华北农村，即使在传统时期也较少存在大家庭形态，大部分农民家庭是"结一个，分一个"，子代结婚之后即从大家庭分出，父代要独自为每个儿子完婚。再加上当地还有村庄竞争的压力，因此，老年人面临的人生任务压力更大。他们在传统时期具有一定的闲暇的正当性，但相对于宗族性村庄而言，其正当性较弱。

在中部原子化村庄，村庄社会结构比较松散，社会关系呈现出原子化的特点。在家庭内部，代际关系也比较松散，父代对子代的代际责任以及子代对父代的代际反馈都不是很强，代际之间相对独立。原子化地区的父代人生任务感不强，主要负责将子代抚养长大即可，至于结婚以及其余的发展，则主要靠子代自己的努力，父代有能力就多支持一些，没有能力就少支持一些。因此，原子化地区的父代完成人生任务的压力不大。在此情况下，原子化地区的老年人是最自由的，他们在生活中有更强的主体性，由于没有过多的家庭责任和家庭负担的牵绊，在闲暇方面也具有很强的正当性。

以上主要是从村庄社会结构的视角比较了宗族性地区、小亲族地区以及原子化地区的老年人在闲暇正当性方面的差异。村庄社会结构的视角奠定了老年人闲暇正当性的基本底色，是理解传统时期农村老年人闲暇的关键变量。总体来看，宗族性地区的老年人具有最强的闲暇正当性，并且是受到村庄社会结构性力量保护的，因此也最为稳定；小亲族地区的老年人次之；原子化地区的老年人的闲暇正当性主要来自他们自由而有主体性的生活。但是，随着打工经济的兴起，在现代化和市场化的压力之下，农民的家庭关系、家庭结构和家庭伦理都面临被重塑的可能性，老年人闲暇的正当性也在潜移默化中发生变化。

二

现代化和市场化力量给农民家庭带来的主要压力是婚姻压力和城市化的压力。而这两重任务都难以凭借子代个人的努力完成，需要两代人甚至三代人共同的努力才可能完成。农民家庭在现代化背景下面临的压力大小，将直接影响老年人的生活状态和闲暇正当性。在宗族性村庄、小亲族村庄以及原子化村庄，农民家庭在当前面临的压力大小有所不同，从而对老年人闲暇的影响也不甚相同。

在宗族性村庄，村庄结构性力量较强，这在很大程度上滞缓了现代性力量进入村庄社会的广度和深度。整体来看，宗族性村庄农民家庭面临的压力不是很大，因此老年人在家庭和村庄社会中较高的地位得以维系，仍具有闲暇的正当性。

在华北小亲族村庄，村庄社会结构并不足以抵御现代性力量的渗入。并且，由于村庄社会结构的分裂性和竞争性，现代化压力进入之后，进一步激发和释放了农民家庭相互竞争的一面，使得农民家庭不仅要面临现代性带来的压力，而且还要面临不断强化的村庄竞争的压力。在此情况下，华北农村父代人生任务的链条不断延长，甚至可以说是没有终点，只要还具有一定的劳动能力，就要一直为子代家庭付出，从而极大地压缩了老年人闲暇的时间。在家庭面临如此巨大的压力之下，华北农村的老年人闲暇的正当性大大减弱。

在原子化地区，由于村庄社会结构比较松散，现代化力量进入得更为彻底。并且，原子化地区农民的家庭关系和家庭结构比较松散，较少受到结构性力量的限制，在此情况下，农民家庭在现代化压力之下被重塑的可能性更大，农民的家庭结构、家庭关系和家庭伦理都可能经历新的变迁。脱卸了结构的束缚，原子化地区的农民家庭在现代化压力之下呈现出更强的可塑性。当面临的发展压力较大时，农民家庭可能会形成新的整合，家庭功能性的一面凸显，并对家庭结构和家庭伦理进行重塑，以更快更好地实现家庭功能。在此情况下，家庭压力会在家庭成员之间扩散和传递，老年人也会感受到家庭发展的压力，他们会主动调适自己的行为，以减轻子代家庭的压力。虽然原子化地区的老人受到的村庄舆论压力较小，但对子代的情感使得他们会尽力为子代着想。比如，在江汉平原农村，近年来农民家庭面临城市化的压力，中年父代和青年子代都在为这一目标而奋斗。老年人也感受到了子代家庭面临的压力，因此，他们在有劳动能力时倾向于自养，在没有劳动能力时则通过尽量压缩自身开支的方式减轻子代家庭的负担。而当家庭发展压力较小时，原子化地区（比如川西平原）的代际关系则仍然维持相对松散和相对独立的状态，代际之间相对自由。

总的来说，在原子化农村，在现代化压力之下，老年人仍然具有闲暇的正当性。一旦家庭面临较大的发展压力，老年人会主动调适自己的行为，他们仍然具有闲暇的正当性，但是可能会放弃闲暇，以尽力减轻子代家庭的压力。他们是否去享受闲暇是一回事，而是否拥有可以选择的机会则是另一回事。

通过村庄社会结构和农民家庭压力这两个维度，可以比较清晰地呈现出当前农村老年人闲暇正当性的区域差异。总体来看，在当前的家庭转型期，宗族性村庄的老年人具有最强的闲暇正当性，这更多是源自宗族结构的保护；原子化地区的老年人也具有较高的闲暇正当性，它来自松散结构所塑造的老年人有主体性的生活；而小亲族地区的老年人在当前时期则缺乏闲暇的正当性，这主要源自小亲族的竞争性结构以及农民家庭发展的压力。

三

闲暇的正当性，主要探讨的是老年人在过闲暇生活的同时是否会有伦理负担和经济负担，关注的是老年人能不能去享受闲暇的问题；而闲暇的可能性，探讨的则是老年人如何度过闲暇的问题。

在宗族性村庄，村庄社会不仅具有将老年人组织起来的社会资本，而且也具备供老年人闲暇的公共空间。前文述及，宗族性村庄的社会结构性力量比较强，老年人在家庭和村庄社会中具有双重权威，村庄的公共事务一般都是由老年人来组织的。宗族性村庄讲究"论资排辈"，辈分最高、年龄最大且在宗族内部具有一定威望的老人往往成为村庄的公共性权威。在这些宗族权威的组织之下，村庄内部其余老年人都能被吸纳进村庄公共事务之中，并且在其中发挥重要作用。比如修族谱、建祠堂、祭祖、红白事以及举办各种村庄公共活动，都是由宗族内部的老年人来完成的。这些活动构成宗族性村庄老年人闲暇的重要内容，他们在参与这些活动的过程中，不仅消磨了时间，而且很有成就感。此外，在宗族性村庄，祠堂是一个重要的公共空间，宗族内部很多公共事件都是在祠堂举行。在日常生活中，祠堂则成为老年人闲暇时的重要去处，他们可以在里面聊天、下棋、打牌等。中青年人有时间也会经常去祠堂，它往往成为村庄最热闹的地方。

在华北小亲族村庄，村庄社会结构具有分裂性，除在红白事上之外，小亲族不足以形成将农民组织起来的力量，因此也缺乏将老年人组织起来的有效方式。并且，在华北农村，村庄内部也普遍缺乏享受闲暇的公共空间，农民日常聊天主要是在房前屋后或村里的道路两旁。但是，关中农村比较例外，其处于华北内陆地区，自古以来都比较富庶，因此当地的农民相对保守，村庄公共性更强，村庄生活更加有活力。其中，关中农村的庙会构成当地农民闲暇生活的重要部分。关中农村既有"庙"，也有"会"，有"村村有庙，庙各有会"的说法。当地每个村民小组都有庙，并且每个庙每年都会举办规模大小不一的庙会。庙成为当地农民（尤其是妇女和老年人）日常生活中去得最多的地方，他们没事时就去庙里转转，碰见熟人就在那里聊聊天。"会"则是指每年一度的庆典活动，全村老少都参与其中，当地的庙会主要就是由村庄内部有能力、有威望的老年人组织起来的。在关中农村，依托于庙会这一载体，老年人有了组织起来的空间，闲暇时也有了去处。

在原子化地区，村庄社会结构更为松散，村庄社会内部缺乏将农民组织起来的内生社会资本，农民在日常生活中处于原子化和分散化的状态，闲暇生活比较缺乏。在原子化地区调研发现，很多老年人有闲暇的时间，也有闲暇的需求，但在村庄社会内部却无处可以释放闲暇，因此老年人只能在家"干坐"，内心非常孤独和寂寞。相对于宗族性村庄和小亲族村庄而言，原子化地区农民的组织化程度最低，村庄社会内生的社会资本非常缺乏，但是，一旦通过一定的资源注入激活农民的自主性，原子化地区的农民也可以被组织起来。比如，我们在湖北洪湖和湖北沙洋四个村庄进行的老年人协会试验就是最好的证明。湖北洪湖和湖北沙洋都属于原子化村庄，在老协成立之前，当地老年人无处享受闲暇。自从2004年老协成立之后，当地老年人不仅有了闲暇的公共空间，而且还在组织老协的过程中将自身的内生动力激活，充分参与到协会的建设之中，形成自我组织、自我管理、自我娱乐的模式。

四

总体来看，宗族性村庄的老年人不仅具有闲暇的正当性，而且具有闲暇的可能性；小亲族村庄的老年人闲暇的正当性和可能性都比较低；原子化村庄的老年人具有闲暇的正当性，但闲暇的可能性较低。因此，从闲暇的正当性和可能性这两个维度，可以比较清晰地呈现出不同地区的老年人在闲暇方面的差异，同时，也清晰地呈现出当前农村老年人闲暇总体上存在的问题，以及不同地区的老年人在闲暇上存在的不同问题，这为政府的干预提供了基础。

当前我国实施乡村振兴战略，乡村振兴的主体和目标都是围绕"人"展开，即提高农民的生活水平和生活幸福感。在打工经济普遍兴起的背景下，老年人是当前农村生活的主体，因此，如何让老年人获得幸福而有尊严的生活，应该成为乡村建设的一个重要议题。从老年人闲暇的现状和区域差异来看，政府可以从以下两个方面进行积极干预：一是通过一定的资源投入激活乡村社会的内生活力和内生动力，形成乡村社会自组织的能力，尤其是可以将乡村社会中的老年人组织起来，让他们在自我组织、自我探索的过程中获得有价值的闲暇；二是要从乡风、村风等文化建设的层面进行引导，传承尊老敬老的文化传统，提升老年人在家庭中的地位，从而让其不仅有闲暇的可能性，而且具有闲暇的正当性，可以毫无心理负担地享受闲暇。

阶层分化下的老年人生活

　　改革开放以来，浙江农村抓住了市场的先机，家庭工业迅速发展起来，形成了"村村点火，户户冒烟"的发展景象。个体企业迅猛发展，在此过程中村庄内部的经济分化渐趋明显，并在村庄中形成较为明显的上层、中层和下层之分。

　　上层主要以办厂和开店为业，其年收入一般在100万元以上，属于村庄中的"老板群体"，这个群体占村庄总人数的5%~10%。中上层主要是小型的家庭作坊主或者是本地大企业的中层管理者，其年收入大约在20万~100万元之间。中层及其以下主要是打工家庭，由于家庭劳动力数量和质量的差异，其收入略有不同。其中中层家庭年收入在10万~20万元之间，一般是夫妻两人一起打工，并且工种具有一定的技术性；中下层家庭年收入为5万~10万元，一般是夫妻两人打普通工；而下层的家庭年收入在5万元以下，一般劳动力比较缺乏，是村庄内部的贫弱阶层。

　　经济分化是市场配置资源的客观结果，并进一步带来了农民在消费、闲暇、婚姻、居住等方面的分化。由经济分化带来的多维分化在不同人群身上都有体现，其中，不同阶层的老年人在闲暇上的分化尤为明显。

　　　　　　　　　　　　　　　　　　　　　　流变的家庭

笔者在浙江店口农村调研发现，不同阶层的老年人在闲暇方式上形成了明显的区隔和分化。上层和中上层的老年人的闲暇方式类似，这主要是由于中上层在拼命追赶和模仿上层老年人的闲暇方式。上层和中上层的老年人一般都有自己私人的交往圈和闲暇圈，他们从来不去村里的公共空间（如老年人协会）玩。他们建构了一套不同于其他阶层的闲暇方式，比如经常一起钓鱼、聚餐、外出旅游等，这是一种适合有钱、有闲的老年人的闲暇方式。此种闲暇方式既需要有充足的时间，而且还需要有宽裕的经济支撑，因此，具有私人性、消费性和排斥性的特点，自动排斥不符合条件者，只有有钱、有闲的老年人才有进入圈子的可能。这种私人性的闲暇方式很难在村庄中产生公共性，终究是一种个体性闲暇。

中层家庭的老年人主要是在村庄公共空间中度过闲暇时间，他们主要参与的是村庄内部的公共文化活动，如到老协打牌、聊天，或者是念佛。这种闲暇方式的特点是具有公共性和消遣性，不具有排斥性，任何人只要愿意都可以加入其中。并且，村庄公共闲暇最重要的一点是可以在熟人社会中产生公共性，闲暇的同时，也是村庄闲话、舆论的传播过程。而上层和中上层的老年人不屑于参与村庄公共闲暇，原因之一就是不想和其余老人一样聊一些家长里短的事情，他们认为说别人家里的闲话很不好。然而，闲话和村庄舆论很关键的一个作用就在于能够塑造村庄的公共性，并使得农民在熟人社会中的行为具有一定的约束性。

下层以及部分中下层的老年人的家庭经济状况不好，家庭面临的压力较大，生活的重心是如何维持家庭再生产的顺利进行，为此，家庭内部所有的劳动力都要得到充分利用和动员，老年人只要还有一定的劳动能力，都要继续参与劳动。当地经济发达，也为老年人提供了很多非正规就业的机会。因而，下层以及中下层的老年人进入养老阶段的时间最晚，其享受闲暇的时间也最有限，一般都要等到丧失劳动能力之后才有机会参与村庄闲暇。

可见，在阶层分化比较严重的村庄，老年人的闲暇方式存在明显的差异。一方面，不同阶层的老年人在闲暇方式上的分化是村庄经济分化的客观后果和自然表达；另一方面，不同阶层的老年人通过接受不同的闲暇方式也进一步确认和固化了村庄的阶层分化，并实现了阶层地位的再生产。

二

实际上，不同阶层的老年人除在闲暇方式上存在明显区别以外，在养老资源获得、失能老人照料以及代际互动等方面也存在不同。

在养老资源获得方面，上层和中上层的老年人很早就退出家庭生产领域，进入"退休"阶段，其养老资源主要来自子代。这些家庭的子代不仅每年都会给老年人很多现金，而且还会给他们买很多保健品，并经常让他们外出旅游。当然，上层和中上层的老年人自己也有不少积累，但他们几乎没有机会花自己的钱，因为子代给予的养老资源已经足够充裕。中层的老年人主要是靠养老金生活，笔者调研所在的祝村，大部分土地已经被征，因此60岁以上的老年人都可以购买社保，根据缴纳标准的不同，一个月可以拿1700～2000元养老金。他们依靠养老金足以维持基本生活，其目标就是不给子代家庭增添麻烦。而下层以及部分中下层家庭的老年人，由于家庭比较困难，有的老年人并没有购买社保，而只是拿农村养老保险，一个月只有一两百元，因而他们还要通过劳动为自己积攒养老资源。并且，下层家庭子代的经济压力较大，老年人只要还有一定的劳动能力都要不断劳动，这既是为自己积攒养老资源，同时也是减轻子代压力的一种方式。

在失能老人的照顾方面，当地的上层和中上层家庭可以选择请保姆照顾，并且很多时候父母没有失能也会请保姆，保姆的工资一个月3000～5000元不等；中层的家庭一般是子代自己照顾，如果老年人瘫痪时间比较久，也可能选择请保姆或者是送去养老院，后者的价格略低于请保姆；而下层家庭由于经济条件有限，只能子代自己照顾。

在代际互动和代际关系方面，上层和中上层家庭的代际关系最为和谐，代际之间的情感性最强，子代对老年人都非常孝顺，老年人对子代也非常满意。中层家庭的代际关系次之。下层家庭代际之间的矛盾则可能最凸显。

实际上，在村庄内部，上层和中上层通过其经济上的优势逐渐攫取了村庄社会的话语权，并构建了以自己所在的阶层为核心的话语体系和村庄秩序。在代际关系方面，上层和中上层通过给老年人更多的钱，给老年人买保健品，让老年人外出旅游等方式，在村庄中建构了一种"如何才是对父母好"的标准。当然，这套标准需要一定的经济基础作为支撑，一般家庭是难以承受的，只有上层和中上层家庭才能负担得起。上层和中上层家庭通过对父母好，在村庄中获得了道德上的优势，同时这也是其参与村庄社会竞争和炫耀自己经济实力的一种方式。

店口农村的老年人协会为什么
是维持性的?

　　浙江店口农村从20世纪80年代中后期开始就几乎村村都有老年人协会,有的村庄甚至有两个,如我们调研所在的祝村。老协为老年人提供了一个闲暇交流的空间,他们可以在里面打牌、聊天、下棋、看电视等。然而,与我们在湖北沙洋和湖北洪湖组织的四个老协相比,店口农村的老协具有很强的维持性的特点,即其只是为老年人提供了一个闲暇时的去处,并没有把他们很好地组织起来,老年人在老协中的主体性不强,老协没有真正调动老年人参与的积极性,也没有激发他们的潜力。在店口农村,除乡镇组织一些老年人活动之外,各村的老协很少自己组织活动。

　　调研发现,店口农村的老协之所以普遍具有维持性的特点,主要与两个因素相关:一是老协与正式组织的关系,二是村庄阶层分化对老协的影响。

一

　　店口农村老协的主体性不强,对村两委以及政府具有很强的依附性,这主要体现在两个方面。

第一，资源上的依附。当地农村老协的日常经费主要有两个来源。其一是村集体资源的让渡，主要是村里菜市场的租金收入，全镇二十三个行政村大概有五六个村的菜市场租金收入归老协所有。如祝村，该村每年菜市场租金收入大概有几千元到1万元不等，其余还有三个村（斗村、亭村和沥村）每年菜市场租金收入近10万元。这些钱主要用于老协的日常开支，如每天免费供应茶叶、基本电器维修等。此外，每年重阳节时，老协要给60岁以上的老年人发钱，这笔钱也主要来自村里。还是以祝村为例，该村60岁以上的老年人有600多人，数年前在重阳节时给60岁以上的老年人每人发了50元。而近年来则根据年龄段决定发钱多少：60～70岁的每人发50元，70～80岁的每人发100元，80～90岁的每人发150元，90岁以上的每人发200元。其二是政府通过考核对老协的经费奖励。考核分为三个类别，一类可以获得3万元奖励（十个村），二类可以获得2万元奖励（十二个村），三类可以获得1万的奖励（一个村）。可见，总体而言，当地农村的老协在经费上高度依赖于村两委和乡镇政府，并且在资金使用上也不具有完全自主的权力，超过一定限额的经费开支必须经过村书记签字同意才行。如此一来，正如店口镇一位乡镇干部所言："村委会与老协是领导与被领导的关系，老协的资产都是村里的，村里只是委任老协来管理，老协不能凌驾于村委会之上。（老协）会长主要负责组织协调，传达精神，听取老年人的意见，没有实权，有实权就不对了。老年人思想陈旧，有些事情不好让他们自己管。老协只要平稳，不出事就可以了。"

　　　　　　　　　　　　　　　　　　流变的家庭

第二，组织上的依附。老协的组织者是由村两委任命，而非由老年人自己选的。老协主要有五个组织者，包括一个会长和四个委员。老协的组织者和村两委都是三年换届一次，一般是村两委先换届，然后再由新一届的村两委直接任命老协的会长和委员。村干部一般都会选择那些家庭经济条件较好、在村庄里具有一定威望，并且与自己关系较好的人担任老协的组织者。这样一来，上任的老协组织者只对村两委负责，而非对老年人负责，在很多事情上都要听命于村两委。老协的组织者其自身的动力也不足，他们往往是因为与村干部关系较好，给村干部一个面子而来当会长或委员，老协的组织工作并不能为其带来很大的成就感和价值实现感。例如，祝村一位老协的老会长就是上述这种情况，他坦言自己当初并不想当会长。

二

店口农村的老协之所以是维持性的，还与当地村庄社会结构的特质有关。20世纪80年代以来，个体企业在当地农村迅速发展，农户之间的经济分化逐渐拉大，并逐渐形塑了当地的社会分层。"阶层分化"是理解当地农村社会结构的一个关键词，它影响了当地农村老协的发展。

首先，阶层分化带来老年人群体的分化，不同阶层老年人的闲暇需求和闲暇方式有很大区别，由此造成老协缺乏动员的社会基础。一般而言，上层和中上层的老年人都有自己的私人交往圈，一个圈子少则五六人，多则上10人，他们的家庭经济条件都比较好，大部分子女是办厂或者外出开店的。这些老年人的交往圈是比较私人性的，也具有很强的消费性。比如，他们经常相约在家里打牌，其间主家还会准备各种点心。他们还经常一起外出聚餐或者旅游。这些消费是一般家庭难以承受的。上层和中上层的老年人几乎从来不去老协玩，对于他们而言，老协很脏，那里的老年人也很不讲卫生，讲话粗俗，还总是喜欢说别人家里的闲话。经常去老协玩的都是普通家庭的老年人。并且，对于一般家庭的老年人而言，由于家庭本身的经济条件有限以及村庄竞争的压力，只要还有一定的劳动能力，他们都会尽量去干活。因此，很少看到60多岁的老年人来老协玩，经常来玩的都是七八十岁、已经丧失劳动能力且身体状况不太好的老年人。也正是基于此，老协在村庄内部被"污名化"，被塑造成不卫生、不讲究、爱讲闲话的老年人的聚集地，在村民眼中也是一种很弱势的形象，除底层群体以外，大部分村民对它的印象都不是很好。村民认为，"但凡讲究一点的人都不会去老协"。相对而言，我们在湖北官桥村组织的老协不仅具有很强的组织性和动员性，而且还能将正能量辐射到村庄的其他群体，因而它在村庄里是一种正面的、积极的形象。以下是笔者调研的祝村和湖村部分中上层老年人对于老协的看法：

　　家庭条件好一点的，一般都不来老协玩。我是会长，但从来不去老协玩，只是有事时去看一下。闲的时候，我们几个（家庭条件较好的）一起玩，来老协，感觉降低了自己的档次。我们在自己家里打牌，起码有好茶喝，到下午三四点还有点心吃。老协的茶叶，20块钱一斤，稍微讲究一点的都不会喝。大部分来老协玩的，都是家庭一般、身体不好、不能干活的。年纪轻的（60多岁）也不会来，来了人家会说你是懒汉。（祝村现任老协会长，67岁）

我平常不去老协玩，那里的老人喜欢骂人。年纪大、家庭经济条件差、没钱的老人才去那里玩。我到了80岁也不会去。（老协）那个牌我不要打，1分钱一张，玩得没劲，眼睛都快要闭上了，太小了，不刺激。我们起码要打1块钱一张的，要么在自己家里打牌，要么就是到海亮商务棋牌室打，那里环境好，有空调。我们跟老协的老人一般不交流，聊天聊不久，只是见面打个招呼，跟他们没什么好聊的。（祝村前任老协会长，71岁）

我平常就是来（老协）看一看，不太喜欢在里面玩。都是七八十岁的老年人，卫生不好，有的直接在地上吐痰。有的洗澡不勤，身上有味道，进去气味比较大。我们几个要好的，在自己家里打牌，干净一点，清爽一点。来老协玩的老人，在家里过得不怎么好，也不受喜欢，年轻人比较忙，顾不上老人。在老协有茶吃，有电视看，给家里减轻负担，老人自由，家里人也自由。（湖村现任老协会长，78岁）

去老协玩的老人，年纪都很大，脏死了，抽烟，比较脏，都是七八十岁的老人。我婆婆不会去那里玩。去老协玩的，一般都是条件差、不讲究、随便一点的老人，他们

二 代际关系与养老

说话也难听。讲究一点、条件好点的，都不会去。（老协）

每天开着门就好了，上面也没什么要求。（湖村文化员，

52 岁，其婆婆 80 多岁）

其次，阶层分化还导致老协缺乏有热情、有动力的组织
者。前文提及，当地老协的组织者都是由村两委任命，而非由
老年人选举产生。从历届老协组织者的基本情况来看，他们的
家庭经济条件都比较好，至少处于村庄中的中上层。这样一
来，老协的组织者与一般成员之间就出现明显的断裂与脱节：
其组织者在经济上是村庄中的中上层或上层，而其普通参与者
在经济上是村庄中的中下层或底层，二者之间缺乏有效的沟通
机制。组织者自身的闲暇需求在老协中难以得到满足，他们愿
意来当协会的会长或委员，完全是给村干部面子，而非出于对
老协的价值认同。因此，他们的目标只是完成乡镇以及村干部
对老协的一般要求，如每天按时开关门、定期参加乡镇组织的
活动，而没有动力以老协为载体将老年人组织起来参与更多的
活动。祝村现任老协会长说："老协的钱用不完最好，要尽量
少办事，钱用完了，别人说你乱搞。"

从组织的角度而言，店口农村的老协之所以是维持性的，
不在于其没有精英，而在于精英没有动力。而精英之所以没有
动力，一是与精英的产生机制有关，老协的组织者是由村两委
任命，而非老年人自己选举，因此他们缺乏内生权威，同时也
缺乏组织的动力；二是与村庄阶层分化有关，精英自身的闲暇
需求在老协得不到满足，他们对老协没有真正的价值认同感，

　　　　　　　　　　　　　　　　　　　　流变的家庭

因而也没有动力。

三

对老协的定位可以区分为"底线要求"和"高线要求"。"底线要求"是指通过老协为老年人提供基本的闲暇交流空间，实现"老有所乐"；而"高线要求"是指，除维持老协的日常运转之外，还要以老协为载体，激发老年人的潜力，将他们组织起来，搞各种文艺活动，或者是将他们组织起来作为村庄治理的辅助力量，如介入家庭矛盾纠纷的调解，即在实现"老有所乐"的同时，争取实现"老有所为"，不仅让老年人能够真正发挥余热，而且还能让他们重新发现自己存在的意义和价值。

湖北沙洋县官桥村的老协达到了"高线要求"，不仅为该村老年人提供了一个享受闲暇的空间，更为重要的是通过将老年人组织起来搞文艺活动，让他们乐在其中，重新发现生活的乐趣。此外，通过介入家庭矛盾的调解，以及评选好媳妇、好老人的活动，老协在村庄中树立了正气，成为一股正面的、积极的力量。

浙江农村的老协发展较早，而且总体而言发展得也比较好，基本每个村庄都有老协。这与当地经济发展较快有很大关系，经济发展使得政府以及村庄内部都能给老协提供基本的资源，从而能够维持其正常运转。因此，浙江农村的老协一般不会出现资金短缺的问题，至少能够维持基本运转，达到"底线要求"。实际上，由于村庄阶层分化程度的不同，浙江农村的老协呈现出两种典型样态：在村庄阶层分化比较明显的地区，它普遍是维持性的，只能维持日常基本运转；而在阶层分化不明显的地区，老协由于在资源和组织上的优势，具有很强的组织性，其政治性的一面也比较凸显，成为村庄治理中的重要资源和力量。

老有所为：农村老年人协会的运行逻辑

从2003年以来，我们先后在湖北洪湖和湖北沙洋四个村进行老年人协会建设的试验。洪湖老协于2003年最早成立，沙洋三个村的老协于2004年先后成立。这四个村庄的老协的经费，主要来自武汉大学中国乡村治理研究中心贺雪峰教授的捐助。最开始的捐助标准是按每个老年人每天一毛钱计算，即每年给每个老协大约5000元运转经费，近年来随着村里老年人数量的增多，资助经费也逐渐上涨至1万元左右。沙洋官桥村老协成立至今已经十余年，它不仅丰富了老年人的精神文化生活，而且对村庄治理和弘扬传统文化也发挥了重要的作用。2017年重阳节之际，我们再次到沙洋官桥村老协调研，对其近年来的运转情况有了更加深入的认识。

一

官桥村总人口为2880，60岁以上的老年人有573人，老龄化比率为19.8%。其中60～69岁的有318人，70～79岁的有194人，80～89岁的有58人，90岁以上的有3人。总体而言，当地自然条件较好，人均土地较多，土壤肥沃，且沟渠湖泊较多，因此，当地老年人只要还有一定的劳动能力，都生活得不错，而一旦丧失劳动能力，尤其是不能自理时，生活就相对比较悲惨。当地老年人一般与子代分开居住，单独开伙，他们觉得这样自由一些。对于不同年龄段的老年人而言，由于家庭生命周期、自身身体状况等因素不同，其生活状态也有很大的差异。以下将60岁以上的老年人分为四个阶段来看。

第一阶段，60~65岁的低龄老年人。他们身体状况较好，还是家庭内部的主要劳动力，在自养的同时还要资助子代家庭的发展。这一阶段的老年人一般都有带孙代的任务，压力相对较大，与子代家庭之间形成"半工半耕"的家计模式。如果父代身体条件较好，还会在农闲季节外出打零工。在务农的同时，当地还有很多捞鱼摸虾的机会，这也成为老年人收入的重要来源之一。这一年龄段的老年人收入较多，但消费也比较大，除维持家庭的日常开销之外，还要支付孙子孙女在家的所有消费，此外，在有能力的情况下还要资助子代家庭实现城市化的目标。

第二阶段，65岁以上且仍具有一定劳动能力的老年人。他们的任务主要就是通过自己有限的劳动实现自养，不给子代家庭增添负担。这一阶段的老年人一般只能种植少量的口粮田，再加上平常捞鱼摸虾的收入，只要不生大病，足以维持其基本生活。一些能干的老年人还能在这一时期攒下一些钱。笔者在访谈中了解到，当地很多六七十岁的老年人都有积蓄，少则几千元，多则三五万元。子代一般也知道老年人存了钱，但是并不一定知道具体数额。可以看到，当地老年人只要还有一定的劳动能力，其在物质生活层面都比较充裕，且精神压力不是很大。

第三阶段，身体不好、丧失劳动能力，但还具有自理能力的老年人。一旦老年人丧失劳动能力，尤其是生大病之后，会面临巨大的精神负担。这一阶段的老年人基本是依靠国家养老金或者子代有限的物质供给生活，能够维持基本的生活状态，但精神压力非常大。

第四阶段，丧失自理能力的老年人。这一阶段的老年人完全需要子代照料，一般而言，在当地，只要老年人卧床不起，其活着的时间也很有限了。一方面，子代家庭需要完成家庭发展的任务和目标，尤其是在村庄竞争的压力之下，有限的家庭资源一般是通过"恩往下流"的方式集聚到下一代，从而使得分配给老年人的资源非常有限。另一方面，老年人也很自觉，当他们意识到自己成为子代家庭的包袱之后，会有意识地避免给其增加更多的负担。并且，对于一些高龄老年人而言，子代自身也处于低龄老年人的阶段，可能同样面临着养老的困难，这也从客观上影响了高龄老年人的生活。

在家庭发展的压力面前，老年人在家庭资源的分配上处于弱势地位，家庭资源更多被集聚到子代家庭，以实现家庭发展和家庭流动的目标。大部分老年人在物质层面只能维持"底线生存"的状态。然而，除基本的物质需求之外，老年人还有闲暇、交往、娱乐等精神层面的需求。在老协建立之前，当地大部分老年人都是以家庭为生活中心，村庄公共文化匮乏，村民很少相互串门，老年人如果去串门更会被人嫌弃，因此，没事时只能在家里闲坐，精神文化生活极为匮乏。随着农民的闲暇时间越来越多，如何引导他们积极地度过闲暇时间成为乡村建设的重大议题。其中，老年人的精神文化需求尤其应该得到重视。老协的成功之处在于，以极少的资源投入，使得老年人获得了丰富的精神文化生活，这就形成了一种低成本、高福利的生活方式。并且，这种生活方式使得村庄中的中青年人也对未来的老年生活有了期待，形成了积极向上的生活氛围。

二

良好的组织架构是老协正常运转的基本前提。官桥村老协有一个健全的组织机构，其核心就是老委会。2004年至2017年，官桥村老协经历了三次换届，换了三任会长。老委会有七个成员（2017年3月换届产生），分别是会长、会计、出纳、分管文艺的副会长、分管财产和安全的副会长、分管外联的副会长以及负责沙洼村[1]的联络人。此外，为了方便信息沟通，老协还在每个小组设了一名信息员，由信息员组成理事会，每个信息员每年的报酬是40元。老委会的成员以及老协的信息员都是由村里的老年人自己选举产生。老委会七个成员分工相对明确，平常实行值班制，轮流值班，一人一天，每人每月有50元的值班费。老协周一到周五开门，周末不开门。周一至周五

---

[1] 官桥村和沙洼村于2005年左右合村，合村后统一叫官桥村。一开始老协并没有包括原沙洼村的老年人，直到2013年，新任村支书（原沙洼村人）上台，与老协协商后，原沙洼村的老年人也被纳入老协。

开门时间为早上八点半到下午四点，以前中午要关门，后来有老年人反映说中午关门后没地方去，所以改为中午不关门。此外，在农忙的两个月（5月和8月），老协一般会放假，因为这一期间农业生产很繁忙，很多老年人要帮家里务农。

官桥村老协从2004年成立至今，已经形成了自己的特色，它在为老年人提供基本活动空间和交流平台的同时，还形成了以文艺活动为主的特色活动，调动了老年人的参与积极性，丰富了他们的精神文化生活。官桥村老协的活动主要分为两种类型：一是常规性的日常活动，二是重大节日的庆祝活动。

（一）日常跳舞、打牌等

官桥村老协每天平均有三四十人来玩，农闲季节甚至有六七十人。一般而言，来老协玩的老年人，以70岁以上的居多，因为60～70岁之间的老年人很多还要务农或打零工。老年人平常到老协主要是跳舞、打牌、聊天、看电视等，其中来跳舞的最多。以前老协只有一个文艺队，2017年开始分为两个，分别为老人班和年轻班。老人班有10人，年纪在60～75岁之间，这些人一般都爱好跳舞，且家庭条件较好。年轻班有6人，年纪在50岁左右，最年轻的一个为40岁。之所以分为年轻班和老人班，一是老协发现村里一些年轻妇女也爱跳舞，把她们组织起来，可以作为老协未来的骨干力量，并且年轻班可以外出参加商演，能为老协带来一定的经济收入；二是中青年人和老年人喜欢的舞蹈种类不同，分开之后可以避免相互的不适应。目前，老协有两个跳舞的房间，老年班和年轻班可以各自分开活动。平常，来老协跳舞的老年人很多，年轻人较少。老年人来协会，还能打腰鼓、说快板等，一些没有文艺才能的老年人则坐在旁边看一看、听一听，有时相互之间开玩笑、打趣，一天时间不知不觉就过去了。

此外，一些老年人还喜欢到老协打牌、下象棋。老协的会长说："来老协就是消磨时间，不管会不会跳舞，来了就有好处，有茶喝，夏天还有电扇吹。"

（二）给老年人过寿

老年人过生日时，老委会代表老协给老年人送匾和寿礼，以前资金有限，只有80岁以上的过生日才送。2017年开始，70岁以上的过生日都送。并且，老协的文艺队还会免费去表演，为老年人增添快乐。此外，老协有一个舞台，如果是70岁以上的老年人过生日借用，是免费的；若是村里一般家庭借用，则要收取一定的租金。

（三）为老年人送终

70岁以上的老年人去世，老协将为其送上花圈、鞭炮和纸钱，总共花费六七十元。

（四）定期走访高龄老年人

对于村庄里90岁以上的高龄老年人以及其他一些特困老年人，老协每年定期走访两次，每次都会给他们带一些礼物，如方便面、蛋糕等副食。定期走访一方面是为了看望慰问他们，给他们带去温暖，另一方面也对村庄中的中青年人有教育的作用。

（五）重阳节活动

重阳节是老年人的重大节日，每年重阳节官桥村老协都会

流变的家庭

举办庆典活动。活动主要分为三个部分。

一是为老年人发放礼品。每年的礼品种类不一，但花费都不多，例如，2017年给每个老年人发了一块肥皂和一条毛巾，2016年是发一双袜子和一条毛巾。虽然价格不高，但每个老年人拿到礼物之后都很开心。按规定，只要是60岁以上，都可以获得礼品。但是，老协对于领礼品也有一定的要求，80岁以上的或者是其他身体有特殊困难的老年人，可以不用到现场领取，老委会在庆典活动之后会负责将礼品送到家。而如果没有特殊情况而没到现场的老年人，原则上就不能获得礼品，也不能由别人代领。之所以这样规定，其一，是为了让老年人都能到现场感受节日的氛围；其二，老年人到现场也是对老协的捧场。2017年重阳节活动当天，有460名老年人到现场观看节目和领取礼品。

二是表演节目。重阳节的节目非常丰富，2017年重阳节当天，节目表演一直从早上七点半持续到中午十一点左右。杨会长说："我们准备的节目很多，表演一天都没问题。"老年人多才多艺，节目丰富多彩，包括舞蹈、快板、戏曲等。参加表演的老年人都乐在其中，他们从重阳节之前一个多月就开始排练。

三是表彰好媳妇和好老人。每年重阳节官桥村老协都要表彰好媳妇和好老人。在重阳节之前，老协理事会成员负责对各个小组进行摸底调查，将好媳妇、好老人提名给老委会，老委会再通过开会进行表决，确定最终的表彰名单。对于好媳妇和好老人，老协要颁发奖状和纪念品（一个洗脸盆）。虽然礼物不贵，但通过表彰这些表现突出的好媳妇和好老人，在村庄内部树立了很好的榜样。

（六）春节联欢活动

每年春节时，老协都要组织舞龙队、秧歌队等，每次参与表演的都有二三十人，老协有专门的衣服和道具。组织春节联欢活动，一方面是让参与其中的老年人获得乐趣，另一方面通过到一些老年人家里去团拜，也让他们感到幸福和温暖，同时还能提升老协在村里的地位和知名度。

（七）互助金融

2017年3月，官桥村老协成立了"沙洋县春光老年人资金互助合作社"，以老协为依托，开展村庄内部的资金互助合作。具体的操作方法是，60岁以上的老年人可以自愿入社，入社要求是每人投资500元，每年年底结算分红，收益的60%用于分红，40%用于老协的日常开支。2017年9月已经有50个老年人入社。贷款主要针对本村村民，年利息为8%，略低于银行利息，一年内归还。想要贷款的本村村民需要有人担保，原则上必须是入社的老年人才有资格做担保人，"他自己入了社，才有责任心"，并且单笔贷款不超过5万元。2017年资金互助合作社已经贷出两笔款，分别是1.5万元和2万元，一个是结婚需要，一个是买房需要。这两位贷款人都是年轻人，都在外打工，有收入来源，且都以商品房房产证作为抵押。杨会长说："现在主要是要稳，没有十足的把握，我们不敢贷。今年有一二十人想要贷，有的是爱摸牌的，有的是好吃懒做的，有的是没有经济来源的，我们都很了解，这种情况都不会贷。我们今年也是刚开始，还没有经验，以后有经验了再慢慢放开。"

（八）老年人互助服务

近来，老协正在筹划新的服务项目，以老协为载体，为村庄中的高龄老年人提供基本服务。目前的构想是，由老协组织服务小组，每月为80岁以上的高龄老年人提供上门服务，为其理发、打扫卫生、洗衣服、晒被子等。

三

那么，官桥村的老协是如何运转起来的？

首先是需要一定的外部资源投入。实际上，包括湖北在内的广大中西部农村，村庄内生资源较为匮乏，村集体也基本没有收入来源，且村庄规范较弱。在此背景下，村庄本身并没有推动文化建设的动力，需要一定的外部资源或外部力量撬动。实际上，老协需要的运转经费并不多，每年5000~10000元，足以能够维持一个老协的正常运转。外部资源的输入，是中西部农村老协建设的基本前提。

其次，有了一定的外部资源输入之后，老协还要解决"谁来组织"的问题。建设老协既需要核心的组织者，也需要积极参与者，同时还需要一般参与者来捧场。不同类别的老年人对协会的态度和积极性有所不同，因此要采取分类动员机制，以尽可能多地将村庄中的老年人吸纳进来。官桥村老协在建设过程中正是采用了分类动员机制，以下具体来看其对不同类别的老年人是如何动员的。

其一，充分动员村庄中"负担不重的人"参与，作为老协的骨干力量。老协的建设首先需要一批组织者，他们热心于村庄公益事业，有时间且有能力参与到村庄公共事务中，这一批人我们称之为"负担不重的人"。老协的骨干力量主要是老委会的七个成员，这几个人的共同特点是：在家庭层面，已经完成人生任务，家庭经济状况较好，负担不重；在个人特质上，在村庄中有一定的威信，并且有一定的组织能力，大多是以前的老干部或文艺爱好者。实际上，官桥村老协对于进入老委会的成员有一定的要求，凡是在学校教过书、当过兵、当过村干部或小队干部，或者是在群众中有一定威信的人才能进入老委会。在农村地区，存在大量的"负担不重的人"。在村庄规范较强和组织性很强的地方（如宗族性地区），这一批人很好组织起来；但在广大中西部农村，村庄规范较弱，公共性弱化，如何调动这一批人的积极性就是一个很大的问题。官桥村老协的成功之处在于，通过外部资源的输入，调动了村庄中"负担不重的人"的积极性，给予这些人一个"公"的身份，让他们有积极性和热情参与到老协的建设中来。

其二，动员老年人中的积极分子参与老协的活动，尤其是动员那些具有一定才能的文艺爱好者。文艺爱好者作为积极分子参与进来之后，首先是有了自我表现的平台，在其中获得幸福感，同时，他们在老年人中能起到动员和示范的作用。很多老年人看到他们在老协玩得很开心，自己也跃跃欲试。可见，以文艺爱好者为核心的积极分子是老协组织载体的一部分，他们处于组织者（即老委会）和普通老年人之间，是二者之间有效沟通的媒介。因而，老协在动员过程中要充分发挥文艺爱好者的示范带头作用。官桥村老协现在的特色是以文艺活动为载体开展老年人活动，这也是老委会经过长期的摸索才总结出来的经验，并且一开始在动员文艺爱好者的过程中面临重重压力和困难。在老协成立之初，老委会成员通过走访全村的老年人，掌握他们的身体状况、家庭背景、兴趣爱好等，对总体情况有了了解。

其三，对一般老年人的动员是老协的最终目标和归宿。老协建设的目的就是让所有老年人都能体验到"老有所乐""老有所为"。因此，对于大部分普通的老年人而言，他们能够积极参与协会的活动，就是对老协最好的支持，同时也是老协建设的核心目标。

但是，一般老年人在参与老协活动的过程中，并非只有权利，没有责任和义务，实际上，他们也要承担对老协的底线责任和义务，要做到权利义务关系的基本对等。老协采取分类动员机制，把村庄中不同类别的老年人都动员起来，让每个人在获得福利的同时，也承担相应的责任和义务，如此一来，才能具有持续发展的动力和能力。

需要注意的是，老协还要解决资源如何使用的问题。外部资源的输入是老协运转的前提，以村庄中"负担不重的人"为核心的组织载体是其良性运转的关键，而通过资源的有效使用为老年人赋能则是它长久维系的保证。官桥村老协的成功之处在于，不是给老年人直接发福利，而是通过有限的资源充分调动他们的积极性和主动性，提高他们的能力，为其赋能，让他们重新发现自己的价值和生命的意义所在。如此一来，既让老年人体验到了"老有所乐"，同时也让他们真正实现了"老有所为"。

在访谈中，每次与老协的成员聊天时，都能感受到他们干劲十足、充满热情，忙得不亦乐乎。相比于直接注入的物质资源，通过调动老年人的积极性和主动性而形成的社会力量更为重要，同时这也是老协能够长久维系和发展的关键。

四

经过十几年的发展，官桥村老协已经形成了一套相对完善和固定的运转机制，成为村庄中不可或缺的一部分，它不仅对老年人群体很重要，而且对村庄社会和村庄治理也产生了重要作用。老协通过有效的组织方式，激活了农村老年人的潜能，强化了他们与村庄社会的关联，从而激发了村庄社会的内在活力。老协虽然以老年人为主体，却超越了这一群体，成为撬动村庄社会秩序的重要力量和载体。总体来看，其发挥了以下几个作用。

第一，提升老年人的身体素质。在老协成立之前，当地老年人的活动空间很小，一方面是由于自身身体素质的限制，另一方面村庄中也没有公共空间可供他们休闲娱乐。老协成立之后，所有老年人都可以去活动中心玩，每天来来回回好几次，既活跃了身心，也增强了体质。此外，官桥村老协是以文艺活动为载体，日常文艺活动丰富多彩。大家都说每天唱唱跳跳，

流变的家庭

身体比以前好多了，很多老年人还因为跳舞治好了颈椎病。

第二，为老年人提供一个交流的平台和空间。对于很多老年人而言，老协是"半个家"，他们是"主人"，在其中活动很有安全感。在访谈中，很多老年人都提到，在老协玩时"觉得时间过得特别快"，而自己一个人在家时则"觉得时间过得很慢"。实际上，他们之所以会觉得时间过得慢，是因为一个人在家既没什么事可做，也没人说话，这个时候容易胡思乱想，觉得自己活着没什么意思。而在老年人活动中心，大家可以相互交流，心里有苦闷的事情可以和老伙伴们说一说，相互劝慰一下，心情自然舒畅了。并且，在老协，老年人总能找到事情做，能够发挥余热，重新发现自己的价值，生活自然也没有那么枯燥乏味了。

第三，为老年人提供自我实现的载体。老协首先是肯定了老年人存在的价值和意义，其次是充分调动了他们的积极性和主动性。尤其是对老年人中的精英人物，老协将他们动员和组织起来，为其提供了一个"公"的身份，从而使之能够介入到农民家庭以及村庄的其他事务当中。比如，在走访村里的高龄老年人和特困老年人时，老委会的成员一方面会嘱咐老人的儿子、媳妇要对老年人好一点，另一方面还要感谢他们辛苦照料老人。如果没有老协这个平台，单独的个体很难介入别人的家事，而老协的意义就在于提供了一个公共的平台，为老年人（尤其是有能力的老年人）提供了自我实现的空间。在和老委会成员访谈时，能够真切地感受到他们油然而生的自豪感和成就感，他们不计报酬，乐于为村里的老年人服务，并在其中找到了生命的价值和意义。

第四，老协还发挥着净化社会风气和重塑传统文化的作用。一方面，老协可以直接介入村民家庭矛盾的调解，特别是涉及对待老年人不好的问题时，协会会积极介入；另一方面，通过表彰好媳妇、好老人，在村庄中起到间接引导的作用，对于重塑尊老、敬老的传统具有重要意义。官桥村以前老年人非正常死亡的比较多，自从成立老协以来，几乎没有听到有老年人喝药、上吊的情况。

第五，老协的重要性还在于其本身具有能动性，能够根据老年人的实际需求进行不断调适。老协是由老年人自己组织起来的，组织者本身也是老年人，因此他们最了解这一群体的心理和实际需求。比如，一些老年人反映年纪大了外出理发很不方便，老协经过商讨后决定每月请理发师到村里为行动不便的老年人理发，大家对此都表示非常欢迎。

第六，老协具有辐射效应，其辐射性体现在两个方面。一是辐射至村庄内部的不同年龄群体，在村庄内部形成正能量和积极的氛围。随着老协在村庄社会中的影响越来越深，中青年人也被它所吸引，比如，在老协举办庆典活动时，在村的中青年人都会前来捧场。还有一些中青年人觉得老协搞得很不错，他们在打工回来之后自发向协会捐款，向老年人表示一点心意。比如，2017年年底，官桥村外出务工的中青年人集体向老协捐了3000多元钱，还和老年人一起举办了春节庆典活动。二是老协还辐射到周边村庄，在一定区域内形成示范效应。官桥村老协在当地非常有名，每次举办庆典活动时，都有一些周边

流变的家庭

村庄的中老年人慕名而来，希望能够一起参与活动。

五

作为一项乡村建设试验，沙洋官桥村老协无疑是成功的典型。在资源匮乏且村庄结构性较弱的村庄，老协真正为老年人提供了低成本、高福利的闲暇方式和生活方式。此外，让老年人重新发现自己的价值和生命的意义，是老协最为重要的功能和意义。在当前的乡村社会中，大部分老年人都不再面临基本的生存问题，但是他们精神文化生活匮乏却是一个大问题，因此，如何通过低成本的方式为乡村社会中的老年人提供精神福利，是当前乡村建设应该关注的重点问题。老协或许提供了一种可行的路径。

当然，老协在运转过程中也面临着一些困境和问题。首先是协会的自主性和主体性问题。官桥村老协在过去的十几年一直都保持了自己的主体性，主要依靠个人捐助的资金维持正常运转，与村委会以及上级政府并无直接关联。但近年来，随着老协越办越好，当地政府也想借之达到宣传的目的，因此，有意无意地想要干预老协的运转。对此，老协的成员很不满，并对政府保持警惕。实际上，老协作为一个非正式的民间组织，应该由老年人来自我管理、自我监督，政府只需要为其提供基本的保障（如安全上的）即可，不宜过多介入。政府过多介入，不仅可能会影响老协的正常运转，而且还可能影响成员的积极性。

其次是辐射范围的有限性。在官桥村及大多数中西部农村，居住较为分散，因此，老协往往只能吸引距离老协较近的老年人，辐射范围有限。在调研中发现，很多老年人都想去老协玩，但是由于距离太远，不太方便。基于此，在居住较为分散的农村，政府可以在每个自然村或者邻近的几个小组建一个老协，这样就可以保证村庄中大多数老年人都能享受到老协所带来的福利。

流变的家庭

三 社会竞争与家庭发展

村庄竞争与熟人社会的异化

笔者在华北农村调研发现，当地村庄社会内部的竞争非常激烈。这主要源于以下两个原因：其一，华北农村多为平原，历史上开发较早，人口繁衍较快，资源有限，人地关系比较紧张，容易形成对有限资源的争夺；其二，当地村庄多为多姓杂居，村庄结构呈现出分裂型的特征，各个小亲族之间容易形成竞争的态势。然而，出于防御外敌、互助合作等功能性的需要，村庄内部也需要形成相互合作与整合的结构，因而呈现出一种既有竞争又有整合的村庄结构形态。

一

在这样的村庄结构形态之下，村庄内部形成了很多规范来约束和指导人们的行为，从而使村庄不至于失序。其中，以五服为核心的小亲族结构既是一种功能性组织，同时也是村庄规范形成和发挥作用的基础。可以看到，华北农村虽然一直以来都是一种分裂型的、竞争型的村庄结构，但竞争最终又是指向整合、指向村庄的"公"。个体之间的竞争并不会撕裂村庄的"公"，农民在相互竞争的同时还有合作与互助的需要。

然而，在当前社会快速转型的时期，农民家庭面临前所未有的发展压力，农民之间相互竞争的一面越来越凸显，而相互合作的一面愈趋消失。小亲族除在红白事上的相互帮工，以及村庄政治中的"合纵连横"之外，基本不再发挥其他功能。

　　村庄作为一个熟人社会，原本是可以为生活于其中的个体及其家庭提供社会支持。良性的竞争，或者说以村庄整合为导向的竞争构成了个体及其家庭奋斗的动力，进而在熟人社会中获得自我实现。然而，在当前华北农村，激烈的村庄竞争已经撕裂了村庄的"公"，进而重构了熟人社会中的关系，熟人社会从一种社会资源逐渐演变为负担。农民在参与熟人社会的同时，又在不断逃离它，参与是形式的和表面的，逃离则是实质性的。

　　激烈的村庄竞争使得生活于其中的每个人都变得极为敏感，这进一步影响了人与人之间的关系。正如驻马店东头村一位村民所言："以前一个小组的关系好，现在不好了，感觉没有以前朴实了。现在都是各顾各，都等着看别人的笑话。谁家挣钱了，以前感觉很开心，（因为）可以相互帮忙，现在都嫉妒。现在的人有点心理变态，弄好了，别人嫉妒你，弄不好，别人笑话你。"

　　实际上，在华北农村，不仅普通村民之间存在相互竞争，亲兄弟之间、五服以内的堂兄弟之间也存在竞争，并且后者的竞争往往比前者更为激烈。竞争表现在各个维度，如建房、买房、买车等。竞争往往源于农民所说的"气"，因为要"出一口气"，要证明自己，所以要千方百计在竞争中取胜，否则这口气不能理顺，心里就会十分憋屈。驻马店东头村的刘长林，

　　　　　　　　　　　　　　　　　　流变的家庭

1994年在自家只有5元钱的情况下，通过借钱，几个月就建起了三间平房。他原本是打算先外出打工，等攒够了钱再回村建房，但当时由于堂哥和堂嫂的一句话，便赌气先借钱把房子盖起来，再外出打工还债。刘长林向我们详细地描述了事情的经过：

> 1993年，我（同一个爷爷的）堂哥建起三间平房，花了1万多元。我去他家时，说我以后也想要建房，堂哥和堂嫂当着我的面说，你三年、五年、十年都盖不起房，要1万多元呢。我当时就想打他，什么都没说，心里想，赌气也要马上盖起来。凭着这一股气，我回到家马上和母亲（父亲已去世）、老婆商量。老婆很担心，说没钱怎么建房，当时家里只有5元钱。我和老婆说，你不要担心钱的问题，你只负责做好饭、烧好茶，钱的事我来想办法。我四处借钱，在第二年正月十五盖好房子，堂哥和堂嫂说那番话是在头年秋收之后，我几个月就建起来了。当时心里觉得终于出了这口气了。
>
> 我房子建起来之后，堂哥后来（1998年左右）又在我旁边建了一个房子，他有两个儿子，建得比我的高50公分（厘米）。他建房时我不在家，在外打工，回来后我去和他打了一架。他弟弟后来建在他旁边，又比他高了50公分，主要是地基高一点，我高一点，就压住你，都是这个想法。

可见，在当地农村，越是亲兄弟或堂兄弟之间，竞争实则越为激烈。兄弟之间不仅在建房时会相互竞争，买房时也会相互竞争。驻马店东头村有一户人家有四兄弟，都在北京做收购旧家具的生意，家庭经济条件相对较好，年收入10万元以上。之前四兄弟都没有在外买房，但在2015年，大家都买了房。最先是老三在县城买房，之后其余三兄弟也先后在同一个小区买房。四兄弟在村里都有刚建不久的楼房，平常在北京做生意，因而县城的房子买了之后一直空着，没有人住。谈及为何他们同时买房，该村一位村民说："人有钱就赌气，你买我也买，都是亲兄弟，都不想被比下去。"

二

除亲兄弟、堂兄弟之间的竞争之外，普通村民之间的竞争也异常激烈。高度竞争的状态使得生活于村庄中的每个人都变得非常敏感，对相互之间一句无心的话都会非常在意。这方面最典型的现象是，当地村庄的种植大户一般都不愿从本村雇人，而愿意从外村雇人。同时，村民也不愿意在本村大户那里打工，而宁愿去外村打工。实际上，无论是大户还是普通农民，都避免与本村人建立雇佣关系，这既有出于管理方便的考虑，但更主要的则是由于高度竞争的心态已经深入农民日常生活的每一个细节。在此情况下，雇主与受雇者之间并不能以一种正常的雇佣关系或市场关系来交往，雇主会认为受雇者故意偷懒，而受雇者则会认为雇主瞧不起人或者故意摆架子。以下两个案例代表当地的雇主与受雇者的想法：

> 东头村的种植大户刘长宝，承包了几百亩土地，其中有100多亩是种葡萄。葡萄园在东头村，除一个长工之外，其余都是短工。那里每天都需要雇工，最多时一天需要雇用六七十人，工资为每天50元。这些工人基本来自邻村，本村人在葡萄园打工的很少。不仅刘长宝的葡萄园招工如此，该村其余大户的雇工也一般都是外村人。对此，刘长宝做了如下解释："找本村的，干活不好，不好说。你一说他，他就感觉你好像有架子。外村人干得不好可以直接说，生人好说话，熟人不好说话。而且本村人也不愿意在本村打工，觉得没面子，他认为你又不比我强多少，我还要在你这里打工，脸面上不好看。有的人还嫉妒你。"

> 上文提到的刘长林的妻子，生于1960年，除在家务农和带孙代之外，每年还要在附近打小工，一般都是给邻村的大户打工。在邻村打工虽然距离不远，但总没有在本村方便，当笔者问及为何不愿意在本村打工时，她说："本村的（大户）不愿意用我们，我们也不愿意去。他觉得我们干活不好，我们觉得他说话不好听。外村人好用，本村人不好用，主要是面子问题。比如，我干累了，想休息一会，刚站一下，（本村）老板就说，我心里会不好受，觉得你这个人瞧不起人，我已经很辛苦干活了，站一下，你就要说，觉得没面子。要是外村的老板说我，我会觉得是正常的。

三

　　适度的村庄竞争可以激发个体及其家庭的活力和动力，从而更好地实现家庭的再生产。并且，正如前文所言，适度的竞争是一种良性竞争，最终是指向村庄整合。在竞争的同时，村庄作为一个"大公"，仍然能够从总体上对熟人社会中人与人之间的关系进行统合，进而维持熟人社会的基本秩序，让竞争与互惠并存，从而使得熟人社会作为一种资源而存在。

　　而激烈的村庄竞争消解了互惠存在的空间，进而重构了熟人社会中的关系。人与人之间的关系从互惠逐渐变成相互嫉妒与笑话，"弄得好，就嫉妒你；弄得不好，就笑话你"。高度竞争的关系使得熟人社会由一种社会资源变成了社会负担，并且，这种社会负担正在演化为人们的心理负担。实际上，每个人都知道这种高度竞争的状态是不正常的，但只要生活于村庄之中，就没有人可以逃离。这就形成了一个悖论现象，即农民在心理上并不认同这种高度竞争的社会关系，但在实践中却又不得不参与其中，不得不在村庄中维持与他人的基本交往。这种没有认同感的参与，会让参与者在其中找不到意义，从而只能维持形式上参与而实质上不断逃离的状态。

　　在激烈的村庄竞争之下，村庄虽然仍然是一个熟人社会，村民之间依然相互熟悉，但却不再亲密。

　　　　　　　　　　　　　　　　流变的家庭

农民遭孽：贫穷，还是竞争？

一

"我们遭孽啊……"这是笔者在湖北应城农村调研时，当地村民经常说的一句话。"遭孽"，是当地村民对自己生活状态的精炼总结。无论是经济条件好的家庭，还是经济条件次之的家庭，都觉得自己很遭孽。然而，事实是，当地村民生活水平并不低，并且很多都在乡镇或应城市区有房子，从经济水平来看，他们并不贫困。然而，这种并不贫困的生活为什么会使村民普遍有一种遭孽的体验？事实上，这并不是由当地的经济水平决定的，也不是先赋的，当地人遭孽的感受是一个后天重新建构的过程。

近几年，在应城买房是当地男子能够结婚的首要条件，并在村庄里形成了一种相互攀比的风气，"看谁最先在外面买房，看谁在外面房子多"。在应城买房是村庄竞争的最低标的物，若是在应城没有房子，那么儿子很有可能打光棍，这也就意味着这个家庭在村庄竞争中失败，从此在村庄里没有面子。并且，这种竞争似乎是没有尽头的，因为永远都会有走在最前面的一批人，后面的人总是觉得追赶不上——你在应城有房子，还有人在武汉有房，甚至有人在北京有房。村民之间不断相互追赶，谁也不甘落后。只要还有一丝可能性，就一定不放弃追赶，不放弃竞争。因而，当地人遭孽的体验是来自高度的村庄竞争，这种走向城市的竞争异常激烈，使村庄里的每一个人都被压得喘不过气来。

二

当地人普遍有一种遭孽的体验，而在村庄里感到最遭孽的是四五十岁的中年人，或者更确切地说，是有儿子的中年人。年轻人是走出村庄的主体，同时也是最大受益者，但他们并不会承担太多的压力，中年人才是压力的最大承受者。正是这种走出村庄的压力，使他们有一种遭孽的体验。那么，为什么中年人一定要加入这场自己并非直接受益者的竞争之中？

首先，中年人参与竞争最直接的原因是有儿子，"生了儿子就一定要'奔'"。在村庄里，能真切地感受到有儿子的家庭与没有儿子的家庭的区别。有儿子的家庭，父母一生都在为儿子"奔"，正如一位村民所言："生了儿子愁房子，有了房子愁媳妇，有了媳妇还要带孙子……"父母一生都在奔波，似乎永无消停之日。而没有儿子的家庭，父母相对而言生活得比较轻松且自在逍遥，因为不用愁房子，也不用愁媳妇，更不用愁孙代。"太阳大了就可以不下地干活"，"到了六七十岁就可以退休了"。可见，有儿子，是父母参与竞争的起点。

其次，新型的分家模式——"不分家式"的分家，使得父代与子代必须作为一个整体来应对走出村庄的压力。现在50岁左右的中年人，一般有一两个儿子。若是只有一个儿子，一般不会分家，但父代与子代在经济上都是独立的；若是有两个儿子或更多，一般会分家。然而，分家只是形式上的，实际上并没有将父代与子代完全隔离，因为他们虽然在经济上是独立的，却并不代表二者之间不存在经济上的交往，尤其是随着打工经济的兴起，形成了"半工半耕"的家计模式，这种家计模式可以将二者有效整合起来。并且，当地属于典型的小农经济，单独依靠务工或务农收入，不能支持年轻一代走出村庄，也不能支撑他们在城里的生活，因而，务农与务工必须结合。"不分家式"的分家模式，将父代与子代再一次合为一体。这种分家模式下的代际关系看似温情脉脉，实则是子代对父代更为彻底、更为严重的剥削。

此外，父代之所以要参与到这场竞争之中，还和村民的"面子观"有重要关联。生活在村庄中，面子很重要，不同村庄的村民有不同的"面子观"，也就是说，不同村庄的村民攀比、竞争的东西是不一样的。即使是在一个相对没有内聚性的村庄，村民也会在乎自己的面子。在当地村民眼中，"在外面（应城）有房子就有面子"，因而，村民之间，尤其是父代之间，都有这种攀比的压力。正如一位村民所言："别人的小孩在外面买房了，开着车回到村里来，（要是我儿子在外没有房子）我心里是很不好受的……要是儿子能很快在应城买房，开着车回来，我会感到这一生没有白过，对得起自己的良心，对得起自己的父母，对得起自己的下一代。"

如此，在当地，中年人的压力最大，他们是村庄里感到最遭孽的人。

三

中年人是村庄里竞争压力的最大承担者，然而，并不是只有他们才感觉遭孽，村里的其他群体同样有这种体验。老年人，是村庄里另一个感受到遭孽的群体，同时也是被忽略的群体。

老年人遭孽的体验不是直接来源于村庄的竞争，而是来源于村庄竞争之下家庭内部的压力传递。事实上，正是由于村庄竞争异常激烈，因而不管是村庄里的中年人还是年轻人，都将全部重心放在了村庄竞争上面。这消耗了家庭全部的经济力量，同时也消耗了家庭的其他力量，于是不可避免地造成了对老年人的忽略。在当地，七八十岁的老人还下地干活是很正常的事情。老人只要还有劳动能力，就一定要自食其力。在有劳动能力的情况下还依靠子代，这在村庄的舆论中是行不通的。老人虽然过得很艰辛，但对子代都相当理解，认为"儿子有儿子的负担，也过得很不容易"，因此，他们不愿意再为儿子增加任何负担。当没有劳动能力时，部分老年人甚至有可能会选择结束生命，以此来彻底减轻子代的负担。由此可见，老年人的遭孽生活，一方面是由于子代的忽视，另一方面，也是由于老年人的"自觉"。

综上所述，当地农民遭孽的体验，不是由于贫困，而是由于村庄内部高度的社会竞争。

农民收入、教育竞争与"啃老"

苏南地区从20世纪70年代以来开始发展乡镇企业，当地农民很早就已经实现了就业上的非农化。然而，苏州工业化的路径与珠三角地区和浙江地区有本质的差异，这种差异也从根本上影响了当地农民的就业方式和收入结构。

一

苏南地区工业化的发展可大致分为两个时期，分别为集体企业改制之前的乡镇企业时期和改制之后的招商引资阶段。在乡镇企业时期，集体控制了参与市场竞争的一切资源，并介入市场机会的分配之中，因而，个体在此背景下没有发展的空间，个体农民除劳动力之外，不具有任何参与市场竞争的资源。调研发现，在苏南地区，即使是集体经济发展很好的村庄，农民也并不是非常富有，其收入相对均质化。以笔者调研的某卫星村为例，该村从20世纪70年代以来开始发展集体企业，最多时有五六十个厂，拆迁时政府给村集体的资产补偿为1.2亿，足可见该村集体经济的富有。然而，该村的农民除享受到相对比较好的村庄环境和基础设施建设以外，并没有比其他村的村民富裕多少。在集体经济时期，国家和集体对市场机会的控制和再分配，使得农民个体除进厂打工之外并没有其他参与市场竞争的机会，因而在本地没有形成层级化的市场体系，以及本地的产业链，也没有出现如浙江农村那样普遍的"老板群体"。

从20世纪90年代中期以来，苏南地区的经济出现了质的飞跃，但这并不是直接源于集体企业的发展，而是源于随着集体企业转制后的招商引资。90年代中后期以来，由于市场经济的发展，卖方市场逐渐转变为买方市场，苏南地区的集体经济面临发展困境，集体企业的效益越来越差，因此当地经历了大规模的集体企业转制。之后，苏南地区进入招商引资阶段，并有了巨大的发展，90年代中期至2000年初是该地区经济发展最快的时期。苏南地区现在的发展主要是招商引资带来的，而非直接源于集体经济，然而，在集体经济时期所形成的基层强大的治理能力和组织管理能力也为招商引资的顺利进行奠定了基础。换言之，正是集体经济时期所塑造出的强大的集体能力，使得外资能够顺利进入，这是理解苏南模式的制度基础。

当前苏南地区的大企业都是由外资所主导的，而非像浙江地区是本地化的市场体系。外资经济的一个结果是，其主要的利益链在外部，因此在苏南没有出现很多本地大老板。并且，在外资面前，本地人和外地人是一视同仁的，本地人没有任何就业优势。我们看到，在苏南地区，农民收入主要来源于在市场上打工，与外地人一起在本地就业市场上竞争。当地就业的机会相对较多，只要想干活，基本都能找到工作。

　　　　　　　　　　　　　流变的家庭

二

虽然苏南地区就业机会很多，但本地的年轻人在就业上普遍有"高不成低不就"的心态，他们不愿意与外地人一起在就业市场上竞争，认为这是有失面子的事情。在调研中，一位在苏州开旅店的浙江年轻人对苏州的年轻人这样评价："苏州的年轻人要么是'啃老'，要么是有体面的工作，他们不愿意在工厂里打工，觉得没有面子。我们不同，浙江的父母就算再有钱，也要你（子女）自己出去闯，不会直接给钱，而是要培养你'闯'的精神。苏州的父母存了很多钱，子女只需要'啃老'就可以了，这边很多年轻人不工作，天天开着车到处玩。不知道他们的钱是哪里来的？肯定是父母给的啊……"

从当地年轻人目前的就业情况来看，主要分为两种类型：一是有大专及其以上文凭的，一般能够找到相对体面的工作，如公司文员、协管员、警辅等，这些工作比较轻松、稳定、有保障，在当地人看起来也体面；二是学历不高的普通人，这些人中，有的通过家里人找关系可以找到相对体面的工作，但大多数还是只能接受打工的现实。此外，还有一些家境较好的年轻人，他们宁愿不工作也不愿意去工厂打工。可以看到，当地年轻人在就业现实和就业期待之间存在巨大的落差，这也使得很多年轻人生活在焦虑之中。他们不愿意和外地人一起进入工厂的流水线打工，但是自身能力的局限又使得其没有其他更好的选择。在此情况下，通过提高教育投入使自己的子代接受更好的教育，从而为子代将来获得体面的工作奠定基础，是苏南大部分家庭的必然选择。笔者在当地调研发现，近年来，当地农民对教育越来越重视，在子代教育上的投入也越来越大，访谈中一位老大爷半开玩笑地说："要是你们博士生在我们这里开个辅导班，保证生意爆棚。"当地很多农民家庭至少都要培养子女上个大专，因为只有获得了良好的教育，才可能在当地就业市场上找到体面、轻松而又稳定的工作，从而避免与外地人一起在打工市场上竞争。

与苏南地区相比，珠三角地区的家庭和社会缺乏发展的动力。珠三角地区的年轻人的理想就是变老，成为老人，从而可以享受地租，过衣食无忧的生活。当地的老年人同样生活得很悠闲，中老年人基本不再工作，整天喝茶、聊天、打麻将。因此，珠三角地区的农民常常没有奋斗的动力，对子代教育也不重视。

三

从苏州农民的收入水平来看，年轻人的收入普遍不高，一年大概为五六万元。但当地年轻人的消费水平偏高，接近于中产阶层的消费方式和消费水平，其收入主要用于吃喝玩乐，如休闲、养车等。他们自身的收入水平往往难以支撑其高消费水平，很多年轻人不仅不能攒钱，还要依靠父代甚至祖代的支持，因而在当地形成普遍的"啃老"现象。

相比于年轻人而言，当地的中老年人（尤其是55～70岁之间的老年人）收入较高，他们往往有两个收入来源：一是每月

870元的农保，二是打工收入。并且这个年龄段的父代往往是"只挣钱不花钱"，他们个人的消费开支极少，主要是大家庭整体的支出，如日常生活开销、人情送礼等。此外，当地老年人各种礼仪性的开支比较大。如孙代结婚，作为爷爷奶奶至少要给几千元，有的甚至给一两万元；孙代的小孩满月，老年人也要给钱。调研发现，不管有没有分家，当地的年轻人基本都在父母家里吃饭，且人情送礼大多由父母负责，因而父代基本承担了家庭所有的日常开销。年轻人的收入主要用于自身消费和子代教育。当地中老年人的高收入来自不断"勤巴苦做"，他们只要还有一定的劳动能力就一定会去工厂打工，或者是找其他就业机会，调研中发现很多70多岁的老年人还在打工。虽然年轻人不愿意在本地就业市场上与外地人一起竞争，但中老年人不同，他们不那么在乎面子，只要有工作可干，可以挣钱，他们就愿意。当地的中老年人非常勤劳，而且当地发达的市场经济足以为大多数有劳动能力的人提供工作机会，因此，他们基本都有存款，少则几万元，多则一二十万元。这为年轻人的"啃老"提供了基本的物质基础。

苏南地区的代际关系呈现出比较典型的"恩往下流，责往上移"的特征，家庭资源通过各种直接或间接的方式转移到子代家庭，而家庭责任则主要由父代承担。如何来理解这种代际关系？从两代人的角度而言，这种代际关系具有剥削性，明显失衡，父代倾其所有为子代家庭付出，子代的反馈却显然不足。然而，若从三代人或更长的家庭生命周期来看，家庭代际关系又维持了另一种平衡：中年人剥削老年人，同时又被青年人剥削。在这种代际关系下，家庭资源最终都聚焦到最年轻的子代身上，家庭资源的利用不是弥散型的，而是聚集型的。这种家庭资源的使用方式有利于家庭发展和家庭参与市场竞争，可以实现家庭的最大化发展，如集中力量让子代家庭尽早实现城市化，或者是让孙代接受更好的教育。可见，这种代际关系一方面具有剥削性，但另一方面又塑造了发展型的家庭结构。

流变的家庭

依附性社会竞争

——理解宗族性村庄妇女操劳的一个视角

一

　　笔者在广西宾阳农村调研发现，当地的妇女非常辛苦，不仅要负责几乎所有的家务活，而且还要承担大量的农活。实际上，除一些只有男性能够完成的重体力活以外（如犁田、耙田），其余农业生产环节和日常的农业生产管理主要是由妇女负责。此外，农闲季节她们还会在村庄附近打零工，比如给别人砍甘蔗。总之，她们一年到头几乎没有休息的时间，每天都有干不完的活。当地妇女的劳动强度明显高于当地男性，这从夫妻的容貌可以直观地体现出来：当地的男性看起来普遍小于其实际年龄，而女性则相反，从夫妻之间的对比来看，妻子在容貌上看起来普遍比丈夫大5岁以上。并且，在当地人看来，妇女的操劳是理所当然的，妇女自身也并没有觉得有何不妥。实际上，这并非广西宾阳农村的特殊现象，在华南宗族性村庄（尤其是客家地区），女性在家庭中普遍都比男性辛苦。宾阳大宁村一位38岁的妇女对当地妇女的日常操劳做了如下描述：

女的结了婚，都是为了家，辛苦都是值得的。成家了，什么都是为小孩考虑。女的一般在地里干一天，带上一些吃的到地里，自己家里的活干完了，还要去打小工。男的没有耐心去给人家打小工。女的手脚快，干活麻利，男的做得慢，人家也不愿意要男的。女的天天干活，除非下雨，都想多做一点，做一天可以挣几十元。女的闲一点都不行，都要去干活，都是心甘情愿去做的，都是为了家，为了小孩。

既有研究普遍是通过妇女地位较低这一原因来解释宗族性地区妇女的辛苦与操劳，但是，需要进一步解释的是，妇女地位低为何以及如何造成了妇女的操劳。在广西宾阳农村调研时，笔者问及妇女为何要那么辛苦和操劳，当地农民有两种回答：一是"习惯了，闲不下来"，二是"妇女都爱和别人比，不愿意落后于别人"。以下是广西宾阳大宁村64岁的妇女叶青芳对此问题的理解：

我们这里女的辛苦，农活、家里的活，都是女的干，女的勤劳习惯了，舍不得放下。男的一般干完活就出去打打牌、吹吹牛、喝喝茶，不愿意太累。女的不一样，就爱跟别人比，就是不服气。女的认为，别人有手，我也有手，为什么我要比别人差？自己不勤劳，收入少了，建不了新房子，买不了新东西，生活就比别人差。我干吗要落后于别人？都有竞争心理，她们能干的事，我也能干。女

流变的家庭

的比男的更爱竞争，男的觉得过得去就可以了，想慢慢来，不想那么辛苦，认为没有必要竞争那么多，人有多少年可以生活？不要太贪。女的想法不一样，比较急一点，不想落后于别人。

当地农民的回答对笔者有很大启发，本文拟从妇女的竞争动力和竞争意识这一视角来理解其操劳背后的逻辑。

二

宗族性村庄，是指血缘结构发育比较完整且保存比较完好的村庄。男性和女性在宗族性村庄内部具有不同的身份，这塑造了男性和女性不同的竞争动力和竞争意识。总体来看，宗族性村庄女性的竞争动力和竞争意识更强，因此她们要不断操劳，试图通过自己的努力让家人过上更加美好的生活；而男性的竞争动力和竞争意识相对较弱，持一种比较随性和洒脱的生活态度。男性和女性差异化的竞争动力和竞争意识直接显现于其日常生活之中，表现为女性比较操劳，几乎没有闲暇时间，而男性则有更多的闲暇时间。那么，需要进一步分析的是，为何宗族性村庄的男性缺乏竞争动力和竞争意识，而女性则具有较强的竞争动力和竞争意识？

首先，宗族性村庄的男性为何竞争动力和竞争意识不强？这是因为，在宗族性村庄里，男性天然地处于宗族结构的保护之中，在这种亲密的自己人的结构内部，他们一般感受不到竞争的压力。对于男性而言，宗族内部相互之间都是自己人，都是兄弟，没有竞争的必要，竞争的动力不是很强。并且，在宗族性村庄，男性的身份更为多元，他们不仅隶属于自己的核心小家庭，同时也隶属于宗族这个大家庭，是宗族的成员。这就决定了他们天然地具有公共性的一面，因而不能将所有时间和精力仅仅局限于自己的小家庭内部，还要参与村庄中很多公共性的事务，因此其时间安排既具有私人性，也具有社会性和公共性。

其次，宗族性村庄的女性为何具有较强的竞争动力和竞争意识？这与女性的身份相关。宗族性村庄的父权和夫权的色彩仍然比较浓厚，女性在其中处于依附性的地位，她们要依附于自己的丈夫或者儿子在村庄社会中立足。在宗族性村庄，宗族结构像一把巨大的保护伞一样将所有子孙后代都笼罩其中，这一方面给宗族成员提供了巨大的保护性力量，另一方面也带来一定的压力，其中妇女的压力感更强。虽然她们也能通过其丈夫或儿子在村庄社会中立足，获得宗族的保护，但终归是外来人的身份，她们从娘家嫁到婆家，有一种天然的不安全感。在宗族强大的笼罩性力量之下，妇女要证明自己的能力和价值，要将自己的家庭生活过好，不愿意落后于别人。因此，她们一方面要在家庭中证明自己的价值，做好妻子、母亲以及媳妇的角色所应该完成的任务；另一方面还要在村庄社会中证明自己的能力，要和其他家庭的妇女相互比较，证明自己家庭的日子过得不比别人差。作为一个外来人，只有将自己的行为主动纳入村庄社会的评价体系之中，参与村庄社会中妇女之间的竞争

　　　　　　　　　　　　　流变的家庭

并且不落后于别人，才能真正在当地立足，获得其他村民的好评。同时，对于妇女而言，通过自己的努力和勤劳让家人过上好日子，在竞争中不输给其他妇女，也是其为家庭做贡献的一种方式，是其生命意义和人生价值实现的重要载体。在广西宾阳农村调研发现，当地农民对于一个家庭的评价，其压力最终往往都是由妇女承担。在当地人看来，一个家庭的日子过得如何，关键在于妇女是否勤劳，而不在于男性。调研中当地一位老人提到："妇女好吃懒做，那个家就不行。大部分活都是女的干，所以（家庭发展）关键看女的，女的要是开始打麻将，那个家就麻烦了。男的不干活，对家庭影响不大。"在此情况下，当地的妇女承担了很大的舆论压力，因此她们要不断地劳动，生怕自己的不勤快给家庭带来不好的名声，以及让家庭日子过不好。

三

　　宗族性村庄妇女的依附性地位和外来人身份，使得她们具有更强的竞争动力和竞争意识。具体来看，这种竞争具有以下几个特点。

　　第一，从竞争的内容来看，主要是比谁更为勤劳。当地的妇女每天都很繁忙，早上四五点起床，忙完家务活就到田里忙，忙完自己家里的活之后也不闲着，一般会到附近打零工。当问及为何要这么辛苦时，很多妇女都说，"习惯了""不劳动你吃什么""别人都在劳动，你不劳动会被别人说"……在她们看来，妇女就应该辛勤劳动，只有如此家人才能过上好生活，并且，"看到别人干，自己也要干"，不甘落后于别人。在此意义上，当地妇女的竞争标的物不是房子、车子等外显的物品，而是勤劳程度。

第二，从竞争的方式来看，是一种内隐式的暗自竞争，而非外显式的竞争。这与宗族的社会结构具有整合性的特点有关，其个体的行为逻辑主要是"求同"而非"求异"，那些过于标新立异的个体由于触碰了宗族的基本原则，因此容易受到打压。宗族性村庄村民的普遍特点是不愿意冒尖，只要和大家保持一致即可。因而，虽然妇女之间会暗自较劲，但是竞争不能过于外显，不能打破宗族的基本规则，更不能触碰和伤害他人的利益，而只能通过内隐的、向内用力的方式来达到不落后于人的目的。

第三，从竞争的性质上看，是一种依附性社会竞争。所谓依附性社会竞争是指，妇女并非作为一个独立的个体参与社会竞争，而是试图通过参与村庄社会竞争来证明自己的价值和意义，这是在男性主导的村庄社会结构和秩序中的竞争。然而，依附性社会竞争带来的结果是，妇女进一步卷入对男性的依附性状态。在男性主导的村庄社会结构和秩序中，妇女试图通过参与竞争以及为家庭积累更多资源来证明自己的价值，但如此一来反而固化了这样的社会秩序，进一步强化了妇女的操劳和男性的闲散程度。

综上，宗族性村庄并非没有竞争，只是这种竞争的压力主要是向妇女传递，她们外来人的身份和依附性的地位使得其对村庄内部的竞争最为敏感，而男性在自己人的结构的保护之下较难感知到竞争的压力。实际上，宗族性村庄的男性不仅对村庄内部的竞争压力较少感知，而且对现代化和市场化带来的外部压力也不够敏感。在此意义上，随着村庄和农民嵌入市场的程度越来越深，农民家庭面临的压力也逐渐增大，这种压力首先强化了妇女的危机意识，导致她们更加操劳，要想方设法积累更多的家庭资源，从而陷入依附性竞争的循环状态。这就可以解释，为何宗族性村庄妇女的地位没有伴随着村庄社会的现代化和转型而发生本质变化。因此，只有逐渐打破男性主导的村庄社会秩序，宗族性村庄妇女的地位才有可能获得真正的提高，才能摆脱不断操劳以及依附性竞争的状态。

熟人社会中的阶层分化与阶层秩序

自20世纪80年代以来，浙江农村的个体企业开始迅猛发展，与之伴随的是村庄内部开始出现明显的经济分化。一些把握市场先机，并且善于经营的农民摇身一变成了大老板，而其余大部分农民仍然是普通的打工者，原本均质化的农民群体开始出现分化。以我们在店口镇祝村的调研为例，总体来看，村庄内部主要存在上层、中上层、中层、中下层和下层这五个群体。

一、阶层分化的表现

与中西部农村不同的是，浙江农村的富人仍然生活在村庄之中，各个阶层在村庄内部存在互动，因此，经济分化会通过各种方式展现，并进一步形成熟人社会的阶层分化。在熟人社会中，阶层分化主要通过以下几种方式表现出来。

第一，消费分化。阶层分化最直接地体现在消费方面，并主要通过仪式性消费和日常性消费表现出来。仪式性消费主要指办红白事时的酒席档次和规模，这是展现阶层地位的重要方式和途径。以祝村为例，上层家庭的酒席档次至少是5000元一桌（包括烟酒），中层家庭的一般是2000多元一桌（包括烟酒），而中下层和下层家庭的酒席标准是1000多元一桌（包括烟酒）。酒席的档次和规模，成为确认阶层地位的重要标志。日常性消费主要包括建房、装修和买车。以祝村为例，上层家庭建房和装修少则花费100多万，多则几百万元，而一般家庭建房和装修总共花费七八十万元，下层家庭则可能根本建不起房子。此外，车子也是展现家庭经济的重要手段。

第二，闲暇分化。闲暇分化主要通过妇女和老年人体现出来，不同阶层在闲暇上的差异不仅体现为闲暇时间的差异，而且还有闲暇方式的差异。上层家庭的妇女可以不用工作，成为全职太太，她们有很多时间和朋友一起逛街、旅游；中层家庭的妇女闲暇时间有限，她们必须在完成基本的家庭任务之后才可以获得部分闲暇时间；而下层家庭由于面临家庭发展的巨大压力，妇女的闲暇也被压缩到极致。老年人的闲暇同样存在阶层分化：上层家庭的老年人不仅可以很早就脱离家庭生产，进入退养状态，而且还建构了相对私人的、固定的交往圈，形成了与其他阶层的老年人完全不同的闲暇方式；中层家庭的老年人在完成基本的人生任务之后，一般会参与到村庄的公共闲暇生活中，如经常去老协玩，或者是念佛；下层家庭的老年人劳动时间最长，他们往往没有闲暇时间。

不同的闲暇方式导致不同阶层之间相对区隔，不同阶层之间通常只是见面打个招呼，缺乏更深入的交流。对此，祝村一位经济收入处于中层的农民深有感触，他说："以前年纪轻，还想拼一下，现在年纪大了，认命。有的老板好，有的却趾高气扬的，我自己感觉出来，就慢慢疏远了，说明不能做朋友。

老板还是和老板交往得多一些，没钱的跟有钱的跟不住，他消费几万元如毛毛雨，我消费几万元，半年生活费就没了。老板经常在外面吃饭，你不可能天天白吃，你请客的话又消费不起。还是倾向于跟消费差不多的人一起交往。老板跟我们聊天的话题也不一样，老板都是聊哪里赚钱，我们一般都聊自己干的活怎么样，哪里的工资高一些，都是跟自己相关的。"

第三，婚姻分化。婚姻分化主要体现在婚姻消费和婚配对象两个方面。婚姻消费包括彩礼和嫁妆，上层家庭通过支付高额彩礼或者高额嫁妆，使得其子代的婚配对象仍然属于上层家庭，从而维持了上层内部相对闭合的婚姻圈。例如，店口镇祝村冯仲林（上层家庭）的孙女2017年出嫁，男方给了60万元的彩礼，而冯仲林的儿子为其女儿准备的嫁妆包括：200万元现金、八根金条（大约两斤）和二十三样金器。中上层和中层家庭也会紧跟上层，"尽自己最大的能力"，支付其能够负担的最高彩礼或嫁妆。例如，祝村冯建江（中层家庭）的女儿2017年出嫁，男方给了38万元的彩礼，女方嫁妆包括：58万元现金、家电（5万元左右）、金器（两三万元）、衣服被子（两三万元）。而下层家庭没有能力支付高额彩礼，只能选择本地婚姻市场中的"剩余资源"，或者是娶外地媳妇，同样，他们也难以承担高额嫁妆，因此面临"嫁不起女儿"的忧虑。

第四，居住分化。就地市场化使得浙江农村的宅基地资源非常稀缺，宅基地指标分配通常是通过关系资本来运作。上层家庭不仅能轻而易举获得宅基地指标，而且有钱建豪宅；而中、下层家庭往往缺乏关系资本的运作来获取宅基地指标。因

　　　　　　　　　　　　　流变的家庭

此，村庄内部产生了明显的住宅分区，不同阶层在居住上存在分化，富人往往居住在豪宅，穷人则居住在狭窄、破旧、拥堵的老房子。

二、阶层竞争与阶层压力

在阶层分化明显的村庄，每个人都会感受到巨大的压力，因为阶层分化是在熟人社会中产生的，熟人社会中人与人之间必然有很多交集，即使是刻意回避也不可能完全避免。因此每个人都要保持高度紧张的状态，在保证自己现有阶层地位的前提下不断往上挤，以尽可能实现阶层地位的跃升。熟人社会中的阶层并不是一个静态的结构和概念，阶层关系和阶层竞争都是在具体的村庄场域中发生的。因此，要在熟人社会中来理解阶层及阶层关系。浙江农村阶层分化下的竞争与压力主要通过两个途径呈现出来：一是阶层内部的直接竞争，二是阶层之间的压力传递。

在阶层分化明显的村庄，竞争主要发生在同一阶层内部，同一阶层内部也最具有可比性。每个人都要首先保证自己已有的阶层地位，不能被所处阶层甩出去，其参照系是与自己经济条件差不多的人，这是一种"求同"的逻辑。因此，在能够体现阶层地位的各个层面，如酒席标准、房屋装修标准、车子的档次、彩礼嫁妆标准等方面，都要紧跟同一阶层的标准，以证明自己的阶层地位。"同一个层次里，看到谁买了一个好车，就要跟"，因为一旦没有跟紧，就很可能滑入下一阶层。

在激烈的村庄竞争中，每个阶层都在感受压力，同时也在释放压力。其中，上层在经济上处于顶端地位，其压力较小，他们关心的是如何在日常生活的各个层面体现出与其余阶层的不同，是一种"求异"的逻辑。中层是比较稳定且人数最多的阶层，其只要保持与大多数人的标准相同即可，并且中层向上流动的动力并不是很大。下层是村庄中的弱势群体，在村庄中比较边缘，在村庄竞争中一般采取主动退出的方式，"不与人比"，其关注的核心是如何顺利实现家庭的再生产。中上层和中下层面临的压力都很大，因为这两个阶层的地位最不确定，可上可下，是竞争中最为敏感且最为活跃的阶层。

中上层有很强的向上流动的动力，在村庄竞争中压力最大。一方面，他们要努力挣钱，以保证自己在经济上的优势；另一方面，他们还要极力与上层搞好关系，在消费、闲暇等方面向上层家庭靠拢，并以此表明自己与中层家庭是绝对不同的。例如祝村的冯江，原本属于村庄的中上层，这两年当上村干部之后，辞掉了原来的工作，家庭收入明显减少，并且还有一个儿子正在上高中，家庭压力比较大。从经济收入来看，他处于村庄中等水平，但他仍然认为自己属于中上层，因此在办酒席、住房装修以及日常消费等方面都是按照中上层的标准，这表现出他对阶层地位很敏感，很爱面子。

中下层在村庄中也比较敏感，尤其是从中层滑入中下层的人更为敏感。处于中下层的人在进行阶层定位时往往自我定位为中层，因此，他们会通过各种方式来证明自己所处的状态是村庄中大多数人的状态。例如，在酒席标准上，村庄中层的普遍标准是两三千元一桌（包括烟酒），但中下层的人由于经济条件的限制只能办1000多元一桌的酒席（包括烟酒），当被问及自己办的酒席在村庄中处于什么水平时，他们会说是大多数人的水平，并且还说"1000多元都可以吃得很好了"。他们通过不断拉低村庄在酒席上的一般水准，来证明自己属于村庄中的大多数。此外，中下层的人还会刻意去寻找上层和中上层人的劣势或不足（比如没有儿子或者身体不健康），来表明他们并不比自己强多少，借此来寻求内心的平衡感。

阶层内部的直接竞争和阶层之间的压力传递，使得村庄内部呈现一种有活力的、激烈的竞争状态，每个阶层的人都面临压力，同时也在通过自己的方式释放压力。

三、阶层分化与熟人社会秩序

阶层分化发生在熟人社会这一场域，那么，嵌入熟人社会中的阶层分化又如何重塑熟人社会秩序？理想的熟人社会秩序是一套被村庄中大多数人所认同的规则和秩序，是所有人通过努力都可以达到的一种状态。而在阶层分化的村庄中，上层基于自身的经济优势，并通过社会交往中的排斥机制和村庄政治中的权力垄断机制，建构了其在熟人社会中的"霸权"地位。在社会交往层面，上层通过消费、闲暇、居住、婚姻等方面，展示了自己的经济实力，在村庄中形成了一套被上层所主导的消费规则和交往规则，能够跟上这些规则的就被吸纳进入，不能跟上的就被排斥出去。

在村庄政治层面，富人通过当村干部介入村庄权力结构，并在治理过程中建构了一套"当村干部就要亏钱"的"亏损"机制，由此，那些不能承受"亏损"的普通人只能默默退出村庄权力格局。因而，在阶层分化明显的村庄里，富人主导了村庄秩序和规则的制定，但这套秩序和规则并没有真正的公共性，只有少数富人才有资格达到，其他阶层只能苦苦挣扎，尽力跟随。

那么，在阶层分化严重的村庄里，能否以及如何实现村庄的社会整合？近年来浙江农村在推行"大众文化"建设，每个村都设有专门的文化员，希望通过文化建设重塑村庄的公共性，但当前仍然步履维艰。

店口镇湖村的文化建设在当地很有名，是浙江省的文化强村，该村的文化建设确实搞得很不错，每个月都有几次文化活动。但是，政府给予文化员的补贴有限（一个月不到1000元），并且要通过年终考核之后才可以拿钱，因此平常举办活动需要文化员自己掏腰包垫钱。这就决定了一般人当不了文化员，只有具有一定经济条件并且有闲的人才可以，最终基本都是在村庄中处于中上层及其以上的人当文化员。文化员在开展活动时并不会在村庄内部整体动员，而只是动员与自己关系好的人来参加，达到政府要求的人数即可。可见，这种文化建设具有很强的私人性，最终也难以在村庄内部形成整合，甚至还可能进一步加剧阶层之间的分化。因此，在阶层分化比较严重的村庄如何实现社会整合，是值得进一步关注的问题。

　　　　　　　　　流变的家庭

回归，还是再出发？

——年轻女性回归家庭成因分析

笔者近几年在各地农村调研，发现一个有意思的现象，即二三十岁的年轻女性在结婚之后的一段时间之内开始回归家庭。她们回归家庭主要是为了照顾小孩，方式有两种：一是陪读，二是将小孩带到丈夫打工的地方照顾，丈夫打工，自己照顾小孩。

中国传统的家庭分工以性别分工为主，即男主外、女主内，女性的一生几乎都是在家庭之中度过，她们要负责操持家务、照顾小孩、照料老人，而外出挣钱则是男性的职责。传统时期年轻女性以家庭为中心，一方面与男主外、女主内的家庭观念有关，另一方面也与当时打工机会有限相关。而从打工经济兴起以来，尤其是20世纪90年代末期开始，随着外出务工机会越来越多，年轻女性也开始"走出家庭、进入市场"。此时的家庭分工是以代际分工为主，即年轻的子代外出务工，年老的父代在家务农和照顾孙代。而近年来，年轻女性开始逐渐有回归家庭的趋势，这一现象虽然在各地农村还不是特别普遍，但仅仅是这个现象的出现，就表明农民家庭在面对市场时开始出现新的分工模式。因此，总体来看，年轻女性经历了"以家庭为中心—走出家庭、进入市场—回归家庭—再次进入市场"这一过程。

一

　　年轻女性回归家庭主要是照顾小孩，为了孩子的教育。近年来，农村家庭对小孩教育确实越来越重视，陪读现象在各地农村都不同程度地出现，部分地区（如湖北巴东、秭归）中小学生的陪读率达到80%以上。对孩子教育的重视，自然会衍生出另一个问题，即家庭中谁来作为教育的主体？从20世纪90年代末期到2010年左右，打工经济进入高潮期，这一阶段一般农村家庭的家计模式是以代际分工为基础的"半工半耕"，此时，照顾孙代的任务主要是由爷爷奶奶完成，"留守儿童"问题曾一度成为学界研究的热潮。同时，农村家庭也看到了爷爷奶奶带孙代所带来的弊端，因此，有条件的家庭都倾向于由年轻的父母自己带小孩。这一任务主要由年轻女性来完成，爷爷奶奶有时是作为辅助力量，帮助媳妇一起带小孩。当然，年轻女性能够回归家庭也与家庭子女数量减少和家庭经济状况的改善有关。

　　武汉黄陂农村的一位年轻媳妇对养育小孩的问题发表了如下看法："现在的小孩一般都是父母自己带到身边，爷爷奶奶带得少，最多带到上幼儿园，没有完全把孩子留在爷爷奶奶身边的。现在的小孩，爷爷奶奶也管不了，父母该管的时候会管，爷爷奶奶永远都是溺爱，顺着孩子。'80后'的年轻父母都不喜欢爷爷奶奶带小孩。现在（年轻的）女的蛮讲究，讲究卫生，一般都是爷爷奶奶打工，年轻媳妇带小孩，二十几岁的也自己带。小孩教育是最关键的，年轻人和老人的教育思想不一样。"可以看到，对小孩教育的重视成为年轻女性回归家庭的主要动力。但从区域比较的视野来看，年轻女性回归家庭的具体机制和逻辑有所不同。

二

笔者在武汉黄陂农村调研时，发现当地年轻人主要在武汉市内（汉口较多）务工，年轻女性一般是将小孩带到城市，丈夫打工，自己带小孩，有的女性在带小孩的间隙还能打一些零工。而中老年父母有的是辅助媳妇带小孩（如到城里接送小孩上下学），有的则是自己打工。很少有年轻女性在村子里单独带小孩，这主要是由于乡村中小学教育质量不好，农民都想把小孩送到城镇接受更好的教育。

与一般中西部农村有所不同，武汉黄陂农村年轻女性回归家庭对家庭收入影响不大，这主要是源于当地处于大城市近郊的区位优势，就业机会很多，能够吸纳不同年龄、不同性别的劳动者就业。尤其重要的是，中年妇女在附近工业园或蔬菜种植基地也有就业机会，因此，在年轻女性回归家庭之后，家庭劳动力形成了新的配置，即年轻男性和中年父母都在城市务工，年轻媳妇以带小孩为主。充分的就业机会以及新的家庭分工模式的形成，使得当地年轻女性回归家庭具有更大的可行性和稳定性。

在湖北巴东农村，年轻女性回归家庭除出于对教育的重视以外，还有一个重要原因是，当地的中年父代不愿意带孙代。巴东农村属于原子化地区，与川渝农村类似，代际关系相对独立，代际责任相对有限。父代对子代的责任只限于抚育和帮助子代结婚，甚至连结婚都主要是子代自己的事情而非父代必须完成的任务，而带孙代更不是父代刚性的人生任务。虽然当地也有很多父代帮助子代带小孩，但他们很清楚这并不是自己必须完成的任务。此外，带孙代所花的费用都是由子代自己承担，这一点也与其他农村有所不同。

巴东赵村的赵叔生于1955年，有一儿一女，儿子36岁，女儿31岁，都已婚。儿子在四川成都打工，媳妇与儿子一起，但并没有打工，而是在那边带孙子，孙子9岁，上小学。当问及为何不把孙子带回家里时，赵叔说："我不愿意，因为接送不行。星期天要送去学校，周五要接回来，我没有车。儿子倒是希望我带回来，现在这样他肯定有点不高兴，但不高兴也没办法。我们这里的小孩50%以上都是父母带出去自己带，留在家的很少。"赵叔的儿子打工一个月赚三四千元，刚好够一家三口在成都的消费，没有结余。对于爷爷奶奶是否应该带小孩，赵村60多岁的王景明有如下看法："孙子，我愿意带就带，不愿意带就不带，看儿子对我的态度，对我们尊重一点，我才带。父子关系也是和外人关系一样，父子之间合作得好，就可以给你带，合作得不好，就不给你带，你自己请保姆。你自己生的孩子自己养，不能强迫我带孙子。养儿养女、对父母尽孝是我的义务，我母亲92岁，现在瘫痪在床两年左右，我和老大一人照顾五天，这是我应该做的，我没有怨言。但是带孙子不是我的义务。有的媳妇，你给她带孙子，她还说你没给她带好。老人带孩子没那么讲究，觉得差不多就可以了，媳妇就要发脾气。我给你福利，还倒受气？60岁了，按国家政策，该退休了，我把你养这么久，该退休几年了。你（儿子、媳妇）对我好，我尽力而为，对我不好，我就不带。儿子结婚了，有家了，我的任务就完成了。"可见，对于巴东农村的农民而言，父母可以自由选择是否带孙代。

在巴东农村，年轻女性回归家庭的直接原因是对子代教育的重视，当地农村大多数家庭的小孩都有人陪读，但问题在于，为何不是由爷爷奶奶陪读？爷爷奶奶陪读，就意味着两人中至少要有一个人基本脱离生产，周一到周五都要到乡镇陪孙代读书，只有周末才能回家。因此，爷爷奶奶陪读直接影响了他们自己的收入。对于年纪较轻的爷爷奶奶来说，他们还有机会在县城或乡镇附近务工；而对于年纪较大的爷爷奶奶来说，他们在村里要种地和养猪，养猪需要花费很多人力，一旦有一个人陪孙代读书，那么另一个人很难单独完成务农和家务工作。以前不用陪读时，爷爷奶奶照顾孙代花费的时间和精力较少，对自己的农业生产和收入影响不大，因此问题还不凸显；而当前陪读现象兴起之后，很多爷爷奶奶都表示不愿意带孙代，因为带孙代意味着要去陪读，陪读就意味着会影响自己的家庭生产和家庭收入。因此，在有限的代际责任之下，巴东农村的年轻女性回归家庭在某种程度上是一种被动的回归。

在山西忻州农村，同样出现了年轻女性回归家庭的现象，并且也是以陪读的形式表现出来。她们陪读表面上也是为了小孩的教育，但实际上是婚姻市场上女性资源的稀缺导致女性在婚姻市场上占据优势地位，带小孩成为其躲避劳动、不工作的"正当借口"。而男性及其家庭都不能对此提出异议，否则年轻媳妇很可能会提出离婚，这对于男方及其家庭而言将是致命的打击。可见，忻州农村年轻女性回归家庭更多是为了个体的享受。

对比黄陂、巴东、忻州这三个地区，可以发现年轻女性回归家庭对家庭收入的影响不同。在武汉黄陂农村，由于就业机会较多，因此可以吸纳家庭内部几乎所有的劳动力就业，在此情况下，虽然年轻的媳妇没有打工，但可以通过婆婆打工来弥补，从整体而言，家庭收入并没有受到太大影响。而巴东农村和忻州农村则有所不同，它们属于一般的农业型村庄，中老年人就业机会有限，年轻女性不打工就直接减少了家庭的现金收入来源。

三

可见，近年来农村部分年轻女性回归家庭并非回到家庭的"僻静港湾"，除在一些女性地位被突然抬高的地方以外，大部分都不是为了个体的享受。现代化背景下家庭的功能性维度越加凸显，家庭成员要通过形成合力的方式共同应对现代化带

来的压力和挑战，这意味着年轻女性向家庭的回归也不可能是
生活性和享受性的。回归是为了更好地走出，是另一种形式的
付出，其目的是以更好的方式来支持家庭再生产，促进家庭发
展和流动。当然，这一回归具有阶段性特征，她们通常是在子
代教育的关键期（小学和初中）回归家庭，等到小孩上高中之
后，大部分会再次进入劳动力市场务工。

维持型家庭的内在机制

　　根据家庭发展能力的不同，可以将农民家庭划分为发展型家庭、维持型家庭和救助型家庭三种理想类型。贵州农民的家庭是典型的维持型家庭，没有储蓄的习惯，当地农民的生活逻辑是"重消费，轻积累，及时行乐，透支未来"。

　　以笔者调研所在的石阡县马村为例，从家庭收入来看，当地70%左右的家庭年收入为5万~8万元，其余30%左右的在5万元以下，家庭年收入超过10万元的极少。当地农民形成低积累、高消费的生活模式，只有5%左右的家庭有存款。并且大部分家庭都有欠款，其中80%以上的家庭有银行贷款，少则几万元，多则十几万元，50%左右的家庭有私人欠款。从住房来看，当地农民的住房主要为木质结构，更新换代很慢，目前村里能够看到的房子，40%左右是在20世纪六七十年代所建，60%左右是在八九十年代所建，2000年之后建的新房很少。当地在外买房的很少，只有十几户，基本都是出去读书且在外有正式工作的，一般打工家庭在外买房的极少。全村大概有二十台车，价格多在10万元以下，大部分是按揭买的。

　　当地农民家庭呈现出维持型家庭的特征。所谓维持型家庭是指，只能维持基本的家庭再生产和日常生活，家庭目标聚焦于过好当下的生活，没有发展性的目标，更不具有实现发展性目标的能力。因此，要从家庭积累能力和家庭积累动力两个层次来理解维持型家庭的内在机制。

一

维持型家庭首先源自家庭的积累能力不足。从家庭资源积累的方式来看，当地农民的家庭收入来自务农与务工的结合，但当地的"半耕"与"半工"都呈现出较弱的状态，从而使得家庭获取资源的能力有限。

首先，从"半耕"的角度来看，当地属于山区农村，自然条件较差，水源不足，农民多是靠天吃饭，且人均耕地面积有限，粮食产量较低。因此，农民生产的农产品只能维持家庭的基本口粮，农业剩余不足，属于"糊口农业"。农民家庭的现金开支（如人情送礼）需要依赖于务工收入的贴补。

其次，从"半工"的角度来看，当地农民进入市场的程度有限，把握市场的能力较差，这主要体现在以下几个方面。

第一，家庭劳动力没有完全进入市场。当地农民家庭代际分工不明显，夫妻分工也比较弱，家庭内部的闲置劳动力较多，以代际分工为基础的"半工半耕"的家计模式在当地并不典型。在有限的代际责任下，当地爷爷奶奶帮忙带小孩的不多，除非是家庭条件特别不好，需要年轻夫妻共同外出务工，他们才会帮忙带小孩。只要家庭条件还过得去，一般都由年轻媳妇自己带小孩。并且，当地农民追求家庭生活的完整性，年轻夫妻要么一起外出务工，要么都不外出务工，夫妻一方在外务工的情况比较少。如果年轻媳妇要在家带小孩，那么丈夫一般也不会独自外出务工，而是会选择在家乡附近寻找就业机会。但在中西部农村，地方性的就业市场很有限，难以为农民提供充分的就业机会。如此一来，代际分工不合理进一步导致了夫妻分工也不充分，从而影响了农民家庭从市场上获取资源的能力。

第二，当地农民每年打工的时间很有限。一方面，这与其工种选择有关系。贵州农民外出务工普遍不喜欢进厂，而更倾向于在建筑工地打工，或者是伐木。他们认为进厂不自由，且工资还低，而去建筑工地打工虽然比较辛苦，但是比较自由，并且工资更高。然而，在建筑工地打工面临很大的不确定性，一个工地干完之后要换另一个工地，在换工地的空档，当地农民一般会回家玩一段时间。另一方面，当地农民对村庄社会支持体系很依赖，因而要经常参与村庄公共生活，如人情往来，一旦谁家办酒席（尤其是白事），外出务工的农民也要赶回来。当地农民的人情范围很大，这导致其每年需要"来来回回"很多次。在贵州农村，外出务工的农民一年回来五六次很正常，这样一来，不仅打工的时间缩短，而且打工挣的钱也在"来来回回"中被花费掉很大一部分。

第三，从农民个体生命周期来看，与其他地区（如华北）的农民相比，贵州农民打工的时间也更短。一方面，由于年轻夫妻自己带小孩，一般要将小孩带到高中甚至大学之后才会外出务工，因此其进入市场的时间很晚；另一方面，厚重的赡养责任使得当地农民从劳动力市场退回农村的时间较早，一般在父母年纪大了之后，他们会回到村庄，不再外出务工。

从家庭资源的分配方式来看，当地农民的消费主要包括以下几项：人情、教育、日常开支，其中，人情消费所占比重最大。我们访谈的贫困户家庭，其一年的人情开支也至少要几千元，这在当地已经算是最低水平。大部分家庭一年的人情消费为一两万元，此外，一些家庭条件更好，或者是亲戚朋友更多的家庭，则高达四五万元。从当地农民的收入情况来看，人情消费基本占据家庭收入的40%~50%。

总体而言，从家庭资源的积累方式来看，当地的"半工半耕"处于双弱状态，农民家庭的收入有限。而从家庭资源的分配方式来看，当地农民的消费水平极高。农民家庭在经济上呈现出低收入、高消费、低积累的状态，家庭积累能力不足，发展潜力较弱。

二

调研发现，贵州农民家庭不仅积累能力较弱，积累动力也不足。当问及当地农民为何不存钱时，其反问："存钱来干吗？"一般而言，农民家庭积累的动力首先来自完成人生任务的压力，其次来自村庄社会竞争的压力。例如，在华北农村，父代面临刚性和无限延长的人生任务链条，而村庄竞争进一步加剧了家庭面临的压力，从而使得家庭内部对人力和物力资源都要进行充分动员，以尽可能多地从市场上获取资源，因此华北农民具有很强的参与市场的动力。但在贵州农村，农民在家庭和村庄社会中都没有面临太大的压力，从而使得他们一直以来没有形成积累的习惯，参与市场的动力不足。

首先，从家庭层面来看，当地农民的家庭责任有限，其人生任务是弹性的、可选择的，而非刚性的。父代对子代的责任主要是将其养大，结婚、带孙代等都不是父代的刚性任务，有能力就支持，没有能力就主要由子代自己负责。因而，当地农民从家庭中感受到的压力并不大。其次，从村庄社会层面来看，一方面，当地村庄内部没有攀比和竞争的压力，另一方面，村庄社会还为农民提供了一套相对完整的社会支持网络，包括帮工换工体系、民间借贷体系以及仪式性上的互助，呈现出"无压力社会"的特征。

三

贵州农村在整体上呈现出维持型家庭的特点。可见，贵州农村的贫困是一种文化性贫困（或称消费性贫困），当地农民在文化和观念上接受现代性的教化不足。在此意义上，当地的扶贫是一个长期和渐进的过程，激进的扶贫政策无益于从根本上化解贫困问题。

此外，在家庭积累有限和参与市场不足的背景下，当地的社会支持网络就变得尤为重要。实际上，当地农民家庭正是依赖于传统的社会支持网络完成基本的家庭再生产。这也是为什么直到现在为止，当地农民仍然非常重视村社内部关系网络的建构和维系。

论农民的家庭发展能力

　　近年来笔者在全国各地农村调研发现，不同地区农民的家庭发展能力呈现出较大的差异。从微观层面而言，个体性或偶发性的因素会影响家庭劳动力的配置，因此在每个村庄内部农民家庭发展能力都具有差异。而从宏观层面来看，某些区域的农村从整体来看家庭发展能力较强，而另一些地区从整体来看家庭发展能力则较弱。从区域差异的角度来看，同一地区农民的家庭发展能力具有很强的共性，而不同地区农民的家庭发展能力则具有较大的异质性。

　　家庭发展能力是衡量一个家庭发展的关键变量。它主要包括两个层次的内涵：其一，完成基本家庭再生产的能力，主要是指完成子代成家立业的任务；其二，实现家庭流动与发展的能力，如通过教育、城市化等方式实现家庭的流动。总体而言，影响农民家庭发展能力有两个维度：一是家庭经济资源的多少，这决定了家庭所具有的发展潜力；二是家庭资源如何配置，这决定了家庭的发展潜力能否真正转化为家庭发展能力。一定的经济资源是影响家庭发展能力的基础性要素，但并非有了经济资源，就一定可以实现家庭发展能力的提高。一定的经济资源只是表明这个家庭具有发展的潜力，发展潜力能否真正转化为家庭发展能力，还取决于如何使用家庭资源。那么，在此需要进一步厘清，影响农民家庭经济资源的要素有哪些，以及影响农民家庭资源配置状况的要素有哪些。具体来看，可以将影响农民家庭发展能力的要素提炼为三个变量，分别为："半工半耕"的强度、代际合力的强度以及家庭目标和家庭策略的不同，以下分别论述。

一

首先，"半工半耕"的强度，是决定家庭经济资源量的基础变量。在不同区域的农村，"半耕"与"半工"具有较大的差异，从而使得"半工半耕"的强度也不相同。

影响"半耕"的主要有两个要素：一是资源禀赋，二是人地关系。资源禀赋主要是指当地的自然资源条件，包括地形地貌、降雨量、气候等；人地关系主要是指人均耕地面积的多少。自然资源禀赋的好坏和人地关系的差异决定了农业剩余的多少，同时也决定了"半耕"在农民家庭收入中所占的比重。

影响"半工"的也主要有两个要素：一是市场机会，二是市场能力。从市场机会来看，当前我国已经形成全国统一的劳动力市场，该市场内部存在不均衡性和差异性，这种差异性主要体现在东部发达地区农村（包括中西部大城市近郊农村）和中西部一般农业型农村之间。东部发达地区农村以及中西部大城市近郊农村，由于其靠近市场的区位优势，市场机会更多，农民家庭劳动力几乎都可以进入市场，农民市场化程度更高。

相对而言，中西部一般农业型地区的市场机会有限，只有家庭内部的优质劳动力（主要是青年人）才能进入市场，中年人进入市场的机会相对较少，老年人更加缺乏机会。而市场能力主要是指农民把握市场机会的能力，具体表现为每年打工时间的长短。面临同样的市场机会，有的地区的农民把握市场的能力较强，每年打工的时间很长，而另一些地区的农民把握市场的能力较差，每年打工的时间相对较短。市场机会和市场能力决定了农民家庭嵌入市场的程度，同时也决定了"半工"收入在农民家庭收入中所占的比重。

其次，代际合力的强度决定了家庭劳动力能否得到最优配置，从而最大化地积累家庭资源。在打工经济背景下，当前我国大部分农民家庭都形成了以代际分工为基础的"半工半耕"的家计模式，但在不同地区的农村，代际合力的强度有较大差异。这里代际合力的强度，主要是指在子代结婚之后，父代是否要帮助子代带小孩，以及是否会在经济上继续支持子代家庭发展的目标。代际合力的强度与农民的人生任务以及村庄竞争的强度相关。一般而言，如果农民的人生任务比较重，且村庄竞争的压力较大，代际合力相对较强；反之，如果农民的人生任务较轻，且村庄竞争的压力不大，代际合力就相对较弱。

再次，家庭目标和家庭策略的不同影响了家庭资源如何使用。农民家庭在不同的家庭目标之下，会以不同的家庭策略来应对。根据在各地农村的调研情况，可以将农民的家庭目标分为三个层次。一是生活性目标。在此目标下，农民家庭主要注重当下的生活体验和生活享受，重消费而轻积累，家庭积累不多，且没有积累的动力。二是完成基本的家庭再生产。在此目标下，农民家庭主要注重人生任务的完成，其中为子代完婚是最重要的人生任务。三是实现家庭的流动与发展，这是农民家庭最高层次的目标，其中教育和城市化是两个关键变量，因而，在此目标下，农民家庭都非常重视教育，希望通过教育来实现家庭的真正流动。这三重目标构成农民家庭的目标层次，不同地区的农民，由于家庭性质、村庄性质等差异，其家庭目标有所不同，从而形成了不同的家庭资源配置方式，即家庭资源如何使用在不同地区存在较大差异。

综上所述，家庭发展能力是一个整体性的概念，涉及农民家庭整体的策略选择，而非单纯的个体行为，因此要从家庭（尤其是家庭性质）这一维度来对之进行剖析。"半工半耕"的强度、代际合力的强度以及家庭目标和策略，是影响农民家庭发展能力的三个关键变量。这三个变量之间也存在内部关联，其中，家庭目标最为核心，它在三个变量之间起到勾连和贯通的作用。实际上，家庭目标的不同，影响了农民进入市场的程度，从而塑造了强度不同的"半工半耕"的家计模式；也正是由于家庭目标的不同，代际之间的合作程度也有所不同，从而影响了家庭劳动力的配置状况；家庭目标的不同还影响了农民的家庭策略安排和生活态度，最终塑造出不同的家庭发展能力。

二

通过以上三个变量，可以具体分析各地农村农民的家庭发展能力，并在此基础上建立几种理想类型。

在湖北巴东、秭归农村以及川渝山区农村，农民的家庭发展能力很弱。

其一，"半工半耕"相对较弱。首先，这些地区自然条件较差，人均土地较少，农业剩余较少，因此，"半耕"在农民家庭收入中所占比重较小。其次，这些地区的"半工"也不强。虽然在农业剩余较少的背景下当地人外出务工开始的时间较早，但农民把握市场的能力较差，没有充分参与市场。最典型的表现就是这些地区的农民每年外出务工的时间相对较短，只要挣够了一年的基本生活费，就倾向于回村庄休闲娱乐。

其二，代际合力不强。这些地区都属于比较彻底的原子化地区，代际之间相对独立，代际责任不强，家庭关系相对松散。父代家庭和子代家庭都有自己的生活目标，都要为自己的核心家庭考虑，因此难以在代际之间形成劳动力的最优配置，从而不能最大化地扩大家庭资源。

其三，家庭目标是生活性和即时性的，农民重消费，轻积累，家庭积累能力较差。在这些地区，农民家庭的最大目标就是过好当下的生活，家庭日常消费较大，储蓄能力较弱。

总体来看，这些地区的家庭发展能力较弱。一方面，较弱的"半工半耕"和代际合力，使得农民家庭能够获得的经济资源有限，另一方面，其日常消费又比较大。因而，这些地区的农民家庭可能连最基本的家庭再生产的目标都难以实现，容易出现"光棍成窝"的现象。

华北农村的家庭发展能力较强。其一，华北农村的"半工半耕"较强。首先，当地的"半耕"不差。虽然在历史上华北地区多战乱灾荒，且人口较多，人地关系比较紧张，但相对于鄂西农村和川渝农村而言，华北农村人均土地相对较多，且地形平坦，方便耕作，因此当地的农业剩余相对较多。其次，华北农村的"半工"也较强。相对于鄂西农民而言，华北农民把握市场的能力更强，每年打工的时间更长，这与当地农民的人生任务较重和村庄竞争的压力较大有很大关联。其二，华北农村的代际合力较强。当地父代的人生任务相对较重，不仅要将子代抚育长大和帮助子代完婚，而且带孙代也是父代必须完成的刚性任务，此外在有劳动能力时还要不断支援子代家庭。因此，家庭劳动力得到充分动员，并且能够实现最优配置。其三，华北农民最主要的家庭目标是帮助子代完婚，顺利实现家庭再生产。

总体来看，华北农民的家庭发展能力处于中间水平，从"半工半耕"和代际合力的角度来看，当地农民家庭的经济资源并不缺乏，家庭积累普遍较多，具有很大的发展潜力。但是，其发展潜力并没有形成最强的发展能力，关键就在于家庭目标对家庭资源配置的影响。华北农民家庭最大的家庭目标就是完成传宗接代，因此把大量的资源用于帮助子代完婚，而没有将资源配置到诸如教育等其他方面。如此一来，虽然家庭经济资源较多，但由于没有达到最优配置，从而只能完成家庭再

　　　　　　　　　　　流变的家庭

生产的基本目标，难以实现家庭的流动和发展。

江汉平原农村农民的家庭发展能力很强。其一，当地的"半工半耕"很强。首先，从"半耕"的角度而言，江汉平原农村人均土地较多，且自然条件很好，农民除务农之外在村庄内部还有很多副业收入，农业剩余很多。其次，从"半工"的角度来看，当地农业剩余较多，因此农民外出务工开始的时间相对较晚，一直到2008年左右才开始大规模外出务工，但目前来看农民进入市场的程度较高。其二，代际合力较强。江汉平原农村虽然也属于原子化地区，但是父代对子代的代际责任仍然较为厚重，子代的婚姻、城市化等都需要父代的深度支持，因此代际之间形成了有效的分工，家庭合力很强。其三，家庭目标是实现子代家庭的城市化。江汉平原农村很重视子代的教育，很多家庭为了让子代接受更好的教育，都倾向于将其送到城镇上学，教育投入在家庭开支中占很大比重。相对于其余农村地区而言，当地农村确实有很多家庭通过子代教育实现了家庭的流动。

从"半工半耕"和代际合力的角度来看，江汉平原农村的家庭积累能力较强，经济资源较多，而家庭目标的发展性又使得资源配置更为合理，从而塑造了较强的发展能力，农民家庭能够实现真正的流动和发展。

东部发达地区农村以及大城市郊区农村，农民的家庭发展能力也很强。其一，市场机会多，农民家庭劳动力都能进入市场务工，家庭内部形成梯度就业结构。年轻的子代进入相对正规的行业务工，中老年父代则进入非正规的行业务工，代际之间形成正规就业与非正规就业的分工,家庭收入普遍较高。其二,代际合力较强。其三,家庭目标具有发展性,农民家庭也很重视教育,在子代教育上投入很多资源。因此,这些地区农民的家庭发展能力都很强,一般都能实现子代核心家庭的完全城市化。

在宗族性村庄,家庭发展能力普遍较弱。其一,"半工半耕"较弱。其二,代际合力不强。宗族性地区父代对子代的代际责任也相对有限,只限于将其养大,结婚更多是子代自己的责任,父代也会操心,但操心并不代表一定要亲力亲为。此外,宗族性村庄的父代在子代结婚之后不久就开始享受"退休"生活,可以理所当然让子代支付养老费,哪怕自己还有很强的劳动能力,因此在家庭内部很难形成较强的代际合力。其三,宗族性地区的家庭目标主要也是完成家庭再生产,农民家庭普遍不重视教育。

三

"半工半耕"的强度、代际合力的强度以及家庭目标和策略的不同是影响农民家庭发展能力的相对宏观变量,三者从整体上形塑了不同区域农民的家庭发展能力的强弱。此外,从微观角度而言,农民家庭发展能力还受到以下因素的影响。

一是家庭劳动力的数量和质量。当前我国已经形成全国统一的劳动力市场,但是由于区位条件的不同,不同区域的农村所面临的市场机会不一样。东部发达地区农村工业化程度较高，且由于大城市的辐射带动效应，市场机会很多，家庭劳动力都可以进入不同层级的市场体系。而中西部农村市场机会相对有限，一般只有青壮年劳动力能够进入市场，中老年人还是以在村务农为主。那么，同样是在市场机会不足的中西部农村，家庭劳动力数量和质量的不同就成为影响家庭发展能力的关键要素。

二是家庭所处的生命周期。每个家庭都会经历自身的形成、发展、高潮和衰落期，在家庭生命周期的不同阶段，家庭内部的资源、劳动力配置都不一样，从而也会影响家庭发展能力的不同。例如，在"上有老、下有小"的阶段，家庭内部主要的劳动力不能外出务工，这直接影响了家庭收入来源。而一旦度过这一阶段，年轻的劳动力成长起来之后，家庭又会经历新的发展阶段。

正是由于家庭在微观层面的差异，我们在每个村庄调研都会发现，一些家庭劳动力很多，且呈最优配置，其家庭收入相对较高，而另一些家庭由于各种偶发性因素导致家庭劳动力很少，因而容易陷入困境。

四

不同家庭类型所面临的问题不一样，进而对家庭关系的塑造和影响也不一样。

发展型家庭具有很强的家庭发展能力。其家庭劳动力最强，且处于最优配置的状态。这种类型的家庭不仅能完成基本的家庭再生产，而且还有可能实现家庭发展与流动的目标，例如完成城市化的目标。但是，这种家庭类型也面临一些问题。发展型家庭对家庭劳动力进行了最大程度的调动，家庭内所有的劳动力都要参与到家庭发展的目标之中，家庭发展与流动成为核心目标，其他目标都要为此让路。在此过程中，家庭内不具有劳动能力的老年人就很容易受到挤压和排斥，从而带来普遍的老年人危机。

维持型家庭的主要劳动力呈现出弱配置的特征，家庭劳动力没有得到充分的使用。家庭主要目标是维持家庭成员的日常生活，家庭积累不足，家庭发展能力较弱。这种家庭抗风险能力很弱，一旦面临突然的难题，很难应付，并且可能会导致家庭关系的不稳定和破裂。

救助型家庭属于村庄中的边缘家庭，这种家庭一般缺乏劳动力，或者是遭遇突然的天灾人祸，难以依靠自身维持生存，需要依靠政府暂时的或长期的救助。这种家庭在每个村庄都存在，但数量不多，一般占村庄总人口的1%～2%。

四

村庄中的家庭生活

家庭的低积累与高社会支持的应对机制
——兼论人情的内涵与功能

在贵州农村调研发现，当地农民对传统的社会支持体系非常依赖，血缘关系和地缘关系对他们而言都非常重要。当地在总体上属于原子化地区，血缘关系并不像宗族性村庄那样发达，但兄弟姐妹以及娘家人等近亲之间的关系非常紧密。

相比于血缘关系而言，当地的地缘关系更为发达，其以本寨子（小组）为核心并向周边寨子扩散和辐射，形成了庞大的地缘关系网络。当地农民发达的社会关系网络从其酒席规模就可以看出来，一般而言，酒席规模少则四五十桌，多则上百桌。当地的社会关系具有很强的建构性，原本并不认识的两个人，可以通过一次酒席而成为朋友，并持续性地进行人情往来。因此，发达的村庄社会支持网络与当地农民较低的家庭积累之间形成相互匹配的关系，在人生任务的重大节点以及日常生活之中，农民可以依赖于不同的关系网络，维持家庭再生产的顺利进行。

笔者将首先对贵州农民的社会支持网络进行系统分析，然后在此基础上讨论熟人社会中人情的内涵和功能。

一

　　以寨子为核心的地缘关系是贵州农民重要的支持网络，其主要功能在于实现仪式性和日常性的互助。地缘关系的互助主要体现在以下几个方面。

　　一是红白事等仪式性场合的互助。尤其是办白事时，需要很多人帮忙，因此地缘关系会以本寨子为核心向周边寨子扩散。当地是山区农村，山路崎岖，抬棺需要二三十个壮劳力，而当地的寨子一般只有二三十户，不能满足白事对人力的需求，因此，白事一般是临近的两个寨子合办。笔者调研的石阡县马村有八个村民小组，也就是八个寨子，六组和七组一直以来是一起办白事的，如果六组有人家里办白事，那么两组每一户都要出一个壮劳力来帮忙抬棺。此外，六组内部的人全部都要到主家去帮忙（如洗菜、待客等），七组的人不用全家都来帮忙，只需要每一户出一个壮劳力帮忙抬棺即可。小组内如果有人去世，在附近打工的都要回来。"如果不回来，人家要说。谁家都有老人，自己也怕，万一不回来，以后自己家老人去世，没人来帮忙。拿钱都请不到，真要拿钱请也丢脸，别人会说你这个人做人不好，为人很差，没人来帮忙。"白事相互帮忙的主要是临近的两个小组，但来吃酒席的范围就更大。如果是六组办事，六组的人全家都要去吃酒席，临近的三组、四组、五组、七组和八组也基本全部要来，但每家一般只来一个人。一组和二组离六组比较远，因此并不是整个小组都来，只是与主家有关系的人才来。此外，小组内外嫁的女儿家里办白

　　　　　　　　　　　　　　　流变的家庭

事，小组内每家也要派一个人去吃酒席，一般情况下是由外嫁女儿的兄弟带着小组的人一起去。

二是农业生产上的互助。当地农民在农业生产上也形成了完善的互助体系。在打工经济兴起之前，农民基本都在家务农，人均土地不多，由于地形的限制，农业生产基本靠肩挑人扛，直到现在机械化程度仍很低。当地主要种植水稻、玉米、红薯，其中水稻种植对劳动力的需求比较大。目前当地农民犁地主要用牛和小型的机械，插秧和收割还是依靠人工，部分农民使用小型打谷机。农业生产对劳动力的需求比较大，因此单家独户的农民无法独立完成。在此情况下，当地农民形成了相互换工的传统，一般是寨子内几户人联合，"今天给你家栽（秧），明天给我家栽（秧）"。

三是建房上的相互帮忙。在2000年以前，当地农民在建房上相互帮忙的情况比较普遍，不仅本寨子，连周边寨子的也会来帮忙。除一些技术工需要花钱请以外，其余小工基本都是靠寨子的村民和亲戚朋友帮忙完成。

在贵州农村，无论是仪式性人情上的互助，还是农业生产上以及建房上的互助，都主要是劳动力的互换和帮忙。地缘关系的就近性使得农民能够更及时、更方便地实现劳力互助，而亲戚相对来说离得比较远，不能保证农民在需要劳动力帮忙时及时在场。

二

与地缘关系的劳力互助相比，以近亲为核心的血缘关系的互助主要体现在资金方面。

首先，亲戚具有借贷上的优先性，农民在需要借钱时会优先考虑向亲戚借。当地农民在寨子内部也可以相互借钱，但数额一般都比较小（几百元），主要是用于日常生活的周转，而在一些人生任务的节点（如建房、结婚）需要借钱时，会优先考虑亲戚（主要是兄弟姐妹和娘家人）。当然，如果是借钱搞投资，向亲戚借的比较少，一般是向银行贷款。一方面，这是因为亲戚之间经济条件差别不是很大，一般没有大额资金可以外借；另一方面，投资有风险，因此亲戚在借钱时也会有所考虑。

其次，在人情礼金方面，亲戚一般都要给重礼，这也是亲戚之间相互帮忙的一种方式。当地地缘关系的礼金不是很高，一般是50元或100元。普通亲戚关系，通常送三五百元，近亲，则一般要送三五千元，条件好点的甚至要送上万元，即使条件再差，近亲之间也至少要送1000元。与高额的礼金相比，当地的酒席档次并不高，一桌酒席一般为100多元，加上烟酒不会超过200元，因此，在当地办酒席一定会大赚。实际上，对于当地农民而言，人情礼金具有"零存整取"的功能，自己在支付高额礼金的同时，也能预期到将来别人同样会给自己高额的礼金。例如，马村一组36岁的向国能2017年的人情消费大约为5万元，具体名目如下：姨妹（老婆的妹妹）结婚，给了1万元；姐夫的小儿子结婚，给了六七千元；姑姑过70岁生日，给了2000元；表姐（姨妈的女儿）建新房，给了2000元；两个好朋友的小孩摆满月酒，分别给了3000元；还有十几户普通亲戚家里办酒，每户大约给500元；此外就是寨子里的人情往来。

对于当地农民而言，近亲之间之所以要给重礼，主要是为了帮助主家，因为主家办大事（如建房、结婚等）需要花很多钱。在家庭积累有限的情况下，当地农民在办大事时一般都会欠债，亲戚之间多给一点，相当于帮助主家顺利渡过难关。那么，为什么寨子内部的人之间不送高额礼金？当地农民的解释是："寨子内的，我这次送的多，万一下次关系不好，你不送我，那我不就亏了？但亲戚一直都是亲戚。"实际上，这是由于地缘关系具有很强的建构性，关系易建构，也很容易破裂，相对而言，亲戚关系是更为固定的。因此，亲戚之间送高额礼金具有更强的可预期性，这一次送了高额礼金，能够预期到下一次自己家办事时别人也会送高额礼金。此外，亲戚之间如果礼送少了，也会影响主家的面子，"亲戚送礼如果送少了，别人会说你这个亲戚没钱，或者是与你关系不好"。

总体来看，当地农民对传统的社会关系网络很依赖，村社内部给农民提供了一套比较完善的互助体系，主要包括三种类型：换工体系、民间借贷体系、人情互助体系。血缘关系和地缘关系都在这套互助体系里发挥着作用，它们对当地农民都很重要，二者之间不能相互替代，而是相互补充，共同构成农民的社会支持网络。

三

那么，需要进一步追问的是，为何贵州农民对传统的社会关系网络如此依赖？

首先，这与当地的自然条件有关。当地属于山区农村，近几年随着国家扶贫资源进入，基础设施条件才得以改善，通村公路基本都是近几年才硬化的，以前只有土路，交通极为不方便。山区农村的农民对互助合作有着较高的需求，不管是农业生产方面，还是日常生活方面，依靠单家独户的力量在当地很难生存下去，因此他们一直以来就形成了互助合作的习惯。

其次，当地农民家庭积累能力和积累动力都不足，呈现出维持型家庭的特点，家庭抵御风险的能力很差，因此要依赖于传统的社会关系网络完成家庭的基本再生产。农民家庭在很多事情上都要依赖于血缘关系或是地缘关系的帮助，否则连家庭的正常运转可能都无法进行。实际上，当地农民家庭的低积累能力与村社内部的高社会支持网络之间形成一种相互匹配和相互强化的关系：一方面，农民家庭积累不足，决定了需要依赖于强大的社会支持网络；另一方面，当地农村完善的社会支持网络也进一步导致农民家庭没有积累的动力。

此外，当地农民进入市场的程度有限，还没有从市场中发展出一套可以完全替代传统社会支持网络的体系。并且当地农民外出买房的极少，他们的生活面向仍然是向内的，对村庄生活具有较为长远的预期，因而也难以退出传统的社会关系网络。正是基于此，即使当地的人情负担比较重，他们也仍然要继续维系。2014年左右，当地政府规定除红白事之外，其余事情都不能办酒席。但政府的禁令也没用，农民继续悄悄办酒席。为了不显得张扬，很多农民改为到乡镇的饭店办酒席，部分甚至分批请客，更有甚者，酒席就只是吃一碗粉。即使如此，大家仍然要去，正如一位农民所言："不去，关系就断了。反正我欠他的人情，不管人家办啥酒，我都要去。"

<h1 style="text-align:center">四</h1>

实际上，换工、民间借贷、人情互助等都属于乡土社会中广义的人情。一般而言，人情具有两种功能：一是社会整合功能，二是社会保障功能（或称社会互助功能）。人情的社会整合功能是指，村社内部的农民通过熟人社会中的人情往来，实现社会秩序的维系和再生产，它强调的是农民在交往中建构社会秩序，达成公共规则，使生活在村庄内部的人有意义感和价值感。人情的社会保障功能则是指农民通过人情交往实现社会互助，使个体能够在熟人社会中获得有预期的回报，具有"零存整取"的功能。

在熟人社会中，人情的社会保障功能又可以分为两个层面。一是资金上的互助。例如，通过民间借贷和人情礼金都可以实现资金上的互助，集中力量办大事。笔者在调研中遇到一个很典型的案例：

饶登榜生于 1979 年，2016 年建房，总共花费 11 万元左右。他虽然从 14 岁开始在外务工，但家里基本没有积蓄，"在外打工挣的钱，都是用完了才回家。一个地方的活干完了，都要把钱用完了，才去找新的活"。在建房之前，饶登榜只有 1 万多元的积蓄，他用这笔钱购买了第一批建房材料，后期的建房资金来源如下：其一，获得政府危房改造资金 1.5 万元；其二，在建房过程中父亲去世，三兄弟共同办丧事，共同的亲戚和寨子的礼金作为公共经费，各自的亲戚和朋友则是单独收，饶登榜收了接近 3 万元的礼金；其三，建房立桩的时候办酒席，除去酒席开支，还赚了 4 万多元；其四，在信用社贷款 4 万元。饶登榜说："虽然这些人情以后都要还，但不是一下子还完，是慢慢地还，也没有太大的压力。"

二是人力资源上的互助。通过劳动力的互换，也可以实现"零存整取"的功能，能够保证在自己需要劳动力时，能获得及时的帮助。

人情的社会互助功能是熟人社会的基本特点之一，但在不同区域农村，其强弱程度不同。这种差异的关键在于，在传统社会支持网络之外，是否还有替代机制对个体及其家庭构成支持，也即，在不同区域农村，个体及其家庭获取资源支持的途径是否有所不同。这要回到对家庭、村庄和市场三者关系的理解，例如，华北农村和贵州农村的农民家庭获取资源支持的主要途径就存在较大差异。

在华北农村，农民主要是以家庭为基本单位，通过对家庭劳动力的充分整合和合理分工，尽可能从市场上获取更多的资源。由于当地农民家庭的自我整合能力很强，社会内部的资源整合和互助就没有那么发达。华北农民家庭强大的自我整合能力与以下几个要素相关。第一，从历史的维度来看，当地以自耕农为主，相对于华南农村的佃农而言，自耕农独立应对风险的能力更强。第二，从家庭的层面来看，华北农民面临完成人生任务的压力，他们不仅人生任务的链条很长，而且完成人生任务需要的成本很高，因此要对家庭成员进行高度动员和整合。第三，从村庄社会来看，华北的村庄内部一般是多个小亲族聚居在一起，农民以五服以内的小亲族为基本的认同单位，小亲族是一个功能性的互助单位，但主要限于红白事上的互助。而在小亲族内部以及小亲族之间都存在激烈的竞争，个体及其家庭在村庄内部能够获得的帮助有限，村庄内部的互助网络没有贵州农村那样发达，因此训练出家庭的高度自我整合能力。

与华北农村相比，贵州农村的农民家庭积累不足，家庭自我整合能力较弱，且进入市场的程度有限，从市场上获取资源的能力和动力不足。在此情况下，村社内部形成了一套完善的人力和资源的调节机制，农民家庭可以在村社内部获得较高的社会支持，从而维系其家庭的正常运转。

五

然而，随着打工经济的普遍兴起，外出务工的农民越来越多，市场力量逐渐进入村庄，对村社内部传统的人情互助网络产生了影响。村社内部的人情互助可以分为两种类型：一是公共性事务上的互助，如红白事；二是私人性事务上的互助，如农业生产或建房上的帮工与换工。打工经济兴起后，传统人情互助网络的一个明显变化是：村庄公共性事务上的互助仍然维系得比较好，农民即使在外务工，当村庄内有人办酒席（尤其是办白事时），他们都会尽量回村参与和帮忙；而私人性事务方面的互助体系则渐趋瓦解，例如，当前农民在农业生产上只有50%左右还能换工，另外50%则是出钱请人。具体而言，打工经济以及市场力量的进入对传统互助体系的影响主要体现在以下几个方面。

第一，打工经济带来农民的分化，人情互助体系的均衡性难以维系。人情互助体系维系的关键在于能够保持均衡，即在礼尚往来之中，每个人都有能够获得回报的预期，如此才能激励农民不断参与到这个互助体系之中。以换工体系为例，在打工经济兴起之前，当地农民基本都在家务农，农民家庭之间不仅在劳动力上基本匹配，而且在农业生产的轻重上也基本匹配，因此能够通过换工来相互合作完成农业生产。但是，打工经济兴起之后，农民不再是铁板一块的，其内部发生了分化，这主要表现在两个方面。一是农民需求的分化。打工经济的兴起使农民有了更多选择的机会，有的农民继续种田，有的则外出务工，有的种田少，有的种田多，因此很难再形成有效合作。二是农民家庭劳动力的分化。以前家庭劳动力都在村务农，现在有的家庭夫妻都外出务工，有的家庭男性外出务工，有的家庭女性外出务工，因此农民家庭在劳动力方面也出现了

流变的家庭

分化。农业生产上有男女分工，犁地、打谷等重体力活一般都是男性做，女性一般做的是体力较轻的活，如栽秧。当地农民一般是男工换男工，女工换女工，但在当前家庭劳动力不匹配的情况下，家庭之间在换工上也存在很多麻烦。例如，若只是女性在家，在犁地、打谷时需要男工，如果换工，自己又无法还工，因此一般就会选择出钱请工。正如当地一位农民所言："以前夫妻双方都在家，可以相互换，现在有的是女的在家，有的是男的在家。你要翻地，只能男的做，女的做不了。别人帮了你，你又还不了，就只能出钱请人翻地。"

第二，农民获取资源的途径增多，对原有互助体系的依赖度降低。以前农民主要以务农为主，家庭收入有限，因此要依赖于村社内部的人情互助网络来完成家庭的基本再生产。而打工经济兴起之后，农民有了更多可选择的机会，可以从市场上获取更多的资源。

第三，越来越多的农民外出务工，他们与外界的接触和交往也增多，不再是束缚于村庄内部的人，而是有了更多可选择的机会，因此村社内部交往的不确定性也在增强，这会进一步影响农民在村社内部的"关系投资"。

总体来看，虽然贵州农村的人情互助网络相比于别的地区而言更为发达，但在打工经济和市场机制的影响下，农民对村社内部的人情互助系统的依赖度降低。实际上，市场机制的进入在对村社内部传统的社会关系网络构成影响的同时，也会进一步对农民家庭构成影响。家庭、村庄和社会是影响和塑造农民生活秩序和生活逻辑的重要变量，正是这三者之间相互影响，共同塑造了农民的生活逻辑。

无压力社会与消遣式生活方式

在广东佛山南海区农村调研时，当地人的生活态度和生活方式给笔者留下了深刻的印象。他们呈现出一种慵懒的状态，怕吃苦，不愿劳动，只愿意做一些轻松的工作。尤其是当地的年轻人，他们缺乏一般年轻人所应该具有的朝气和奋斗的精神，沉浸在自己的舒适圈里不愿走出来。

在和当地一位27岁的年轻社工访谈时，她说她很不喜欢现在的工作，笔者顺势问她喜欢什么样的工作，她说"我喜欢不工作"。调研所在的鹤峰村有十几个三四十岁的男性，他们十几年不工作，整天到处晃悠，与朋友四处游玩，当问及其中一位为何不去工作时，他说"没有找到合适的"。他所谓的"合适"就是既轻松，又钱多，但这些人一般学历都不高，且没什么特殊的技能，因而显然无法找到令自己满意的工作。但即使是这些十几年不工作的人，他们也没感觉到有什么压力，并且认为现在这样过得挺好。

总体来看，当地呈现出"无压力社会"的特点，农民在生活中没有压力感，不仅个人和家庭无压力，且村庄社会也无压力。从家庭层面来看，首先，当地农村的代际责任有限，并且由于当地经济发达，处于全国性婚姻市场中的优势地位，因

　　　　　　　　　　　　　　流变的家庭

此父代完成人生任务相对容易。在子代结婚之后，父代的人生任务就基本完成，子代结婚之后如果继续和父代生活在一起，一般要向父代缴纳生活费。其次，当地农民的家庭目标是过好当下的生活，没有高位目标。例如，他们没有城市化的压力，因为当地的农村基本被纳入城市统一发展的轨道，农村的基本公共服务和生活环境与城市差别不大，很多农民更愿意生活在农村，能在外面买房的都是当地非常有钱的人。此外，在村庄社会层面，农民也没有感受到竞争的压力。因此，"无压力社会"是理解当地农村的一个关键词。

那么，需要进一步追问的是，珠三角农村处于我国经济发展的先锋地带，在这样一个经济快速发展的现代化区域，为何市场的压力没有进入当地村庄社会以及农民的家庭？无压力的生活又给农民个体及其家庭带来哪些影响？

一

实际上，在广东佛山以及整个珠三角地区，市场力量并非完全被阻隔在村庄之外，当地农民也在与市场发生互动。但是，他们并不是以劳动力要素的形式参与市场，而是通过所处的市场区位来获得资源优势，这种优势主要表现为地租经济。因此，市场在当地农村主要表现为"资源润滑"的作用，市场压力性的一面没有进入农民家庭及村庄社会，当地农民没有真正参与市场，自然难以感受到压力。那么，市场力量在当地是如何被村庄力量所驯服的？或者说，村庄如何消解市场压力性及分化性的一面？

　　首先是当地所处的市场优势。这种市场优势主要是由其所处的区位优势带来的，体现在两个方面。其一，当地农民具有本地市场务工的优势。当地处于我国经济发展的核心地带，位于劳动力市场的中心，市场机会很多，只要愿意，家庭内所有的劳动力都能进入市场，从而形成"个人收入不高、家庭收入不低"的家庭收入结构。其二，由经济发展带来的完善的社会福利体系，为当地人提供了较为稳定的保障。可见，当地所处的市场优势使得农民可以不那么辛苦就过上比较轻松、舒适和自由的生活。

　　其次，地租经济给当地农民提供了足够的安全感和退路。土地租金收入弱化了农民进入市场的动力，将他们从激烈的市场竞争中拉回来。当地几乎每个村都有地租经济，只是多少不一。地租经济包括两个方面，一是土地分红，二是住房出租。以笔者调研的南海区鹤峰村为例，该村的土地分红是以生产队为单位，平均每人每年两三千元，多的生产队每人每年能分到七八千元。虽然以现在的经济水平来看，每人每年几千元的分红收入不算太高，但当地从20世纪90年代就开始有土地分红，当时一个人一年分几千元是相当高的，远远高于外地农民工打工的收入。从90年代开始，当地农民就尝到了地租经济的甜头，个人只要有土地，就可以获得土地分红，无须自己付出额外的劳动。同时也在此过程中逐渐形成土地食利者的心态，这种心态致使当地农民在市场中失去了斗志。因为有了地租经济，个体无须在市场上奋力拼搏，也能过上比较好的生活，从而消解了当地人参与市场奋斗的动力。

此外，有宗族底色的村庄，对村庄内的农民具有一定的保护性色彩，而且抵制了市场带来的分化力量在村庄社会中的凸显。从村庄社会结构来看，珠三角农村属于宗族性村庄，虽然当地的宗族色彩在市场力量的冲击下已经极为淡化，但村庄仍然还残留一些底色。例如，当地村庄内部仍然具有较强的抑制分化和竞争的力量，经济条件不是村庄社会对人的唯一评价标准，有钱人还要热衷于村庄公益事业，才是有面子的。残留的宗族底色抑制了村庄内部竞争、攀比和分化的力量，从而也在很大程度上弱化了农民参与市场的动力。

虽然珠三角农村具有本地市场务工的优势，市场机会很多，但是地租经济以及宗族的保护使得当地农民并没有将得天独厚的市场优势牢牢把握，反而消解了其参与市场的动力，并弱化了其市场能力。

二

因为感受不到压力，所以当地农民的生活具有浓厚的消遣性特征。消遣强调的是对时间本身的消费，因此一定要有闲，这也是当地农民不愿意干苦活、累活，而更愿意干轻松活的原因。当地农民生活的消遣性不是集中于某一部分群体，而是一种普遍性现象。例如，不管家庭条件如何，他们每年基本都要出去旅游好几次，家庭条件好一点的外出旅游的频次高，且去的地方远，家庭条件差一些的去的频次少，地方近。又如，当地的老年人以及部分中年人每天早上都要去喝早茶，一般六点多出门，在茶餐厅吃一两个小时，九点左右回家。其实早茶不算贵，一般一个人的花费为二三十元，他们更为看重的是这样一种悠闲的生活方式。

消费和消遣具有本质的不同。消费是嵌入生产之中的，消费社会建立在劳动力高度市场化的基础之上。由于劳动力素质本身的差异，其在参与市场之后会形成经济的分化以及社会的分层，这种分化通过消费竞争表现出来。因此，消费在本质上是对自身所具有的生产能力以及由之带来的积累能力的表达。在这个意义上，在熟人社会中的消费行为不是个体性的，必然要突破个体的层次，嵌入村庄社会内部，并且通过消费的层次来彰显自己的经济实力，以获得在熟人社会中的面子和权威。另一方面，由消费带来的压力也会经由村庄社会传导至家庭内部，激发个体更加努力去奋斗，从而进一步刺激了家庭生产性和积累性的一面。因而，消费和生产之间构成了一个内部循环系统。

而消遣在本质上是与生产脱节的。珠三角地区的农民进入市场的程度不深，参与市场动力不足，因此，他们对市场中生产性的一面不那么敏感，也并不关注自己在市场中的层级以及地位。他们更加注重消费行为本身，尤其是对时间本身的消费，其生活方式具有浓厚的消遣性。消费与消遣的不同还在于，消费具有很强的竞争性，并且可以通过这种竞争性激发个体更加努力奋斗和拼搏。但消遣不具有竞争性，而是具有个体性和表达性的特点，不注重与别人的比较，而更加注重在消遣过程中的个人体验和感受，消遣的过程成为个人品位和主体体验的一种表达。

消费在本质上是短缺经济的产物，因为短缺，所以要生产，要将自身劳动力市场化，通过进入市场获取资源，然后又通过消费行为彰显自己的资源获取能力。并且，为了要维持自己的消费水平，就需要不断进入市场，因此在"短缺—生产—消费—短缺—生产"之间就构成了一个不断强化的循环系统，这自然也是一个不断产生压力和传递压力的循环系统。这种压力会突破个体的层次，蔓延至农民家庭以及村庄社会之中，并制造出紧张和竞争的氛围，刺激个体不断进入市场获取资源。而消遣在本质上是丰裕经济的产物，消遣的主体以一个有闲阶级的身份呈现。所以，消遣的方式恰恰是背离生产的逻辑的，这与消费的导向不同。消遣类似于贵族式的生活方式，但很显然，珠三角的农民还没有达到成为贵族的经济水平，他们却过起了贵族式的消遣生活，这种生活方式在根本上是由"无压力社会"所塑造出来的。

这种无压力和消遣式的生活方式虽然让珠三角的农民在当下过得很幸福，却使其丧失了在市场中奋斗的动力，最终弱化了其市场能力。从长远来看，这将给珠三角农民及其家庭带来很不利的影响。

三

表面看来，珠三角的农民具有明显的市场优势，实际上，他们已经远离了市场，或者说，从来都没有以劳动者的姿态真正进入市场。他们只是安于享受市场区位带来的地租经济，而不是依靠个人在市场中拼搏去获取资源。从其职业选择来看，他们都倾向于选择轻松、有闲的工作，不愿意干苦活、累活。少部分学历较高的年轻人自然可以很容易在当地一些大型企业工作，成为真正意义上的白领。而大部分人学历并不是很高，当地所谓的大学生大多只有大专学历，并非从名牌大学毕业。但不管学历高低，当地年轻人都愿意选择轻松的工作，如办公室文员、政府聘员等，他们喜欢坐办公室，喜欢有空调的工作环境，这些岗位的工资其实并不高，一般每月两三千元，实际上是"伪白领"。他们并不在乎工资多少，在乎的是有闲和自由，只有成为"伪白领"，才有足够的时间来消遣。

消遣式的生活态度和生活方式进一步弱化了当地农民参与市场的动力和市场能力，他们沉浸于自己的舒适圈，被"温水煮青蛙"般消磨了斗志。

　　　　　　　　　　　　　　流变的家庭

家庭发展压力与村庄公共性的缺失

——兼论"负担不重的人"的区域差异

笔者在河南驻马店农村调研发现，当地村庄的公共性比较缺乏。一般而言，村庄公共性包含两个维度：一是治理层面的公共性，二是社会层面的公共性。驻马店农村这两个层面的公共性都很缺乏，并且，根据笔者在华北其余农村的调研经验来看，这一现象在华北农村具有普遍性。

治理层面的公共性缺乏表现为，农民对村庄治理不关心。例如，村民并不关心谁当村干部，村庄公共品供给较少，且公共品落地过程中往往会遭遇"钉子户"的难题。社会层面的公共性主要是指农民在村庄熟人社会中公共生活的丰富度和相互交往的密度与程度。在传统社会中，人与人之间相互交往的密度和程度较高，日常生活中的相互帮工、红白喜事上的礼尚往来以及日常的相互串门等，都成为建构村庄公共性的关键要素。而在当前的华北农村，村民之间相互交往的密度明显减少，社会层面公共性的缺失主要体现在两个方面。一是时间上的压缩，即农民用在熟人社会相互交往上的时间明显较少。例如，相互帮工的现象越来越少，帮工最多只局限于近亲之间；

村民相互串门的现象也越来越少。农民都不愿意掺和别人的事情，每个人只想把自己的日子过好。二是经济上的压缩，即农民在建构村庄公共性方面所投入的经济越来越少。这方面最典型的是村庄内部的人情圈越来越窄，人情范围逐渐收缩至近亲和关系好的人之间。例如，在笔者调研的河南安阳农村，20世纪八九十年代时，小组仍然是一个基本的人情范围，红白事属于小组内部的公共事件，谁家办红白事，小组内部的人都要参加，并且要相互帮忙。而从2000年以来，尤其是近几年，红白事不再是小组内部的公共事件，只有亲戚和关系好的人才相互走人情。对于这个变化，当地农民给予了最直接的解释，就是"为了省钱，给儿子娶媳妇"。可见，村庄公共性的强弱与家庭发展之间存在某种关联。

一

实际上，村庄公共性不是自然而然就存在的，而是被建构出来的。从理想类型来看，中老年人是建构村庄公共性的主要力量，这是因为他们基本都已经完成了自己的人生任务，可以从家庭生活中解放出来，参与到村庄公共生活之中。对于中国人而言，自我实现的过程包含本体性价值、社会性价值和基础性价值三者的共同实现，但三者的实现过程会存在先后之别。首先，本体性价值的实现是首位的，个体只有完成了传宗接代的人生任务，才能获得本体性价值的实现和满足，进而参与到社会性价值和基础性价值的实现过程之中。其次，通过熟人社

　　　　　　　　　　　　　　　流变的家庭

会中的相互往来以及参与村庄公共事件来建构自己在熟人社会中的威望，成为建构村庄公共性的主导力量，并进而获得社会性价值的满足。

在当前的华北农村，中老年人并不能从家庭生活中解放出来，因而不能作为建构村庄公共性的主导力量而发挥作用。这主要源于华北农村的家庭在现代化背景下面临巨大的压力，这种压力使得农民将所有的时间、精力和资源都高度集中在家庭发展上，从而没有余力去参与村庄公共性的建构。

具体而言，华北农村的农民家庭在当前主要面临两大压力。其一，家庭再生产与家庭发展的压力，这最为典型地表现在子代的婚姻上。在婚姻市场结构性失衡的背景下，男性的婚姻成本和结婚难度都不断提高，往往需要集聚家庭所有的资源才可能顺利帮子代完婚，完成家庭的再生产。子代结婚往往倾尽了父代毕生的积累，很多家庭甚至要通过借债的方式才能帮儿子完婚，因此父代还要面临还债的任务。对于父代而言，他们不仅要支付高额的彩礼和其余婚姻成本，之后还要承担照顾孙代、自养和不断资助子代家庭的责任。因此，父代的人生任务链条不断延长，"生命不息，奋斗不止""死奔一辈子"成为华北农村父代的真实生活写照，只要还有一定的劳动能力，就要不断劳动。笔者在调研中了解到，当地很多父母都要打工到60多岁，一直到别人不愿雇用为止。其二，激烈的村庄竞争的压力，这需要耗费很多家庭资源。当然，传统时期，华北农民家庭同样面临家庭发展和村庄竞争的压力，只是当时的压力相对较小，并且是可控的。

农民从村庄社会逐渐退回家庭领域，使得村庄公共性愈趋弱化。农民的这种退回，并不是源于阎云翔所说的"私人生活的变革"，也不是个人主义（或个体主义）的结果，而是在快速变迁的转型社会中，在现代化带来的家庭发展压力之下的一种策略，农民家庭必须要不断积累资源，才可能顺利实现家庭再生产。因此，从村庄的"公"领域退回到个体及其家庭的"私"领域，与其说是农民变得自私了，倒不如说是其在面对现代化压力之下所做出的一种积极调试。

二

贺雪峰教授曾提出"负担不重的人"这一概念，并指出这批人在建构村庄公共性和村庄治理方面发挥了重要的作用。"负担不重的人"，是指那些已经完成自己的人生任务、没什么压力、有一定能力，并且在村庄中有一定威望的人。这些人的年龄一般是五六十岁，他们对村庄公共事务往往充满热情，是村庄内部重要的社会力量，如果能够调动这批人的力量，将对村庄治理有巨大的作用。例如，湖北省秭归县的"幸福村落建设"之所以取得很好的成效，其核心就在于通过"两长八员"的制度设置，将村庄内部"负担不重的人"充分调动起来，给予他们理事长、党小组长、调解员、监督员、宣传员、管护员、帮扶员、环卫员、张罗员、经济员等职务，从而使他们成为村庄治理中重要的社会力量。

然而，"负担不重的人"也具有一定的区域差异，村庄中能否产生"负担不重的人"以及这批人能否在村庄中发挥积极作用，与各地农村的家庭性质，尤其是代际关系性质有很大关联。以下将分别对宗族性村庄、原子化村庄和小亲族村庄中"负担不重的人"进行分析。

在宗族性村庄，"负担不重的人"最多，也最容易在村庄中发挥积极作用。这与以下两个因素相关。首先，宗族性村庄父代的人生任务相对有限。父代对子代结婚有一定责任，但只消尽力即可。子代结婚之后，父代可以坦然地退出家庭主要的生产领域，理所当然地由子代养老，因而父代可以在50岁左右"退休"。当然，宗族性村庄中也有一些五六十岁的父母仍在继续劳作，但很重要一点在于，他们具有选择权，可以选择继续劳动，也可以选择"退休"，而其余农村的父母则不具有这种选择权。因此，宗族性村庄的中老年人有足够的时间和精力参与到村庄公共生活之中。其次，宗族性村庄的公共性本来就很强。宗族作为一个"大公"，可以介入个体及其家庭的各种私领域，家庭纠纷、邻里矛盾、祠堂修缮、祭祀等事务，都是村庄内部的公共事件。因此，这些负担不重的中老年人在村庄中有很大的发挥空间。

在原子化地区的村庄，"负担不重的人"也很多，因为原子化地区的代际关系呈现出"低度均衡"的特征，父代对子代的代际责任是有限的，因而中老年人很容易从家庭生活中脱离出来。但是，原子化地区"负担不重的人"能否积极参与到村庄公共生活中则具有一定的不确定性，关键在于要充分发掘和调动他们的积极性，给予他们合适的平台。如湖北省秭归县的

"幸福村落建设"，以及荆门农村的老年人协会，都是通过充分调动村庄里中老年人的积极性而发展起来的。

在华北的小亲族农村，"负担不重的人"最少。在传宗接代的人生任务和村庄竞争的压力之下，华北农村父代的人生任务最重，且现代化带来的家庭发展的压力进一步加重了其负担，不仅中年人，连有劳动能力的老年人也要加入"奋斗至死"的浪潮中来，从而没有时间和精力参与村庄公共性的建构。

熟人社会关系的性质及其变迁

中国传统的村落社会是一个熟人社会。

熟人社会具有两个重要特点：一是大家彼此熟悉，这种熟悉是建立在日常长期互动的基础之上；二是大家彼此信任。传统的熟人社会是一个相对稳定的社会，农民生于斯，长于斯，死于斯，世世代代生活在这个地方，彼此知道对方及其家庭的底细，交往成本很低，因而在交往中追求的是长期性的平衡机制，而非一次性、短期性的对等交换。

但是，从大集体时期以来，经历了分田到户以及打工经济普遍兴起的时代，熟人社会关系也逐渐发生变化。以下将分别探讨大集体时期、分田到户初期以及2000年打工经济普遍兴起以来熟人社会关系的变化及特点，并在此基础上讨论熟人社会关系的性质。

一

2018年笔者在黄冈樊家楼村调研，该村一位村干部对村庄内部农民之间的关系变迁有深刻感受。这位村干部生于1943年，从1975年开始在村里当赤脚医生，1984年开始当村干部，他对熟人社会关系的变迁具有敏锐的感知：

> 大集体时期，矛盾多，因为工分不一样，心里不舒
> 服。那个时候插秧割谷由几户人包工，做的事情一样，工
> 分不一样，就觉得不公平。每个村吵嘴的都多，吵归吵，
> 就算心里有意见，该帮忙的时候大家还是会帮忙。
>
> 分田到户之后，自己种自己的田，邻里关系比之前
> 好多了。吵嘴的也还是多，但是没有大集体时期多，互助
> 精神最高。我觉得这是因为放开后，人的思想舒畅了，精
> 神解放了。大集体对人有束缚，一年到头没有休息的时
> 候，相当紧张，白天劳动，晚上开会，农忙的时候，白天
> 做，晚上也要做，早上四五点就要起来。20世纪80年代
> 时，（村民之间）关系相当融洽、淳朴，人与人之间是一
> 种真诚的关系，我觉得那个时候人与人的关系是最理想的
> 状态。大家都相互帮忙，不要钱的。
>
> 现在人与人之间是一种金钱关系，大家关系看起来都
> 很和睦，没有吵嘴闹架的。但是和睦的背后，你有你的想
> 法，我有我的想法。你不触及我利益时，相安无事，触及
> 利益时，就互不相让。

从这位村干部的描述中可以看到，熟人社会关系在大集
体时期、分田到户初期以及2000年以来经历了很大的变化。其
中，前两个时期虽然熟人社会关系也发生了变化，但没有达到
质变，而2000年以来，随着打工经济的普遍兴起，熟人社会关

系性质发生了根本性变化。

在大集体时期，熟人社会是一种"紧张而亲密"的关系，一方面吵架的很多，另一方面该帮忙的还是要帮忙，互帮互助的情况很普遍，彼此依赖度很高。一个生产队的村民几乎从早到晚都要碰面，白天一起搞生产，晚上一起开会，在一起互助交流多了，冲突、矛盾自然也更容易滋生，因而农民之间相互吵嘴的很多。值得注意的是，这一时期，农民之间的争吵很多是由不公平感带来的，尤其是工分分得不公平。

从分田到户一直到20世纪90年代，熟人社会关系呈现出"轻松而紧密"的特点。这一时期的轻松是相对于大集体时期的紧张而言的，之所以轻松，主要是因为分田到户之后，各家各户自己搞生产，集体对个体及其家庭的束缚较少，个体感受到的压力较小，在心态上较为轻松。但实际上，农民之间相互争吵的也很多，并且，与大集体时期由于不公平感带来的争吵有所不同，这一时期的争吵更多是源于对资源的争夺。农民习惯于将分田到户称为"单干"，大集体时期所有的生产都是为了集体，由集体统一分配，农民很少关注个体小家庭的发展。分田到户之后，农民有了个体意识，开始关注于家庭的发展，因此展开了对各项资源的争夺。并且，这一时期外出打工的极少，每个人都要从村庄内部获取资源，邻里之间、兄弟之间很容易因为资源的争夺而发生争吵。但是，农民之间又彼此依赖，有很多事情依靠单家独户的力量是难以完成的，因而要相互帮忙、相互换工，如农业生产上、建房上、红白事上，大家都会积极主动去帮助别人，并且预期到自己需要帮助时别人也会同样给予帮助。熟人社会里的互助需求尤其多，因而上文提及的老干部认为这一时期人与人之间的关系达到了理想状态，是一种真诚的关系。

2000年以来，打工经济在各地农村普遍兴起，大量农村青壮年开始外出务工经商，农村社会发生了翻天覆地的变化，熟人社会关系也随之发生了根本性变化，呈现出"和睦而松散"的特点。在调研中，当问及村庄内部还有什么矛盾纠纷时，农民的普遍回答是"现在没什么矛盾纠纷"。可见，这一时期熟人社会关系首先表现出和睦的特点，和睦是相对于之前的争吵而言的，村庄内部较少矛盾纠纷，村民之间、邻里之间、家庭成员之间的矛盾冲突很少，大家表面上客客气气，但真正触及彼此的利益时，则互不相让。并且，熟人社会中相互帮忙的现象明显减少，那位老干部将之称为"金钱关系"。由此可见，和睦的背后实则是相互之间关系的疏离。

二

互助体系是理解熟人社会关系的一个重要维度。实际上，笔者近年来在全国各地农村调研发现，农村熟人社会互助体系在2000年以来普遍面临衰退和瓦解的趋势。以白事抬棺为例，白事在传统社会中是村庄内的公共事件（当前在一些农村仍然如此），因为每个人都会死亡，所以每个家庭都需要熟人社会的互助。村民小组往往就是一个办理白事的基本单位，谁家有人去世，小组内每家每户至少出一个人前去帮忙。其中，抬棺需要的人多（一般为16人），而且是体力活，因此更需要小组内部的互助。以前抬棺不要钱，但最近十几年，尽管抬棺者仍然是村庄内部的人，却开始要钱了。以笔者调研的樊家楼村为例，当地从2000年左右开始抬棺要钱，现在的标准是给每个抬棺者200元现金、一条烟（价值200元左右）、一条毛巾、一块香皂。如此一来，仅仅抬棺这一项，主家就需要花费七八千元。

熟人社会互助体系的瓦解主要源于打工经济兴起之后乡村社会的如下变化。第一，乡村社会由原来相对稳定的社会转变为流动社会。流动社会充满了不确定性，农民对村庄以及对村庄社会里的人都缺乏长远的预期。而熟人社会里的人情互助正是建立在双方都有稳定预期的基础之上，在"你来我往"中实现长期性的平衡。流动社会的不确定性导致人情互助中的"你来我往"很难长久维系，双方彼此都不确定，因此更愿意采取一次性的交易手段。第二，农民之间开始发生分化。以前大家都在村里务农，相互帮忙的机会成本很低。随着越来越多的人开始外出务工，每个家庭的劳动力配置各有不同，有的人常年外出务工，有的是短期外出务工，有的常年在家务农，此时，农民之间相互帮工的机会成本变高。第三，劳动力价值开始显化，变得可以衡量，这为即时性的交换提供了基础。此外，随着农民家庭的现金收入越来越多，农民有钱从市场上去寻找替代品，而非一定要依赖于熟人社会的互助。

三

之所以将乡村社会内部人与人之间的关系称为"熟人社会关系",不仅在于彼此熟悉,更根本的是在于彼此亲密,这种亲密是建立在双方都有情感投入的基础之上。有了情感投入,才会对对方的行为有所期待,才会产生爱恨情仇的纠葛,才会既有争吵,也有真心的互助。但不管是彼此争吵,抑或是彼此互助,双方在互动中都是真诚的。实际上,在大集体时期和分田到户初期,乡村熟人社会关系的本质并没有改变,人与人之间是一种真诚的、亲密的关系。

2000年以来,随着打工经济的普遍兴起,乡村熟人社会内部人与人之间仍然是熟悉的,毕竟大家在一起共同生活了几十年,有很多共同的经历,但彼此却并不亲密。村民之间的关系很和睦,但和睦的背后却有隔膜。这一时期熟人社会关系变化的本质在于,农民在交往中的情感投入越来越少,只要不涉及个人利益冲突,彼此都相安无事,而一旦涉及个人利益,则会针锋相对、互不相让。

流变的家庭

乡村公共空间的演化与农民闲暇

闲暇是农民生产生活中不可或缺的一部分，农民在生产生活之余，还有闲暇的需求。在从传统农业社会向现代工业社会转型的过程中，农民的闲暇也在发生变化，并且越来越成为一个问题。闲暇时间并不等于闲暇体验，因此，要深入乡村社会的场域和农民的生活逻辑中来理解农民的闲暇，以及他们如何安顿闲暇。

一

在打工经济兴起之前，乡村社会仍然是一个农业社会，农民主要从事农业和副业生产，家庭收入也主要来自农业和农村。在这一时期，农业机械化程度很低，务农主要依靠肩挑人扛，虽然农业生产具有很强的季节性特征，但此时主要依靠人力和畜力，因此农业生产的时间相对较长。并且，在完成主要的农业生产之后，农民还要从事副业生产，几乎天天都要干活。虽然干活的强度不一定很大，但农业和副业生产基本占据了大部分时间，因此，这一时期农民基本上没有专门的闲暇时间，但并不代表他们没有闲暇的需求和体验。

实际上，在传统的农业社会中，农民的闲暇嵌入日常生产生活之中。此时农民并不闲，但却并不影响他们获得闲暇的体验，他们可在田间地头、在日常的相互交流中体验闲暇。因此，在传统的农业社会中，农民的闲暇具有以下几个突出特点：其一，农民缺乏专门的闲暇时间，但依然能够获得闲暇的体验；其二，农民的闲暇嵌入日常生活之中，具有弥散性的特点，闲暇不是聚集于某个特定的空间或聚焦于特定的事件，而是弥散在日常生活的方方面面；其三，嵌入日常生活的闲暇能够产生公共性，因此，农民的闲暇不仅具有消遣性，而且闲暇的过程还具有价值生产能力。

总体来看，在传统的农业社会中，公共空间和私人空间是相互嵌入的，村庄公共生活与农民私人生活之间也是相互嵌入的。闲暇并没有从农民的日常生活中剥离出来，如此才能在闲暇的同时产生能够统摄个体之"私"的村庄公共性。在此意义上，闲暇并不仅仅是为了让农民消磨和打发时间，还能通过相互之间的交流产生村庄公共性。因此，闲暇在村庄社会和农民的生活中并不是孤立存在的，而是要以农民的生产生活为基础，如此一来，农民的闲暇才是有意义的。

二

然而，在现代化进程中，伴随着农业社会向工业社会的转型，乡村社会发生了翻天覆地的变化。农业机械化和现代化程度的提高，极大地压缩了农民用于农业生产的时间，进而释放

流变的家庭

出大量的空闲时间。此时部分农民会选择外出务工，但仍然有部分农民因为各种原因不能外出务工，他们有大量的时间需要在村庄社会中度过。

与传统农业社会相比，现代社会中农民的闲暇具有以下几个特点。第一，农业机械化的普及使得农民有了更多闲暇时间。第二，农民的闲暇逐渐从生产生活中抽离出来，日益聚集于特定的空间（比如小卖店）和聚焦于特定的事件，闲暇的娱乐性和消遣性色彩愈益浓厚，公共性日益萎缩。第三，在打工经济的影响之下，农民在打工过程中的闲暇主要受制于工业化生产逻辑的支配，缺少与村庄生活的关联和互动，具有很强的消费性。第四，现代社会中农民的闲暇时间和闲暇方式增多，闲暇体验却并非一定获得提升。

总体来看，在传统的农业社会中，闲暇嵌入日常生产生活之中，农民不需要通过一个特定的空间来获得闲暇。而在当前的农村社会中，闲暇逐渐从农民的生产生活中分离出来，由公共性向私人性转变，农民需要通过新的方式和载体获得闲暇，村庄内部也逐渐形成专门供农民享受闲暇的空间。笔者在东北农村调研发现，当地农民的闲暇时间主要在村里的小卖店度过，除此之外，就只能在家或与亲密的人进行一定的交流。当地的小卖店功能非常齐全，农民既可以在其中购买各种日用品，还可以在里面打牌、聊天、打台球等，对于当地农民而言，那是一个娱乐空间，没事就喜欢去小卖店看热闹。然而，小卖店这类公共空间并不能产生公共性。农民在小卖店里主要是为了休闲、娱乐、消磨时间，他们会高谈阔论，但谈的都是一些无关痛痒和不涉及价值评判的事情，比如农业种植、天气、小孩教育等，不会谈论别人的家事和私事。因此，当地村庄虽然有专门用于闲暇的公共空间，但是村庄内部并没有产生较强的公共性，这与传统社会中缺乏专门的公共空间，但村庄内部却具有较强的公共性之间构成鲜明的对比。

伴随着村庄公共空间的演化和农民闲暇的变化，如何安顿农民的闲暇成为一个重要问题。实际上，在不同区域农村，由于村庄社会结构和农民生活逻辑的差异，农民闲暇的方式和载体在当前也存在较大差异。

在宗族性村庄，村庄的结构性力量相对较强，且村庄内部仍然有很多公共事件和公共活动需要所有人参与其中，比如祭祖、修族谱、各种庆典活动等，这可以吸纳农民很大部分的闲暇时间。因此，在宗族性村庄，农民的闲暇生活仍然非常丰富，并且仍与其日常生活高度相关，对村庄公共性有促进作用。而在原子化地区，当闲暇的生产生活基础被抽离之后，闲暇生活日益遁入私人生活领域，农民要么是在私人的亲密小圈子中享受闲暇（如各种趣缘群体），要么是在类似于小卖店这种不能产生村庄公共性的公共空间中消磨时间。其中，同是原子化地区的川西平原和东北农村农民在闲暇上具有不同的特点。川西平原的农民在闲暇时爱好社会交往，而当地较为发达的基层市场体系使得农民的闲暇需求获得很大程度的满足，他们在集市和茶馆中获得闲暇的体验。可见，川西平原农民的闲暇具有很强的生活性，闲暇本来就是一种生活需求。在东北农村，丰厚的农业剩余使得在村的农民相对较多，他们具有交往

　　　　　　　　　　　流变的家庭

和娱乐的需求，从而孕育了小卖店这种专门消磨时间的公共空间，其闲暇具有更强的娱乐性和消遣性。

三

实际上，在现代社会中，农民不管是在城市务工，还是在农村务农，都面临如何安顿闲暇的问题。笔者以为，农民的闲暇在当前之所以会成为一个问题，关键在于他们的生产活动与日常生活相分离。

在农业社会中，农民的生产与生活高度嵌入，生产活动也是一种生活，在生产的同时获得了闲暇。并且，在农业社会中，农民更加具有主体性，在生产农产品的同时，也生产了生活的意义。而在工业社会中，农民工生产了产品，但产品的生产与生活意义的生产是分离的，他们在其中是处于相对被动的角色，是流水线的一员，主体性较弱。

农业劳动与工业劳动的本质差异在于，农业劳动是可以包容闲暇的，而工业劳动、工业流水线则需要高度规训，是排斥闲暇的。因此，在工业社会中，农民工需要通过别的方式来获得闲暇的体验，而消费往往就成为其释放闲暇的主要方式。并且，只有通过消费的过程，他们才能找到劳动的价值和意义。这成为现代社会孕育消费主义的主要动力。

值得注意的是，对于中国的农民工而言，他们在进城务工的过程中并没有完全被消费主义所裹挟。我们在调研农民工群体的过程中，可以清晰地看到他们自我成长和自我成熟的过程。结婚之前，年轻的农民工一般都是"月光族"，在工作之余吃喝玩乐，体验城市各种新奇的消费方式；而一旦结婚，尤其是有小孩之后，他们的消费观念就会发生很大改变，开始有攒钱的想法，并且尽量减少在城市中的开销，尽最大可能积攒资源。可以看到，正是因为有了家庭的责任和负担，有了家庭和村庄的支撑，中国的农民工在外出务工的过程中才没有被消费主义裹挟。

在当前的乡村建设中，如何安顿农民的闲暇，如何让农民获得有价值、有意义的闲暇体验，是一个具有重大现实意义的问题。

半公共空间与公私关系

　　在东北吉林省长春市干沟村调研时，35岁的妇女杨同敏给我们生动地讲述了她的姐妹群，这个姐妹群对杨同敏而言非常重要，是她在村子里最重要的交流空间。

一

　　杨同敏的姐妹群里有十几个人，都是本村的年轻媳妇，年纪二三十岁。她们组建了一个微信群，每天都在里面聊天，但极少相互串门。她们在微信群里主要聊两类事情：一是吃喝玩乐，比如买衣服、买化妆品等，她们会经常约着一起去县里的大商场逛街，每年还会有几次聚餐；二是小孩的教育。此外，如果哪位姐妹和丈夫吵架了，或者是丈夫有婚外情了，也会在群里和姐妹们交流。杨同敏说："我们几个关系很好，说完（夫妻关系）这些事大家也不会笑话，而且说好了不准到外面去说。"有趣的是，她们从来不聊村里别人家的事情，虽然没有明确的规定，但大家都很默契地谁也不会去提。杨同敏说，"这个群就是我们的私人空间"，她很珍惜它。
　　杨同敏给我们讲述了她一个姐妹的丈夫出轨的事情。这位姐妹30岁左右，有一个小孩，10岁。她花钱可舍得了，她老公这点上从来不管她，只要是她想买的，都买。前段时间，这位姐妹在她们的微信群里讲到丈夫出轨的事情。"她看到老公和别的女人视频，她一走过去，老公就把视频关了，而且她还知道老公给别人充话费。她说她看到了，但是不生气，还问我们：'我怎么就不生气呢？'我们都开玩笑说：'那是因为你傻呗。'她一开始想离婚，不是因为生气，而是因为各种乱七八糟的事情堆在一起了，就是想离。后来她公公婆婆（打工）回来了，回来骂他们的儿子。我们也劝她，毕竟孩子都10岁了，离婚对孩子不好。她老公后来也悔改了。现在她没再说这个事，感觉他俩挺好的。"

对于当地的婚外情和离婚现象，杨同敏说："每个队都有婚外情的，这手机可把人给整坏了。大家知道（婚外情）不会当面说，那是人家的私事，不当人面的时候，才会说，不过其实这些人也不在乎。有的（老婆）知道，但是不离婚，主要是为了孩子，等孩子结完婚，就可以离婚了。有的夫妻双方都有婚外情，你有，我也有，就是赌气。现在感觉风气太坏了，我都和老公说，要不我们搬走吧，这个地方太乱了。"

二

杨同敏的这个姐妹群是一个半公共空间，它介于私人空间和公共空间之间。在当地农村，还有很多类似于这样的半公共空间，比如爷们群。因此，可以将当地农民进行交流的平台和载体分为三种类型，分别为私人空间、公共空间和半公共空间。

　　私人空间主要包括家庭及其他私密关系，比如夫妻关系、兄弟关系、近亲关系等。私人空间是农民交流情感的重要空间，农民可以将最为私密的话在这个空间中表达出来。比如，当地农村离婚和婚外情的很多，大家从来不在公共场合中聊这些事情，一般只会在私人空间中进行交流。在私人空间中，相互之间最为信任，因此什么事情都可以交流。私人空间具有很强的封闭性，在其中传播的信息一般不会扩散至外部。

　　公共空间在当地主要是指小卖店，它是集购物、休闲、娱乐为一体的场所，在里面可以打牌、聊天、看电视、下棋、打台球等。最重要的是小卖店里一般都有暖气。东北农村的冬天漫长且寒冷，因此农民不可能在室外休闲娱乐，只能在室内。一些老年人没事就去小卖店唠嗑，这样既缓解了一个人在家的孤独，同时还节约了自己在家烧炕取暖的费用。一些店老板为了吸引顾客，还自己花钱在小卖店附近安装了简易的健身器材和儿童玩具。此外，种子店、农资店下乡推销一般也在小卖店进行。小卖店是村庄里最热闹的地方，农闲季节，里面至少有五六十人，农忙季节人稍微少一些。农民在小卖店里主要是聊农业生产、小孩教育等方面的问题，"涉及有争议的、得罪人的事情，都不会在小卖店讲"，比如离婚、婚外情等，"这种事情大家都知道，但不会在公开场合说，没有必要，犯不上得罪人"。可见，小卖店虽然为当地农民提供了一个非常重要的休闲娱乐的公共空间，但是农民在其中主要是消遣、娱乐，因此难以产生公共性。

半公共空间是指类似于杨同敏的姐妹群那样的交流空间，它实际上是一个趣缘群体，同时也是一个相对私密的交流空间。在半公共空间里，农民可以聊吃喝玩乐，可以聊自己家里的私事，一般不聊村里的公事或别人家里的事情。

当地的半公共空间具有如下几个特点。第一，对内开放，对外封闭。内部成员相互之间是比较亲密的，可以聊一些隐私的话题。第二，对公共空间的排斥与切割。当每个人都有自己的半公共空间，并且这些半公共空间还难以与村庄公共空间形成互通机制时，半公共空间的存在就会不断切割村庄的公共性。第三，一个人可以同时进入多个半公共空间，因此，不同的半公共空间仍然可以实现信息沟通和信息传播。但是由于缺乏一个公共场域对信息进行现场的讨论，因此信息和事件在传播过程中难以发酵，也难以形成对信息或事件的舆论评价。

这种类型的半公共空间在本质上仍然是"私"的，它是私人空间和私人事件的扩大化，但并没有从根本上突破"私"，也没有打破公私界限实现"公"与"私"之间的勾连，而只是构成农民的一个亲密小圈子，为其提供情感交流和情感慰藉。

三

实际上，不只在东北农村，我们在很多农村调研时都发现村庄里有这三种类型的交往空间。但在不同地区的村庄里，半公共空间的性质有所不同，其性质往往在很大程度上决定了私人空间与公共空间能否对接，即村庄的公私之间能否打通并实现相互沟通。

例如，在宗族性村庄，村庄社会关系基于血缘关系的亲疏远近形成差序格局的圈层结构，此时，一个房头下面的家庭是一个亲密的自己人单位，这个自己人单位对外是一个"大私"，而对内则是"小公"。这种自己人单位也可以看作是介于村庄整体的"公"与个体和家庭之"私"之间的半公共空间。由于房头也是被笼罩于统一的大宗族之下，因此宗族能够对各个房头进行统合。在此意义上，这种基于血缘结构形成的半公共空间既对个体具有保护性，同时也可以将"公"与"私"整合起来，从而产生公共性和公共秩序。

在地缘认同比较强的地方，比如川西平原，农民基于地缘认同形成了以小组为单位的半公共空间。当地的小组不仅是一个生活共同体，而且还是一个生产共同体，尤其是在水利上要通过小组合作完成，因此，这种类型的半公共空间也可以产生一定的公共性，从而对个体的行为有所约束。

在东部发达地区阶层分化比较严重的村庄，村庄内部根据经济能力的差异分为上层、中层和下层，并且在不同阶层之间形成了一定的区隔。其中，社会交往是区隔不同阶层的显著标志，不同阶层之间社会交往的方式、闲暇的方式有很大差异，因此在不同阶层内部形成了很多圈子。这种圈子也是一种半公共空间，其对于同一阶层具有较强的开放性，而对于异质阶层则具有封闭性，因此，在阶层分化背景下形成的半公共空间难以产生公共性。

可以说，半公共空间及其性质，是理解熟人社会公私关系的重要维度。

隐秘的公共性

——熟人社会的信息传播机制

在川西平原，小组是一个完全的熟人社会，内部成员之间在日常的生产、生活中互动频繁，因而其也是一个密切的人际交往单位。有关私人生活的信息在小组这个熟人社会中传播速度很快，私人生活能够进入公共生活的领域，并且还能在一定程度上反馈到相关个体那里，使其对自己的言行有所调整，从而形成"进入—发酵—反馈—调整"这样一个完整的信息传播链条。

一

川西平原的农民喜欢"耍"，喜欢"摆龙门阵"，喜欢串门，而聊天的内容不外乎就是家长里短的琐事，或者是与村民生活相关的其他信息。正是基于此，当地村民的私人生活与村庄公共生活的嵌入度很深。私人生活大体包括两个层面：其一是家庭生活，包括家庭关系、家庭矛盾等；其二是个体生活，主要指个体的感情生活。对于当地农民而言，有关家庭生活的几乎所有内容都可以进入到公共生活的视野之中，如婆媳矛盾、夫妻矛盾、兄弟矛盾等，村民之间都会相互评论。而有关个体情感生活的内容，在村民看来则是属于个人隐私，具有一定的私密性，因此，这些内容最多只能以一种更为隐蔽的方式进入到私密的小群体之中，而一般不会在村庄公共生活中被公开谈论。

私人生活之所以能够高度进入村庄公共生活，一方面与当地完整的核心家庭结构有关，另一方面也与当地农民的生活态度有关。川西平原的核心家庭具有完整性、独立性与主体性，在核心家庭与村庄之间，不存在一个二级结构，核心家庭是直接面向村庄开放的。每个核心家庭以及其中的每个成员，都能相对独立、自由地进入村庄公共生活。当地农民的生活态度是悠闲的、务实的，他们对于社会交往有着天然的强烈需求，而在相互交往、相互闲聊之中，有关私人生活的信息成了人们交流的焦点。然而，私人生活信息的进入并非以一种完全公开的方式，它并不是在众目睽睽之下被公开，而是通过村庄公共生活中的积极分子（当地人称之为"谄尖的人"）以个体对个体，或者个体对小群体的方式在村庄公共生活中传播。一般而言，中老年妇女是主要的积极分子，她们在村庄公共生活中占据着主导地位，有关小组内部的信息一般都是通过她们得以快速传播的。

二

私人生活的信息进入村庄公共生活之后，会经历一个由小组内部大部分成员共同参与的发酵过程，正是通过这一过程，小组内部的公共性得以形成和维系。

村民之间通过说闲话、"摆龙门阵"的方式，在你一言、我一语中形成了对某个人或某件事的看法，并且主导了小组内部大部分人对此事件和人的看法。小组内部在信息发酵的过程中能够产生社会舆论，形成大部分人所认同的规范或价值，从而使少数人边缘化，对他们造成舆论压力。而少数人为了能随大流，必须尽力调适自己的行为，从而成为"大流"中的一员。

<h2 align="center">三</h2>

信息的反馈是熟人社会信息传播机制中非常重要的一个环节，如果没有这一环节，信息传播过程就不完整。事实上，信息的反馈是通过一种更为隐蔽的方式，通过更为亲密的个体关系来实现的。正如川西平原的农民所言，"一个生产队，没有你'围'（得）完的人，也没有你'围'不到的人"，也即，在小组这个熟人社会之中，个体总会有几个关系要好的朋友，而他们会将听到的信息传达到相关个体那里。

实际上，在小组这个熟人社会内部，由于血缘、地缘、业缘、趣缘等关系，成员之间也有亲疏远近之分。小组虽是一个统一体，但在内部还是有多个小群体的存在，而熟人社会信息的有效反馈正是依赖于这些小群体。小组内部的小群体具有如下两个特征：其一，小群体之间是并存的关系，每个小群体之间是相对平等的，没有主次之分；其二，一个个体往往可以根据自身需要同时加入多个小群体之中，且这些小群体对个体而言都是并列、平等的关系。

川西平原小组内部的这一特征与其他结构性较强的村庄存在显著差异。在结构性较强的村庄，如宗族性村庄或小亲族村庄，由于先赋的血缘关系的影响，在宗族或者小亲族内部，具有很强的结构性，作为个体一般难以突破这种结构的限制。虽然个体也能通过自己的努力建构自己的关系圈，进入到村庄内部其余的小群体之中，但由结构所带来的先赋性群体（主要指血缘群体）往往在个体生活中占据主导地位。后天建构的交往群体是受限于先赋性群体的，也即，个体所在的各个群体之间是不平等的关系，因而不能在每个群体中采用同样的交往逻辑，也不能将在每个群体中所听到、了解到的信息自由、完全地传播到另一群体。例如，由于先赋性血缘结构的影响，个体很难会将在自己宗族这个群体中听到的信息传播到后天建构的其余交往圈之中，因为宗族内部本身就有相互保护的需求。因此，在结构性较强的村庄，熟人社会中的信息传播不能做到十分通畅。而在川西平原，个体可以自由参与小组内部的多个小群体，也可以相对自由地将所了解到的信息进行传播。

四

熟人社会之中，有关个体的评价最终会被传播到相关主体那里去。当个体听到别人对自己不好的评价时，一方面心里可能会很不高兴，这是人之常情；而另一方面，个体也会对自己的行为进行适当调适。事实上，当地人之所以愿意调整自己行为当中与小组内部公认的价值规范不相一致的部分，是因为他们很在乎别人对自己的评价。

村民之所以在乎别人对自己的评价，与两个因素相关。第一，小组内部在长期交往过程中形成了一些大家公认的规范或价值，即形成了一套小组内部的评价机制。如果个体的行为与之相违背，那么在小组或村庄里就会被边缘化。一般而言，小组内形成的规范或价值是指向个体生活的，是以生活为主要目标的。例如，在当地农民看来，一个人如果连家庭关系都处理不好，那么肯定也不懂为人处世之道，这样的人在村庄社会交往中是不受欢迎的。第二，当地农民有强烈的社会交往的需求，参与社会交往和村庄公共生活已经成为他们的一种本体性需求，因而，在当地的语境之中，在小组或村庄中被边缘化对其而言是很重的惩罚。正如当地农民所言："被孤立了，在农村就没有活头了，别人看到你就走了，大家都不理你。"正是基于此，他们会尽量调适自己的行为，以符合小组或村庄公认的价值规范，从而使自己在村庄公共生活中不被孤立与边缘化。

综上所述，可以看出，在小组这个熟人社会之中，形成了一套完整的信息传播机制，私人信息通过"进入—发酵—反馈—调整"这一过程，在私人生活与公共生活之间形成了一个良性循环。正是基于此，小组内部的公共性才能不断维系和发展。

村庄经济关联与村庄社会关联

——兼论东北农村的村庄公共性

笔者在东北农村调研发现，当地的村庄经济关联很强，但村庄社会关联较弱。

一

村庄经济关联主要是指在村庄社会内部农民之间以土地为基础建立起来的相互关联。因此，人地关系是影响村庄经济关联强弱的重要变量。一般而言，当农业剩余比较充足时，村庄经济关联比较强；当农业剩余比较稀少时，村庄经济关联就比较弱。

在大部分中西部农村，由于农业剩余有限，农民进入劳动力市场比较早，市场成为农民家庭再生产顺利展开的关键变量。农民的家庭再生产高度嵌入市场，村庄内部的经济机会有限，因此农民之间基于农业和副业生产而建立起来的经济关联逐渐弱化。但在东北农村，人地关系比较宽松，农业剩余比较丰厚，因此农民进入市场的时间晚，嵌入市场的程度也比较

流变的家庭

低，当地农民主要在农闲季节外出打零工，家庭收入的主要部分来自农业和农村。充足的农业剩余不仅抑制了市场力量对村庄经济要素的吸纳，比如对劳动力和村庄内部其余非正式经济机会的吸纳，而且培育和滋养了村庄社会内生的市场体系，从而在当地农村形成一个比较完整的小农经济系统，比如经纪人、农机手、小卖店店主等，村庄内部的获利机会相对较多，能够养活这批人。

宽松的人地关系和充足的农业剩余不仅使得东北农村有大量的农民仍然在村务农，而且形成了以普遍性的"中农"群体为基础的、内部相互依赖的经济系统，村庄社会内部的经济关联很强。当地的村庄经济关联具有如下几个特点。其一，具有较强的互惠性和互补性，而互嵌性较弱。比如，吉林省长春市干沟村有十个村民小组，每个小组里都有农机手、经纪人、小卖店店主，但是人数都不会太多。以农机手为例，一般一个村民小组有一两个农机手，村民在有需要的时候通常会优先使用小组内部的农机手，只有在小组内部人手不够或者时间上安排不过来时，才会到外面寻找，这样既能保证农机手的利润，同时也方便了其余农民使用机械。其二，村庄经济关联的竞争性较弱。其三，当地的村庄经济关联是个体与个体之间的关联，或者是基于特定事件形成的事件性和暂时性关联，缺乏形成统一经济关联的场域。

村庄社会关联主要是基于历史、地理、社会等因素而形成的农民之间的结构性关联，村庄社会关联能够产生更强的规范性，同时也能生产村庄价值。因此，在村庄社会关联比较强的地区，比如宗族性村庄和小亲族村庄，村庄内生的规范就比较强。村庄社会关联建立在人与人之间的关系相互嵌入的基础之上，因此，在村庄社会结构比较强的地区，村庄社会关联也会比较强。村庄社会关联和村庄经济关联的根本区别在于前者具有价值生产能力，而后者不具有价值生产能力。

笔者调研所在的干沟村，一方面，村庄内部的经济关联很强，大部分农民都要从村庄内部获取资源，在经济上高度相关，并且呈现出互惠性和互补性的特点；但另一方面，村庄社会关联比较弱，农民家庭的独立性比较高，村庄内生的价值生产能力比较弱，对个体的约束力不强。因此，当地村庄是一个经济共同体，而非经济社会共同体。在此基础上，可以进一步讨论村庄公共性的问题。

二

笔者在干沟村调研发现，当地的村庄公共性呈现出看似矛盾的特点。村庄在治理层面具有较强的公共性，表现为无论是村民还是村干部都很遵守基本规则，很少出现"钉子户"。在农业税费时期，当地就较少有故意不缴纳税费的"钉子户"。并且，干沟村各个村民小组一直以来都有出义务工的习惯，每年每个村民小组都要组织村民出义务工，主要是修整和打扫小组内部的街道和机耕道。出工多少是按照分地的面积来分配，一般由小组长组织，该村几乎从来没有出现过村民拒绝出义务工的情况。可见，在村庄治理的公共事件上，村民基本都能遵

　　　　　　　　　　　　　流变的家庭

守规则并达成合作。而在农民的日常生活层面，村庄公共性则相对较弱。当地农民嵌入村庄社会的程度不深，村庄社会关系比较淡薄，突出表现为他们不愿意管别人家里的闲事，甚至在村庄公共场合中也不愿意谈论别人的家事，比如当地离婚、婚外情等现象比较严重，大家都认为这是一种不好的风气，但是在公共场合谁也不愿意提及。那么，为何会形成这种看似矛盾的村庄公共性？

首先来看当地农村为何在治理层面具有较强的公共性，并能够形成公共秩序。这主要取决于人地关系这一变量。前文述及，当地人地关系比较宽松，农业剩余较多，因此农业和农村对于当地农民而言非常重要。一方面，农民家庭之间基于土地和农业具有相互合作的需求，村庄经济关联很强；另一方面，当地农民对于村庄生活仍然是有预期的，这种预期不是建立在结构性和价值性的基础之上，而是建立在农民对从村庄获取资源仍有所期待的基础之上，因此，当地农民的生活面向总体还是向内的，城市化率并不是很高。基于此，村庄内部仍然有一定的公共性，尤其是在涉及每个人利益的事情上，农民都会积极参与。但是，这种村庄公共性主要是基于具体事件和具体合作而形成的，是事件性的、流变的和不稳定的，难以形成累加效应，因事而起，事终而散。农民之间在相互合作的过程中形成的是一种事件共同体，而非社会共同体。

其次，再来看为何在农民的日常生活层面，当地村庄缺乏公共性，或者说，为何村庄的公共规则难以介入私人生活领域，"公"对"私"难以构成舆论压力。这要从当地村庄社会关系的特点说起。调研发现，当地村庄社会关系呈现出均质化、理性化等特点，农民在村庄社会关系中嵌入度较低，因此村庄社会在日常生活层面缺乏公共性。从村庄社会结构来看，东北农村属于原子化村庄，村庄结构性力量较弱，社会关系比较松散。从人地关系来看，当地农民家庭的农业剩余较多，农产品要大量进入市场，因此商品经济在东北农村发育较早，并在村庄社会内部形成理性的契约关系。从种植结构来看，当地村庄以种植玉米为主，其特点是农业生产环节比较简单，并且不需要水利灌溉，如此一来，农民家庭在农业生产上具有较高的独立性和自主性，相互之间依赖度降低。

总体来看，在东北农村，村庄社会缺乏形成村庄公共性的总体性场域。在具体事件中形成的公共性和公共秩序，是一种碎片化的"公"，只能局限在这个事件本身，难以辐射和转化到其他领域。因此，当地农村虽然在治理层面具有一定的公共性，但是其难以转化为生活层面的公共性，难以反馈到村庄的整体性秩序中。如此一来，我们就比较容易理解，为何当地农村在治理方面很有规则和秩序，但在农民的日常生活层面却出现了很多乱象。比如离婚和婚外情现象在当地非常普遍，其主要原因在于村庄舆论对这些婚姻失序现象缺乏干预的空间，因此当事人并不会觉得不好意思。而在一些公共性比较强的村庄，看似不相关的事件，都是相互牵连的，并且在不同事件中积累的公共性能够相互转化，并最终提升村庄整体的公共性。

　　　　　　　　　　　　　　　　　　　　流变的家庭

三

一般而言，原子化地区的村庄公共性都不是很强，这主要有两个方面的原因：一是原子化地区的村庄社会结构比较松散，村庄内缺乏统合性的结构性力量对个体行为进行约束，因此个体行为的随意性更强；二是因为原子化地区农民的生活面向主要是向外的，对村庄生活的预期不是很强，因此难以形成统合性的公共性。当然，原子化地区内部也存在不同的类型，调研发现，同是原子化地区的江汉平原、川西平原和东北农村，其在村庄公共性方面存在较大差异。

从村庄社会结构的角度而言，江汉平原、川西平原和东北农村都属于原子化农村，村庄历史比较短，血缘结构发育不足，没有形成类似于宗族或小亲族的结构，农民以核心家庭为基本的认同与行动单位。但是，由于人地关系、生活面向以及地缘关系的不同，这三个地区在村庄公共性方面呈现出较大差异。

从人地关系来看，江汉平原和东北农村的人地关系都相对宽松，人均土地和农业剩余较多，而川西平原的人地关系较为紧张，人均土地和农业剩余较少。然而，由于自然条件和地理条件的限制，比如经常面临洪水等自然灾害的侵袭，因此江汉平原的人均土地虽然比较多，其人地关系却是不稳定和流动的。在此背景下，村庄内部的利益边界比较模糊，农民经常会因为土地占用问题发生纠纷，每个人都想占有更多的土地资源。在没有血缘等结构性力量的背景下，个人有没有"狠气"

成为能否占据资源以及能占据多少资源的关键因素，因此江汉平原的农民在村庄生活中要"讲狠"，越是软弱的人越容易被欺负。基于此，江汉平原农村不仅血缘关系不发达，地缘关系也比较弱，农民之间不仅在生活层面难以形成公共性，在治理层面也难以形成公共秩序，村庄治理总是会面临各色各样的"钉子户"。从这三个地区的比较来看，江汉平原农村的村庄公共性是最弱的，农民的分散化和原子化程度最高，这进一步孕育了农民向外的生活面向。当地农民对村庄生活没有多少感情，大家都竞相走出村庄，到城市买房，能否走出村庄以及走出村庄的快慢在当地农村成为衡量一个人能力和面子的关键要素。

相对于江汉平原农村而言，东北农村的人地关系更为宽松，并且是高度稳定的。稳定的人地关系使得村庄内部的利益边界比较清晰，因而个体无须通过"狠气"来竞争和霸占村庄资源。在此背景下，当地农民在村庄公共事件中比较讲规则、讲原则，治理中较少出现"钉子户"。并且，农业收入是当地农民家庭收入的重要组成部分，因此，当地农民对于村庄生活仍然是有预期的，除年轻人以外，中年及以上的农民走出村庄的意愿并不强烈。基于厚重的经济关联，当地农民能够在村庄公共事件中达成合作。然而，由于种植结构、自然条件（以平原为主）、人地关系以及农业机械化等方面的原因，当地农民家庭在农业生产上的独立性很高，相互之间缺乏基于农业生产和土地关系而形成深度嵌入关系的基础，因此村庄社会关联比较弱，村庄社会关系呈现出均质化、理性化和契约性等特点，

　　　　　　　　　　　　　　流变的家庭

进而导致农民在日常生活层面缺乏形成公共性场域的基础。

川西平原的人地关系相对而言更为紧张，但是，当地农村的地缘关系比较发达。一方面，这与当地农民的生活方式有关，川西平原的农民好"耍"，他们具有强烈的社会交往的需求，村民小组构成当地农民重要的交往范围；另一方面，当地农民在农业生产上，尤其是在水利灌溉上具有相互合作的需求，小组一般也是农业生产合作与互助的基本单位。基于此，川西平原形成了以村民小组为基本单位的地缘共同体。当地农民非常重视小组这一地缘关系，因此他们会注重自己在村庄里的言行举止，如果违背了小组内部所公认的规则和道德底线，在村庄里会遭到孤立。对于当地农民而言，如果在村庄里都没有人愿意和自己交往，生活也就没多大意义了。因此，川西平原虽然是原子化农村，但村庄公共性仍然比较强。

村庄经济关联和村庄社会关联这两个概念分别从不同的角度深化了对村庄社会关系的理解，两者之间既有相通的地方，也存在很大差异。其中，是否具有价值生产能力以及能否产生村庄公共性是两者的本质差异。在此意义上，村庄公共性是一个非常复杂的变量，既受到村庄社会结构的影响，同时也与人地关系、种植结构、农民生活面向、农民生活方式等因素密切相关，因此要对之进行具体分析。

东北农村的社会关系

——从"借钱"和"人情"说起

在东北农村调研时，笔者发现当地村庄的社会关系很有意思。先从当地农民"借钱"和"走人情"这两个现象说起。

一

在吉林省长春市干沟村，当地农民借贷有两种方式，分别是借钱和抬钱。例如，干沟村72岁的李文杰有一个儿子，2015年建房，花费17万元，有7万元是向别人借的。其中，大女儿借了2万元，二女儿借了1万元，儿子的舅舅借了1万元，儿子的三姨借了1万元，屯里两户邻居各借了1万元。李文杰说，大女儿、二女儿、儿子的舅舅和三姨都不会催着还钱，也不用利息，什么时候有钱什么时候再还。而屯里这两户邻居的钱则需要一分五的利息，并且写了借款合同，约定是一年以内归还。这些钱都是以李文杰儿子的名义借的，如果以他本人的名义借钱，村里人是不会借的。"我这么一个老头，万一哪天死了，人家岂不亏了？"李文杰说。

借钱和抬钱的差异主要体现在以下几个方面：其一，对象不同，借钱的对象一般是亲戚和朋友，抬钱的对象一般是屯邻（即同一个村民小组的人）；其二，借钱一般不需要利息，而抬钱则需要一定的利息，甚至还高于银行的利息，当地一般为一分五，并且，即使对方不要利息，借钱的一方也要坚持给，因为"不想欠下人情"；其三，借钱没有还款的时间限制，而抬钱一般都要求一年内归还。亲戚和朋友之间相互借钱在我国农村是一个普遍现象。亲戚之间具有天然的血缘关系，具有相互帮扶的责任和义务；关系亲密的朋友不是亲人甚似亲人，因此也会经常相互帮忙。然而，村社内部熟人社会之间的关系，在不同区域农村具有较大的差异性。从借贷这一行为可以看出，东北农村的社会关系是相对理性的。

在大多数农村，熟人社会之间相互借钱遵循的是人情的逻辑，一般不会要利息，更不会明确规定还款的期限，村庄社会内部有一套长远的平衡机制。而在东北农村，熟人社会之间借钱不仅需要利息，而且还要规定明确的还款期限，并且，在村庄社会内部，一个人能不能借到钱的关键不是看他人缘的好坏，而是看他有没有还款的能力。在当地农村，一个没有还款能力的人，即使人缘再好，在村庄里也可能借不到钱。比如上文提到的李文杰，他在村子里算是比较有威望的人物，但是他已经70多岁高龄，显然还款能力比较弱，因此如果让他到村子里借钱，就不如他的儿子好借。可见，在东北农村，熟人社会中的借贷不是依循一种人情的逻辑，而是按照一种市场交易的逻辑，相互之间不会产生亏欠感，也不会因为借钱这一行为增进彼此之间的感情，难以形成人情的积累机制。

二

人情往来是体现熟人社会关系的又一重要变量，通过人情往来的特点，可以比较清晰地了解一个地区的社会关系特点。在干沟村，人情项目一般包括结婚、老人去世、小孩满月或周岁、买房或建房等。村民小组是一个基本的人情单位，小组内谁家办事，基本每家每户都会去。尤其是办白事时，"不用主人家来请，每家每户自觉过去，因为谁家都有老人"。小组内部通常给100元礼金，一般亲戚和朋友给300～500元，近亲之间给500～1000元。当地一般农民家庭一年的人情开支为1万元左右，部分亲戚较多或交往圈子较大的农民家庭人情开支更多。笔者在干沟村调研时，问到人情，每个受访者都觉得压力很大，但通过仔细计算当地农民的家庭收入（年均8万~10万元）以及人情开支（年均1万元），发现人情开支在家庭总收入中占比并不是很高，大部分家庭都能承受。很显然，当地农民所说的人情压力，并不是指经济上的压力，而是另有所指。

在大多数农村地区，人情是村庄社会内部（尤其是村民小组内部）的公共事件，具有较强的公共性。人情往来是社会关系维系和再生产的重要媒介和载体，其不仅能够满足农民互助的公共性需求，而且还具有价值性和仪式性。但在干沟村调研发现，当地村庄的人情往来更多是一种功能性需求，人情所承载的意义和价值很弱。由于对生活在村庄还有预期，在红白事

　　　　　　　　　　　　　　　　流变的家庭

（尤其是白事）上还有互助的需求，因此当地农民仍然要维系人情关系，并且在人情往来上要遵循基本的规则。然而，当地的人情呈现出"去公共性"的特征，即人情是村庄内的一个公共事件，但并不具有公共性。具体来看，东北农村的人情往来具有以下几个特征。

第一，人情的建构性。原子化地区的人情都具有很强的建构性特征，主要体现在两个方面：一是人情圈或人情范围的不稳定性，根据主家的社会关系网络以及当前的需求，其人情圈可以扩大或缩小；二是人情的进入和退出相对比较容易，当暂时不再需要这一层关系时，就可以退出相互之间的人情往来。

第二，人情的短期平衡机制。当地的人情呈现出及时清算和短期平衡的特征，人们相互之间没有亏欠感。当地农民会经常对自己在人情往来上的成本进行计算，能非常清晰地算出在人情上的盈亏。干沟村一位农民说："我算过了，要是三年不办一次酒席，我就亏了。"因此，当觉得自己最近几年送出去的人情礼金已经明显超过自己之前办酒席收的人情礼金时，大部分农民会选择办一次"无事酒"。当地办"无事酒"不需要什么理由，主人家一般会对客人说"请你来喝酒"。此时，客人就会明白是什么意思，一般也不会问是因为什么事情而喝酒，如果问了反而会导致主人家很尴尬。当地办"无事酒"不是为了敛财，而是为了收回礼金，是出于理性计算的逻辑。并且，办"无事酒"也是有潜在规则的，如果一个家庭确实多年没有办过酒席，为了收回礼金办一次"无事酒"，大家都能理解。然而，如果一个家庭经常办"无事酒"，农民就会很反感，此时，可以选择不去。当地虽然有办"无事酒"的情况，但并不会出现为了敛财而经常办酒导致人情异化的现象。

第三，人情的"去公共性"。在东北农村，人情是村庄内部的公共事件，谁家办酒席，一个小组的一般都会去参加。但是，当地的人情往来在本质上是"去公共性"的，人们参与人情往来只是因为预期到未来自己也会有这个需求。当地村庄虽然有人情，但并不是一个人情社会，在人情往来上农民可以相对理性地进行选择。并且，正是由于当地的人情具有"去公共性"的特征，因此，两家人即使在人情往来上已经断裂，却并不影响他们在其他事情上的相互交往或合作。正如干沟村一位村民所言："人情不来往，不代表事事不来往。"人情的"去公共性"使得其所承载的价值性较弱，因此，当地农民会对人情进行理性计算，当觉得自己在人情支出上比较亏时，就会有要摆脱的想法。

三

综上，从"借钱"和"走人情"这两个现象，可以看出东北农村的社会关系是低度关联的，村民之间相互嵌入度并不深。农民之间是一种事件性交往，但不同的事件之间并不能形成相互累加的效应。农民在村庄社会中的参与度不充分，如何参与村庄社会生活，以及在多大程度上参与村庄社会生活，都会因为具体的人和事的不同而有差异。因此，当地的村庄可以被视为一个聚合体，但并非一个共同体。干沟村一位60多岁的

　　　　　　　　　　　流变的家庭

村民对当地的社会关系有如下描述:

> 屯邻关系就是互相利用,互相不亏欠,谁也不欠谁,往来是往来,但是不存在你欠我、我欠你的情况。这种关系不稳定,心情不好了,就可能会淡了,你不和我处,我也不和你处。有利益就处,没利益就不处,看能不能占到(对方)便宜。

具体来看,东北农村的村庄社会关系呈现出以下几个特点。

第一,屯邻关系是一种交往性关系,关系的好坏关键在"处"。能不能相处以及相处的好坏,主要取决于相互之间是否有利益以及是否能够达到利益均衡,如果一方总是处于付出或吃亏的状态,这样的关系很快就会中断。当地村民之间的关系主要基于经济关联,追求互利共赢,最好的相处模式就是对大家都有利。因此,当地的村庄社会关系不是一种"亏欠"的逻辑,其相处的秘诀在于"相互有利益"以及"谁也不吃亏"。

第二,社会关系遵循的是即时性平衡机制,相互不亏欠。在社会交往上,当地农民都不愿意背人情债,谁也不愿意欠谁的人情。农民似乎并不想深度嵌入村庄,也不想与屯邻有过于密切和深入的交往,因此要对每一份关系进行及时清算。

第三,社会关系具有均质化的特点,差序格局不明显。除亲戚和朋友关系之外,屯邻关系都差不多,"不会与谁太好,也不会与谁太差"。

第四，这种社会关系具有不稳定性，进退自如。村民之间相互依赖度不高，他们对市场的依赖度甚至大于对村庄社会的依赖度，因此屯邻关系对当地农民而言不是必需的，"处得好就继续处，处不好就不处了"，比较随心所欲。

第五，这种社会关系在本质上是一种私人关系，难以产生公共性，因此也难以对个体行为产生约束力。

第六，当地社会关系的竞争性不强，农民不用通过援引各种规则、资源来建构自己的关系网络和交往圈子。

总体来看，当地的村庄社会关系不是由一连串的事件和交往构成的总体性社会关系，而是基于具体事件和具体对象形成的具体性社会关系。在总体性社会关系之下，农民对村庄社会的参与度很高，并且不同的社会关系和事件之间是相互嵌连的，从而将生活在村社内部的每个人都紧紧嵌连在一起。而在具体性社会关系之下，农民之间的关系是暂时性的以及私人性的，社会关联度较弱，从而在村社内部也难以产生对个体具有约束力的公共舆论。

四

那么，需要进一步探讨的是，为何东北农村的社会关系会呈现出以上特点。

首先，当地宽松的人地关系和充足的农业剩余，决定了农产品要大量进入市场，进而塑造了社会关系中的契约性特点。当地的经济与中西部大多数农村有很大不同，中西部大多数农村是自给自足的小农经济，农产品主要是用于家庭食用，进入市场的很少。而东北农村农业剩余很多，很大一部分的农产品要进入市场交换，因此，当地农民很早就开始与市场打交道，商品经济在本地农村发育较早。商品经济与自给自足的小农经济有很大不同，它依循市场交易的逻辑，交易双方是一种契约关系。

其次，当地农民家庭不仅人均土地较多，而且土地细碎化程度相对较低，这就使得农户之间较少因为土地而发生错综复杂的关系。在大多数农村地区，人均土地较少，且土地细碎化程度很高，农民之间基于土地利益和土地关系形成相互竞争、相互合作等关系，但不管是竞争还是合作，相互之间的嵌入程度很高。而在东北农村，农民家庭在农业生产上的独立性相对较高，因此相互之间的依赖度也比较低。

再次，从当地的种植结构来看，调研所在的干沟村以种植玉米为主，其生产环节比较简单，播种之后一般不需要怎么管理，并且玉米不需要水利灌溉，因此农户之间在农业生产上互助合作的需求比较低。实际上，即使是在东北的水稻种植区，因为水利灌溉比较方便，且水源充足，农户之间相互合作的需求也比较低。

此外，东北农村农业机械化程度很高，几乎所有的农业生产环节都可以实现机械化，这也进一步降低了农户之间在农业生产上互助合作的需求。

原子化地区人情的建构性

人情往来是维系熟人社会关系最为重要的方式。在熟人社会中，人情可以进一步区分为"日常性人情"和"仪式性人情"。所谓"日常性人情"是指，农民之间在日常生活中相互帮忙，共同渡过难关，如在农业生产上相互帮工。而"仪式性人情"则是指，在农民生命周期中的重大节点，如结婚、建房，通过办酒席等方式将亲友聚集起来，共同见证这一过程。亲朋好友通常会送上一定的礼金，既是为了相互帮助以度过人生的重大阶段，也是为了维系相互间的关系。不同地区的人情往来具有较大的差异性，总体而言，原子化地区人情的建构性较强，而宗族性地区和小亲族地区人情的规则性较强。本文主要分析原子化地区人情的建构性。

一

湖北巴东农村属于典型的原子化地区，代际关系比较理性，代际之间相对独立，在核心家庭之上没有一个结构性的认同与行动单位，农民在行为上相对比较理性，村庄舆论约束不强。在人情方面，巴东地区人情的建构性很强，规则性较弱，

流变的家庭

农民可以根据自身家庭的实际需求来建构自己的人情圈。实际上，几乎每个家庭当前人情圈的维系都是经过理性计算的结果。巴东农村人情的建构性主要体现在以下几个方面。

第一，人情圈的自由伸缩。巴东地区农民的人情圈范围很广，并且没有明确的边界，每个家庭都可以根据自己的需要建构新的人情圈，或者是退出原来的人情圈。不认识的人之间也可以通过"亲戚传亲戚"或者"朋友传朋友"的方式在人情往来上相互走动。笔者在调研中遇到一个很有意思的案例：一位40多岁的中年妇女，2016年女儿出嫁办了酒席，总共有十几桌客人，其中来了十几户是主家原来并不认识的人。这位妇女介绍："有十几户我都不认识，亲戚传亲戚就来了，比如我姐姐婆家的亲戚，就是听我姐姐说了之后来的。"可见，当地农民人情圈的自由伸缩度很大。

第二，人情可以清算，人情交往的进入与退出都比较容易。巴东农民经常说的一句话是，"人情还清了，就可以不走了"，在他们看来，人情是可以清算的，只要还完了人情，相互之间就可以不再进行人情往来。并且，在巴东农村，人情圈在代际之间不会继承，每代人都有自己的人情圈，父代与子代的人情圈自然有重合，比如共同的亲戚，但邻里或朋友这种关系就不一定会在代际之间继承。因此，老年人到了一定的年纪就可以退出人情往来。

第三，每个家庭的人情圈都比较大，但又极不稳定。一方面，每个家庭都可以根据自己的需要建构新的人情圈或者退出原来的人情圈，因此当地农民的人情圈都比较大，血缘关系走得很远，地缘关系和朋友关系建构性很强；另一方面，由于可以自由进入与退出，因此每个家庭的人情圈又极其不稳定。

第四，人情交往具有即时性平衡的色彩。每个家庭在计算"人情账"时都是遵循一种短期的平衡机制，并且，这种平衡中还带有一定的竞争色彩，从而孕育了人情上涨的机制。

第五，随礼的不规则性。在礼金上，当地没有形成明确的规则。一般关系至少是给100元，亲戚或朋友关系则更没有明确的标准，少则几百元，多则上千元。此外，当地在上礼时有个习惯，即一般都要在原来别人给自己的礼金的基础上增加一些金额，这样做主要出于两个方面的考虑：一是间隔时间太长，经济水平不一样，物价也不一样，"现在的钱没以前值钱"；二是想要继续维系两家的人情往来关系。但也并不是所有人在上礼时都会"加一点"，加或不加主要要考虑以下几个要素：一是双方关系的好坏，如果关系好，自然要多少加一些，如果关系一般，则可以不加；二是自身经济条件，如果经济条件较好，可以加一些，如果经济条件较差，不加也可以；三是自己的年龄以及完成人生任务的状况，如果已经完成了主要的人生任务（子代已经结婚），并且未来很可能不会再办酒席，那么就可以不加，反之，则可以加一些；四是对方办酒席的频率，如果对方办酒席的次数较多，或者是预想到对方家庭在近期内会办好几次酒席（如有几个子女都还未婚），那么可以不加，反之，则可以加一点。可见，加与不加没有明确的规则，每个家庭都可以根据自己的实际情况做出选择。

二

整体来看，巴东地区人情的建构性很强，规则性很弱。这主要与当地的村庄社会性质有关。当地属于原子化地区，在个体核心家庭之上没有结构性力量的制约，人情往来是以核心家庭利益为中心，并且经过理性计算的结果。在当地的语境中，人情往来是核心家庭之间的交往，交往双方会遵循基本的礼尚往来，但仍然缺乏村庄结构性力量的制约。也即，人情往来中的规则只是双方家庭遵守的规则，而非村庄整体的规则。

相对而言，小亲族地区和宗族性地区人情的规则性很强。首先，在小亲族和宗族性地区，农民的人情圈比较固定，个体及其家庭很难建构新的人情圈。其次，在随礼上很有规则，一般是根据与主家关系的好坏、亲疏远近决定送礼的多少，哪一种关系应该送多少礼金在熟人社会中有基本的规定，个体不能根据自己的经济状况随意决定。例如，如果有三个舅舅，那么他们送的礼一定是相同的，如果某个舅舅多送礼，会遭到别人的指责，并且还会使另外两个舅舅很没有面子。最后，人情交往一旦进入就很难退出。

三

在当前农村，人情仍然具有其传统含义，但在市场经济和现代性力量不断渗透之下，一些地区的人情往来开始发生异化。例如，一些地区为了办酒席收礼在人情项目上不断"创新"，有的农民建一个房子要办几次酒席：下地基办一次，一楼完工办一次，二楼完工再办一次。在某些地方甚至还出现母猪下崽也要办酒席的情况。异化的人情改变了其所具有的原始含义，人情不再成为维系熟人社会关系的重要纽带，而是成为敛财的工具，长此以往，必然导致农民不堪重负，并逐渐逃离。此外，还有一些地区在人情上的竞争越来越激烈，如酒席档次越来越高，越来越讲究外在的排场，导致了大量的资源浪费。

适当的人情往来是维系熟人社会关系的重要手段，异化的人情则已经脱离其原始含义，不仅给农民家庭带来沉重的经济负担，而且还可能使熟人社会的关系恶化。因而，在人情异化的地区，政府应该倡导移风易俗，对农民进行引导和教育。

流变的家庭

办酒席为何不收礼？

2018年，笔者在广东佛山农村调研时发现一个有意思的现象：当地农民在办酒席时都不收礼，并且这种情况已经持续有十几年了。当地农村以前收礼时礼金也很少，一般是5元或者10元。现在虽然不收人情礼金，但是大家基本还是会准备一个红包，递给主家之后，主家接过红包，转身摸一下（代表已经收下客人的心意），然后再退给客人。此时客人要推辞一番，但主家会执意退回，推来推去几番之后客人一般就会收回红包。

对此，当地农民有两个解释：一是现在经济发达了，不需要收礼也办得起酒席；二是现在大家都很忙，请客吃饭不容易，别人来了就已经是很给面子了，岂能收钱？以下是当地一位60多岁的农民对此的看法：

> 以前（办酒席）给钱，但也给得少，现在不给钱，有十多年不给钱了。现在是经济社会，我请你，你过来就是给我面子了，还收钱？现在人在外面吃饭太多了，一般都不想去（走人情）。你请人家来吃饭，人家就没法打工了，没钱挣。

当地农民对这个现象的解释有其合理性，这里面有两个问题值得探讨：一是当人情往来不收礼金时，是否已经变味了；二是为何现在请客吃饭变成了一种负担。

一

首先来看第一个问题。相互之间的人情往来是熟人社会的基本特征之一，熟人社会中的人情具有两个基本功能：一是社会互助功能，二是社会整合功能。在互助过程中形成的"亏欠感"将熟人社会中的成员紧紧联系在一起，共同渡过生产生活中的难关。而且，熟人社会的成员通过参与人情这一村庄内部的公共事件，可以实现村庄社会秩序的再生产。

人情的核心不在于给了多少礼金，而是在于在礼尚往来中相互有"亏欠感"，这为下一次的交往提供了机会与空间。然而，当不收礼金之后，人情的内涵开始悄然发生变化，人情逐渐变为主家和客人之间的私人性交往，其公共性含义降低，人情场合不再具有价值生产能力，演变为私人之间的交往平台。这是因为，在珠三角农村，市场经济很早就已经发展起来，当地农民很早就开始从市场上获取经济利益，这在很大程度上弱化了熟人社会对于农民的意义。在市场经济的浸润之下，人情的社会互助功能很快被市场所替代，与此同时，农民对人情的社会整合功能的需求也降低，因为农民对村庄社会的依赖度在降低。每个人都是从市场上获取资源，因此，村庄对于当地农民而言只是一个生活的地方，他们只需要借助于日常生活互动维持熟人社会的低度整合即可，不需要像传统时期那样高度的整合。

再来看第二个问题。请客吃饭为何在当地变成了一种负担？在熟人社会中，办酒席请客吃饭是很正常的现象，客人也很乐于参加。但佛山农民在谈到办酒席请客吃饭时，表现出一种负担感，觉得请客吃饭是耽误了别人的时间，因此不好意思收礼。当客人如约而至时，主家会非常高兴，觉得客人给了自己这个面子；而当客人没有来参加时，主家也深表理解。实际上，当农民认为请客吃饭是一种负担时，表明了人情的公共性已经丧失，因为如果是一种公共性人情，那么客人的参与在很大程度上是一种义务，主家不会有负担感。当农民高度嵌入市场，比如珠三角地区的农民，他们对村庄熟人社会关系的依赖度会降低，此时人情就变为了主家与客人之间的私人性交往。

二

在佛山农村，村庄仍然是一个熟人社会，村民之间相互都很熟悉，却并不亲密，社会关系呈现出松散化的特征。这体现在两个方面：一是交往的密度降低，二是交往的程度变浅。这是因为当地农村已经从农业社会迈向工业社会，农民主要是从市场上获取收入来源，村庄只是一个生活的空间。

在农业社会中，农民相互之间交往的密度很高，"抬头不见低头见"，几乎每天可以见面，有时一天见好多次，并且，相互之间的交往也很深入，每个人都知道对方及其家庭的底细，彼此很了解。因此，在农业社会里，熟人社会内部关系的特点是熟悉而亲密。农民之间经常性地发生深度的互动，交往的密度高、程度深，因而自然也很容易产生各种摩擦，吵闹甚至打架的都很多。然而，农民在吵闹和打架之后并非老死不相往来，因为在熟人社会中有很多机会可以修复关系，如人情往来就是很重要的修复关系的平台。

但在佛山农村，当地工业化进程开始得很早，农民很早就已经进入市场。工业社会首先在时间上是非常规律的，农民不能自己随意支配时间，要固定时间上下班，这自然减少了彼此互动的机会。并且，在工业社会中，可从市场上获取资源，彼此依赖度降低，交往的程度自然变浅。在这样的交往模式中，大家彼此很客气，关系很和谐，不会产生多少摩擦。

此外，当地农民的社会关系还具有两个特点。

一是注重社会关系的交往性。朋友关系对当地农民很重要，每个人都有自己的朋友圈子。并且，当地农民在私人性的社会交往中注重的是交往过程本身，大家在一起是为了消遣、娱乐，为了消磨时间。实际上是为了交往而交往，目的性并不强，不是为了从对方那里获取社会资本，或者与对方交换资源。也正是基于此，当地农民在社会交往中没有明显的阶层分化，经济条件好的和经济条件差的都可以玩到一块，只要大家有时间就行，交往中的排斥性不强。

二是在社会交往中公私分明。当地农民在社会交往中公私界限很清晰，家人、朋友、亲戚、同事等交往的深度是不一样的，与不同的人应该交往到哪种程度，当地人是区分得非常清楚的。比如，家里的事不能随便到外面说，即使是对朋友、亲戚也不能乱说。总体而言，当地人在社会交往中的情感投入和价值卷入度不高。

综上所述，从当地农村社会关系的变迁，就很好理解为何当地农民办酒席不收礼这一现象了。

五

市场化与家庭策略

农民与市场的关系
——兼对"半工半耕"的具体分析

在打工经济普遍兴起的背景下，农民与市场的关系是影响家庭收入和家庭发展的关键变量。当前我国已经形成了统一的全国劳动力市场，市场对所有人同等开放，但是，由于区位条件、家庭策略、家庭目标等不同，不同地区的农民进入市场的程度也不同。如此一来，家庭收入自然也不一样，同时还会形塑出不同的家庭关系和家庭类型。

一

东部沿海地区农村和中西部农村面临的市场机会很不相同。东部沿海地区农村，如上海、浙江、苏南、珠三角等地，村庄工业化程度较高。从20世纪七八十年代开始，东部沿海地区就开启乡村工业化的进程，苏南的集体经济、浙江的个体经济等相继发展，当地农民很早就开始实现就地工业化。

2000年以来，东部沿海地区继续推进工业化的进程，农地几乎都变成了建设用地，农民收入主要来自第二、三产业。在此过程中，农民与市场之间形成深度嵌入的关系。东部沿海地区发达的市场为当地农民提供了充分的就业机会，家庭内部所有劳动力都能进入不同层级的市场。不仅年轻人，连中老年人也能进入市场获得收入。在市场机会充裕、所有人都能进入市场的背景下，农民家庭之间竞争的就不再是劳动力，而是劳动能力。劳动力素质是决定劳动能力的关键，因此，东部发达地区比较重视教育。但值得注意的是，当地虽然重视教育，农村学生考上重点大学的却并不多，大多数学生上的是专科或普通本科。这是因为东部发达地区市场机会很多，只要具备一定的学历就能够找到相对不错的工作，而不像中西部农村那样只能通过考上好学校才可能走出农村。

相对于东部发达地区而言，中西部农村的市场机会有限，只有优质劳动力才有机会进入市场。年轻人自然是最优质的劳动力，中老年人则较少有机会进入市场。在此情况下，中西部农村普遍形成了以代际分工为基础的"半工半耕"的家计模式，家庭收入包括务农和务工两部分。其中，务农收入基本可以维持在村家庭成员的基本开销，有时还能有所结余；务工收入成为家庭主要的现金收入来源，也是家庭积蓄的主要来源。在市场机会有限的前提下，中西部农村农民家庭之间竞争的是劳动力，有多少劳动力可以进入市场，决定了家庭整体的收入状况。开放的市场给农民家庭带来更多的就业机会，同时市场力量不断渗透进村庄，也带来更大的压力，例如城市化的压力、婚姻成本不断提高的压力等。

二

在全国统一的劳动力市场已经形成的背景下，中青年农民工可以在市场上寻找到就业机会，并具有较强的流动性，那么中老年农民呢？他们在哪里寻找就业机会？其流动性如何？上文对发达地区农村和中西部农村的市场机会进行了简要比较，可以看到，发达地区市场机会很充裕，所有劳动力都能进入市场，而中西部农村市场机会有限，只有中青年人才有机会进入市场。此外，大城市近郊农村市场机会也相对较多，农民进入市场的程度也很高。我们可以结合不同区域的经验对"半工半耕"的情况进行具体的分析，从更加微观的层面理解农民与市场之间不同的关系形态。

根据市场机会和农民家庭收入来源的不同，可以把农村分为两种类型。一种是已经城市化或类城市化的农村，以东部发达地区和大城市近郊农村为典型。另一种是相对传统的农村，村庄仍然是进行农业生产的地方，农民家庭年轻的劳动力进城务工经商，年老的劳动力则在家务农，形成以代际分工为基础的"半工半耕"，这种家计模式在中西部农村较为普遍。

首先来看第一种类型的农村，即已经突破"半工半耕"家计模式的发达地区农村。这种类型的农村，农民家庭收入主要来自进入市场务工。但是，由于政策保护力度、工业化程度、工业形态的不同，其内部也存在差异。从政策保护力度来看，北京、上海、苏州等地农村的政策保护力度很强，最为关键的是解决了农民的养老保障问题。从工业化程度来看，浙江地区的工业化程度较高，且相对成熟，城市周边的工业园区相对比较高端，农民进入园区工作工资较高；而武汉地区工业化程度相对较低，在城市周边的都是比较低端的工业园区，农民收入相对较低。从工业形态来看，轻工业吸纳的劳动力多于重工业。因此，同样是在市场机会充裕的发达地区农村，市场类型和市场形态也会有所不同，从而会影响农民家庭的收入状况。

其次来看第二种类型的农村，即仍然维持"半工半耕"家计模式的村庄。虽然从总体上来看，中西部大多数农民家庭的家计模式都是以代际分工为基础的"半工半耕"，但在不同地区，"半工"与"半耕"的强度不一样，从而形成了不同的"半工半耕"。

"半耕"主要受资源禀赋和人地关系的影响。资源禀赋的多少主要与自然条件有关。在自然条件优越的地区，土壤肥沃，物产丰富，农民家庭从土地上就能获得较多的收入；而在自然条件较为恶劣的地区，土壤贫瘠，土地产出较少，务农收入甚至不能维持家庭的正常开支。人地关系主要涉及人均土地面积。在人均土地较多的地区，"半耕"收入较多，反之，则较低。例如，江汉平原农村自然条件很好，且人均土地较多，农民不仅能够从农业种植中获取收入，还能通过捞鱼摸虾等增加家庭收入。因此，当地农民"半耕"收入很高，不仅能够维持家庭的日常开支，而且普遍还有结余，也正是基于此，他们外出务工的时间较晚。总体来看，全国的务工潮主要开始于20世纪90年代末，但江汉平原的年轻人普遍外出务工开始于2008年左右。相对而言，鄂西农村自然条件比较恶劣，以山区地形

流变的家庭

为主，土壤贫瘠，且人均土地较少，务农收入不足以维持一个家庭的日常开支。因此，鄂西农村农民外出务工时间较早，至20世纪90年代末，当地年轻人基本都在外务工。可见，"半耕"收入的多少，会直接影响农民对于"半工"的态度。

"半工"主要受市场机会和市场能力的影响。除东部发达地区以及中西部大城市近郊农村之外，大部分农村面临同等的市场机会，因此，市场能力成为影响"半工"收入的关键变量。调研发现，在同等市场机会的前提下，一些地区的农民把握市场的能力很强，参与市场的程度很深，如河南农民，在条件允许的情况下会充分动员家庭内部所有的劳动力参与市场，家庭收入自然也很高。而另一些地区的农民把握市场的能力较差，参与市场程度不深，如湖北巴东、湖北秭归、云贵地区的农民。湖北巴东和秭归的农民一般喜欢在建筑工地上打工，一是因为下苦力挣的钱多，二是因为在建筑工地比较自由，进厂则比较受约束。这两个地区的农民打工都有一个共同的特点，即每年只打几个月的工，当挣够家庭一年的消费所需之后，就倾向于回村休闲，而不愿意继续在外务工。云南地区的农民把握市场的能力更差，当地三四十岁的年轻人普遍没有外出务工，甚至出现政府为了解决农民就业问题引进企业在当地建厂却招不到工的情况。

那么，需要追问的是，在市场机会、政策福利相同的背景下，为何有的地区的农民把握市场的能力不够？其一是文化观念的影响，部分地区农民不愿意进城务工经商，不愿意受城市生活的约束，喜欢自由自在的生活；其二是教育落后、交通不便等客观条件的限制，但这一限制正在逐步被打破；其三是家庭目标和家庭策略的影响，一些地区家庭发展的压力不大，家庭目标只是维持日常生活，没有发展性的目标，因此农民没有积累的动力。

通过对"半工"和"半耕"的具体分析，我们可以依据"半工半耕"的强度建立四个理想类型（见表1）。

表1 "半工半耕"的强度

"半工半耕"的强度		"半耕"的强度	
		强	弱
"半工"的强度	强	"半工"与"半耕"双强型	"半耕"弱、"半工"强型
	弱	"半耕"强、"半工"弱型	"半工"与"半耕"双弱型

第一种类型是"半工"与"半耕"双强型，如河南农村。第二种是"半耕"强、"半工"弱型，这种类型主要存在于自然条件较好的地区，如湖北沙洋农村和东北农村。需要注意的是，这些地区的农民外出务工的时间相对较晚，但进入市场之后，其把握市场的能力还是较强。第三种是"半耕"弱、"半工"强型，这种类型普遍存在于中西部农村。第四种是"半工"与"半耕"双弱型，如鄂西农村、西南山区农村。

三

通过以上论述可以发现，农民与市场关系的不同，所形塑出的家庭形态和家庭关系也不同。

在已经突破"半工半耕"家计模式的发达地区农村，家庭劳动力都能进入市场，年轻人进入相对高端的市场务工，中老年人则进入相对低端的市场，家庭收入来自正规就业与非正规就业的结合，从而形成"个人收入不高、家庭收入不低"的收入结构。在这样的家庭之中，家庭成员之间相对独立，家庭积累能力较强，压力不大，因此家庭关系中情感性的一面更易得以表达和彰显，家庭关系呈现出较为温馨、和谐的状态。

而在大多数仍然以"半工半耕"为主要家计模式的地区，由于"半工"与"半耕"所存在的差异，形成了四种理想类型。

在第一种理想类型，即"半工"与"半耕"双强的农村地区，农民家庭的代际分工最为明显，家庭劳动力得到了最大化的使用，且呈现出最优配置的状态。在此情况下，家庭具有很强的发展能力，不仅能够完成基本的家庭再生产，而且还可能实现家庭发展与流动的目标，如通过不断投资子代的教育或者是通过进城买房实现家庭的流动。但是，这种家庭类型也会面临一些问题。在家庭发展压力之下对家庭成员的深度整合，必然会给家庭中的弱者（尤其是老年人）带来压力，老年人在家庭发展的目标之下成为无用者。家庭发展的目标会掩盖老年人的养老需求，同时老年人也会不断压缩自身开支以减轻子代负担，并且在不能劳动尤其是生大病之后，可能会选择极端的方式结束自己的生命。

在第四种理想类型，即"半工"和"半耕"双弱的农村地区，不仅代际分工不明显，夫妻分工也不充分，家庭劳动力没有得到最大限度的使用。家庭收入只能维持日常基本开销，甚至连家庭日常开支都需要通过村民之间相互借钱来维持。例如，笔者在巴东农村调研发现，当地农民之间相互借钱的现象很普遍，接近50%的家庭每年都要向邻居或亲朋好友借钱。值得注意的是，当地农民借钱有两个特点：一是单笔数额并不大，一般为两三百元，超过500元的都很少；二是他们借钱不是为了完成人生大事，如结婚、建房等，而是为了维持日常生活，如买菜、买米、给小孩买纸尿裤等。这进一步说明当地属于维持型的家庭经济形态。在这种家庭形态中，家庭目标只是维持家庭的日常运转，家庭成员的压力并不大，家庭关系相对松散，但家庭的抗风险能力很弱，任何的偶发事件都可能是对家庭的致命打击。

而第二种和第三种类型，即"半工"与"半耕"一强一弱的情况，在这两种类型里，家庭劳动力得到了较为充分的使用。

可见，农民与市场的关系并非抽象的，而是十分具体的。在城市化进程中，农民经济生活的类型在总体上是"半工半耕"，但不同的"半工"与"半耕"的组合，形成了不同的"半工半耕"，从而进一步影响农民的家庭关系、家庭策略和家庭形态。

　　　　　　　　　　　流变的家庭

城市化的不同模式

——农民与市场关系的视角

随着我国经济的快速发展，农民城市化是一个必然的过程，这一过程在不同区域的农村表现出不同的特点，这种差异尤其体现在东部发达地区农村与中西部一般农业型农村之间。城市化包含了极其丰富的内涵，因此可以从多个层面对其进行测量和解读，例如，城市化的动力、城市化的程度以及城市化的路径等。

总体而言，东部发达地区的城市化是农民主动的且相对彻底的城市化过程，中西部一般农业型农村的城市化则是家庭发展压力倒逼的结果，是不彻底的半城市化过程。城市化是衡量农民与市场关系的重要维度，不同地区农民城市化模式的差异实际上反映出农民与市场关系的不同。因此，可以从农民与市场关系的维度，来理解不同地区农民城市化模式之差异。

一

市场是一个抽象的概念，表现为人、财、物等要素的流动。其具有多面性，既带来了充裕的市场机会，同时也带来了很大的市场压力。因此，农民与市场的关系是具体的，表现为农民如何应对市场压力和把握市场机会，这既与不同的区位条件所带来的市场机会大小相关，也与农民的市场能力有关。

东部发达地区农村凭借靠近大城市以及区域工业化的优势，市场机会充裕，农民市场化程度高，因此其城市化水平也比较高。东部发达地区较高的城市化水平不但体现为较高的城市化率，例如笔者调研所在的浙江虞南山区农村城市化率达到50%以上，部分村庄甚至达到80%左右；还体现为较为彻底的城市化，即农民不仅能在城市买房，而且能够通过就业在城市生存。以下具体分析东部发达地区农民所具有的市场优势。

第一，区域工业化所带来的本地就业。东部发达地区的农民一般都在本地市场就业，具有"离土不离乡"的特点。相对于中西部农民"离土又离乡"的打工而言，本地就业更具优势。

第二，市场机会丰富，家庭劳动力都能进入市场，家庭积累较多。东部发达地区农民就业机会的丰富性首先表现在农民家庭基本都已实现就业非农化，家庭劳动力市场化的程度很高。家庭内部代际之间是正规就业与非正规就业的分工，即年轻的子代主要进入相对正规的行业就业，如进公司、银行等，而中老年父代则以非正规就业为主，如当手艺人、保姆、建筑小工、园林工。以笔者调研的上虞区兴南村为例，不同年龄和性别的农民就业情况如下：年轻男性主要是进公司、在建筑行业做工程预算、当水电工等，年轻女性主要是当公司文员、商场售货员等；中年男性主要是手艺人居多，如木工、瓦工、漆

　　　　　　　　　　　　　　　　流变的家庭

工、中年妇女主要是进厂、做保姆和做家政；老年男性主要是打小工，老年妇女以操持家务为主，少部分进入市场也主要是打零工或者做家政。

其次，还表现在劳动力务工时间和周期较长。一是每个劳动力每年的务工时间很长，即使是非正规就业的中年男性（如木工、瓦工等），其一年的打工时间也在三百天以上。中西部农民每年外出务工的时间一般不会这么长，尤其是中年农民，每年外出务工的时间更短。二是每个劳动力一生可以务工的时间较长。在东部发达地区农村，即使是70岁以上的老年人，只要身体健康，仍然可以找到很多打零工的机会。笔者调研所在的虞南山区，70岁以上的老年人每年打零工可以挣一两万元的不在少数。

由于家庭内部所有的劳动力都能进入市场，因此东部发达地区农民家庭的积累较多。再以调研所在的兴南村为例，该村总共1400多人，400户，大约70%的家庭年收入为10万元左右，另有10%左右的家庭年收入在10万元以上，另外20%左右的家庭年收入在5万～10万元之间。该村农民进城买房的比例较高，达到50%左右，此外还有相当一部分农民具备进城买房的经济实力，只要家庭内部有需求，随时可以实现。

二

相对而言，虽然全国统一的劳动力市场已经形成，但中西部一般农业型地区的农民面临的市场机会相对有限。

其一，中西部农村农民家庭只有优质的劳动力（主要是年轻人）才能进入市场，中老年人进入市场的机会较小。一方面中西部农村本地就业市场缺乏，难以为家庭内部的剩余劳动力提供足够的非正规就业的机会；另一方面，这些中老年人进入大城市务工也没有优势，因此只能在村庄务农。中西部一般农业型地区农民的家计模式主要是以代际分工为基础的"半工半耕"，家庭劳动力并没有完全进入市场。

其二，中西部年轻的子代家庭一般是到沿海大城市务工，而非在本地务工，因此务工成本相对较高，且务工时间也不固定，除在打工过程中的基本开销之外，其能够积攒下来的现金收入很有限。总体来看，中西部农村农民的家庭积累明显低于东部发达地区的农民家庭。

三

我国农民的城市化是以家庭为单位，因此，家庭积累的多少直接影响农民城市化的进程。基于农民与市场关系的不同，东部发达地区农村和中西部一般农业型农村具有不同的市场机会，由此塑造出两种不同的城市化模式。以下具体来看两地农村城市化过程的差异。

第一，城市化的动力不同。东部发达地区农民的城市化是一个相对自然而然的、主动的和渐进的过程，农民根据家庭发展的需要，在经济条件允许的情况下选择进城。中西部一般农业型地区农民的城市化过程则相对被动，是家庭发展压力倒逼的结果，其中最典型的就是婚姻压力。一个最为明显的差异是，东部发达地区很多农民之所以在城市买房，是因为子代在城市有相对固定的工作，在城市居住更为方便。而中西部农村很多农民买房不是出于子代就业的需要，而是出于结婚的需要，不买房可能就娶不上媳妇，在此背景下，很多家庭借钱也要在城里买房。

第二，城市化的程度不同。东部发达地区农民的城市化是相对彻底的，农民家庭不仅能够在城市买房，而且至少子代家庭能够完全在城市生活和立足，子代家庭的生活重心在城市。年轻一代之所以能够在城市立足，一方面是由于他们在城市有相对稳定且正规的工作，并且基本都有社保，因此是有保障的；另一方面是由于农民家庭积累较多，父代有能力支持子代在城市生活和立足。因此在东部发达地区可以看到，年轻的子代进城之后不太可能返回农村，他们的生活和交往圈都在城市，能够很好地融入城市生活。对于这些已经进城的年轻人而言，村庄只是老家，他们乐于在周末驱车回来看看父母和老人，但并不想生活在村庄里，其就业、生活都是在城市中实现的。然而，对于大多数中年的父代而言，他们虽然现在在城市打工，但所依循的仍然是村庄的逻辑，即使子代进城了，他们自己也并不会永久性进城，最多只是在需要带孙代时暂时性进城。因此，在东部发达地区农村可以看到，在农民家庭内部存在城乡二元结构，即已经进城的子代依循城市的生活逻辑，而父代仍然依循乡村的生活逻辑。总体而言，已经进城的子代是完全地、彻底地进城，乡村只是他们寻找乡愁的地方。

相对而言，中西部农村农民的城市化是不彻底的，被称为"半城市化"，这是指农民虽然在城市买了房，但是并不能融入城市生活。中西部农村的农民大多是在县城买房，但大部分县城并没有就业机会，买房之后年轻的子代仍然要到沿海大城市打工，而父代也不可能到县城去住，因此中西部很多县城成了"鬼城"。中西部农村的年轻一代，即使在县城买了房，其生活逻辑和生活重心仍然在村庄，除少部分经济实力较强的人之外，大部分都难以真正实现城市化。

流变的家庭

大城市郊区农村与普通农村农民城市化进程的差异

    城市化就是农民进城的过程。我国的城市化表现出"弹性城市化"和"接力式进城"的特点，即农民以家庭为单位，以农村为根基，以城市生活为目标，通过代际合力的方式实现家庭部分成员的城市化。这一特点在中西部农村体现得尤为明显。城市化包含多个维度，如就业非农化、在城市买房、享受城市社会保障等。

    农民城市化的过程实际上体现出农民与市场的关系问题，即农民如何对接市场，如何把握市场机会和应对市场压力。总体而言，当前我国已经形成了两大市场，即全国统一的劳动力市场和全国性的婚姻市场，这两个市场给农民及其家庭带来巨大的影响和改变。从"农民—市场"的角度出发，可以将市场对农民家庭的影响分为两个维度，即市场机会和市场压力。市场力量在大城市近郊农村和一般中西部农村以不同的面目呈现，因此形塑出两种不同的城市化路径。

一

    大城市近郊农村的城市化基于市场机会而来，其过程表现出更加自然而然的特点。近郊农村具有靠近城市的区位优势，因此在市场机会和政策保障方面都比一般中西部农村更有优势。

市场机会的多少往往表现为其吸纳劳动力程度的高低。大城市近郊农村的市场机会主要体现在两个方面。

一是当地农民进入市场较早。以武汉黄陂农村为例，当地农民在20世纪80年代早期就有在城市务工的机会，而从90年代开始，农民进城务工经商的越来越多，城市能够提供的就业机会也越来越多。在与市场的深度互动过程中，一批人由于头脑灵活、善于抓住机遇，已经进入城市安居。而即使仍然居住在农村的农民，其生活方式、观念等也都具有很强的城市特征。他们虽然居住在农村，但收入完全来自进城务工经商，生活方式与城市差别不大，当地人自己说他们现在是半城市化。

二是城郊农村市场机会较多，当地劳动力已经完全实现就业非农化。大城市近郊的区位优势使得当地农村所有的劳动力都能在市场中寻找到就业机会，以笔者调研的黄陂农村为例：当地年轻人主要在武汉市区内务工，以从事服务业为主，工资为每月三四千元；中年人主要在乡镇附近的工业园务工，工资为每月两三千元；而老年人既可以在工业园或建筑工地上打零工，也可以在村庄附近的蔬菜种植基地打工，一天可以挣几十元到100元不等。虽然每个人打工的收入并不是很高，但充分的就业机会使家庭劳动力能够得到最大程度的释放，因此每个家庭的收入都不低。黄陂一个村庄的村支书说："我们村现在每个家庭至少有二三十万存款。"

流变的家庭

除市场机会以外，大城市的发展不断辐射和扩展到周边农村，近郊农村的土地都有被征拆的可能，这也使得政府在农民进城过程中发挥着一定的主导作用。因此，近郊农村的城市化可以进一步区分为两种类型：一是市场机会带来的、农民家庭自主城市化的过程，在村庄内部表现为农民因家庭经济状况的不同而渐次进城；二是市场机会和政府主导相结合，主要以村庄整体一次性进城表现出来。市场机会主要通过吸纳劳动力就业来助推农民家庭的城市化，而政府主导则主要是通过对土地的规划和管理来为农民提供城市化的制度保障。由市场机会助推的城市化是一个更加自然、渐进的过程，农民根据自己家庭的经济状况选择是否进城。在此情况下，那些有能力、收入更高的农民家庭率先进城，而其余的则仍然以村庄为生活依托，并在未来逐渐进城。

　　政府主导的城市化需要以地方财政雄厚的经济基础作为支撑。笔者调研的苏南近郊农村，就是比较典型的政府主导的城市化类型。但政府主导也是建立在当地农民较早就实现了就业非农化的基础之上，即农民在观念、生活方式上已经类城市化。苏南农村的政府主要是通过对土地的管理和规划进一步加快农民城市化的步伐。具体而言，当地政府通过宅基地置换安置房和农地换社保的方式，解决了农民在城市中的住房和保障问题，加之当地就业机会多，农民进城后在就业上有保障，因此可以在城市安居。政府主导的城市化一般表现为村庄整体的、一次性进城，政府要为进城农民提供相应的制度保障，因此其负担较重。

当前我国各地农村都出现了不同程度的政府主导城市化的过程，但实际上，政府主导的城市化具有一定的限度和条件。首先，需要地方财政作为经济支撑，如此才能为进城农民提供相应的保障；其次，还需要有充分的市场就业机会，让农民在城市能够生活得下去。中西部一般农业型地区不具备上述条件。一方面，中西部农村的地方政府没有雄厚的经济基础作为支撑，不能为进城农民提供足够的社会保障；另一方面，中西部县级城市就业机会有限，县城基本完全是消费性的，没有生产性，农民即使在城市买了房也很难在那里立足。

由于对政府财政有很强的依赖，因此由政府主导的城市化即使在大城市近郊农村也只能部分存在，大部分农民家庭是通过与市场的互动，以就业为载体而逐渐实现家庭的城市化目标。

二

与大城市近郊农村相比，中西部农村的城市化更多是由市场压力带来的。大城市近郊农村具有充分的就业机会，因此能够吸纳不同年龄、不同性别的劳动力就业，只要具有劳动能力，只要想干活，基本都能找到就业机会。而中西部农村则表现出"有市场经济而无市场机会"的特点，中青年劳动力可以到沿海城市或其余大城市务工，但中老年劳动力则很难进入市场，他们一般只能在务农的同时，在县城以内偶尔打点零工。

虽然中西部地区的市场机会有限，但农民所感受到的市

　　　　　　　　流变的家庭

场压力却非常大。市场压力主要来自两个方面：一是婚姻压力，二是城市化的压力。这两重压力在村庄竞争中被进一步放大。笔者在中西部农村调研发现，除少部分有经济实力的家庭以外，大部分家庭在城镇买房都是迫于各方面的压力，如婚姻压力、村庄竞争的压力、教育压力等。如在江汉平原的应城等地，男方家庭不在城镇买房就难以娶到媳妇。农民迫于各种压力在城镇买房，却很难真正在城市站稳脚跟。

前文提到，当前我国已经形成两大市场，即全国统一的劳动力市场和婚姻市场，而各地农村的农民由于市场机会的差异，在这两个市场中都处于不同的位置。从劳动力市场而言，大城市近郊农村的农民能够在市场中实现充分就业，家庭劳动力得到了最大程度的使用，农民家庭逐渐突破"半工半耕"的家计模式，务工收入成为其家庭收入的主要来源；而一般中西部农村，当地的就业机会有限，中青年劳动力进入市场，中老年人则以在村务农为主，务工收入是其家庭收入的主要来源，但务农收入对家庭而言仍然不可或缺。而从婚姻市场来看，全国婚姻市场也存在梯度的结构。大城市近郊农村显然在全国性婚姻市场中处于优势地位，男性结婚难度不大，婚姻成本也不高；而中西部农村，尤其是偏远农村，在全国性婚姻市场中则处于相对劣势的地位，男性结婚难度大，婚姻成本也很高。总体来看，中西部农村面临的市场压力更大。

三

大城市近郊农村和中西部农村不同的城市化路径，反映了农民与市场关系的不同维度。进一步来看，这两种城市化路径对家庭也会产生不同的影响。

中西部农村通过市场压力带来的城市化，一方面会造成家庭内部的排斥和挤压效应，另一方面也会形成家庭内部的整合效应。具体而言，中西部农村农民的家庭收入有限，城市化的难度较高，单靠某一代人往往难以实现家庭城市化的目标，因此需要家庭成员的共同努力。在此过程中，家庭内部所有的人力、物力都被动员起来，在家庭内部形成了有效的整合，通过代际合力的方式来应对市场带来的压力和挑战。而那些没有劳动能力的家庭成员（尤其是老年人）就会受到排斥，他们不仅不能为家庭做贡献，反而会消耗家庭资源。因此，家庭关系会表现得较为微妙，压缩了家庭情感表达的空间。而大城市近郊农村由市场机会带来的城市化在家庭内部则表现为自然而然的弥合效应，家庭成员相对独立，自由度更高，进而也为家庭情感的表达提供了空间，家庭关系更为和谐。实际上，这两种城市化的路径最终都带来了家庭内部的整合效应，但整合的具体机制有所不同。前者是功能性的，在很大程度上是不得已如此；而后者是情感性的，是家庭内部自然而然的安排。

苏州农民城市化的动力和机制

主流关于城市化的研究主要是从市场配置的角度，关注劳动力、资本和土地等要素之间的配置。然而，苏州农民城市化的经验表明，在农民城市化的过程中，除市场机制发挥作用之外，政府的主导性是非常重要的一个要素。而政府的主导性主要体现在通过对土地的管控为农民城市化提供制度基础。

一

农民城市化，从农民的角度而言，主要要满足就业和保障两个基本条件，否则在城市里难以真正立足。苏州工业化的较早发展以及政府的制度保障，使得农民在城市化过程中能够获得基本的就业和保障，从而能够在城市生活下去。从政府的角度而言，城市化最为关键的就是要实现土地的城市化。苏州农民对于土地的国有化观念是实现土地城市化的基础。在此基础上，政府既有土地规划的能力，同时又能在土地增值收益中制定出合理的利益分配机制。苏州农村城市化的制度基础，主要通过土地制度体现出来。当地土地制度最典型的特征是土地的集体性和国有性，政府严控土地，从而塑造了土地的经营性、规划性、分配性和保障性。以下主要从四个层面来分析当地的土地制度如何推动农民城市化的进程。

第一，土地的经营性。土地的经营性主要体现于苏州地区在20世纪90年代集体企业改制之前的乡镇企业阶段，在这一时期，依赖于土地的集体所有制和政府的引导与介入，苏州地区率先开始了工业化的进程。因此，当地农民很早就实现了就业上的非农化，工业取代农业成为农民收入的主要来源。工业化的生产和生活方式，使得当地农民对城市化的生活方式并不陌生。他们的思想是比较开放的，在观念上早已接受城市化的生活方式。然而，由于当地在集体经济时期工业化水平较低，农民虽然在收入上实现了非农化，并且也获得远高于一般农业型地区农民的收入，但其家庭积累仍然很有限，依靠农民家庭难以真正实现城市化的目标。这从拆迁之前当地农民在城镇买房的情况可以进一步说明。在2006年拆迁之前，当地农民在外买房的并不多，只有极少数在20世纪八九十年代做生意（主要是珍珠生意）的人有一定的积累在外买房。可以说，苏州地区在集体经济时期的工业化为当地农民提供了基本的就业机会，并塑造了农民城市化的观念，这也是农民城市化的一个很重要的方面，从这一层面而言，苏州地区农民的城市化是一个自然而然的过程。而囿于工业化水平较低以及家庭积累的有限性，农民又难以真正在城市立足。因此，一旦政府在制度层面予以基本的保障，回应了农民对于城市化的需求，农民城市化也就是一件顺理成章的事情。

第二，土地的规划性。苏州农村土地制度的优势还在于，

　　　　　　　　　　　　流变的家庭

政府对土地具有很强的规划性，突出表现在当地的征地拆迁基本都是通过"预征预拆"的方式进行的。能够实现"预征预拆"，就足以表明当地政府在土地上具有很强的掌控权，而"预征预拆"对于推进城市化进程有很大好处。首先，通过"预征预拆"的方式，政府可以提前做好城市规划。其次，在征地拆迁与工程建设之间间隔时间较长，留有足够的缓冲空间，这既有利于减少征地拆迁中的阻力，同时也可以在此期间清除附着在土地上的利益关系，到了真正工程建设的时候，这片土地已经是一片不附着任何利益的"净地"。笔者在调研中发现，苏州地区的征地拆迁都相对容易和顺利，并且城镇的规划性很强，功能分区明显，这一切都来自土地的集体所有和国有所带来的制度优势。

第三，土地增值收益的合理分配。调研所在的苏州相城经济开发区从2006年以来涉及七个村庄近7000户农户的拆迁工作，没有出现一例群体性事件。这与当地政府的治理能力息息相关，而政府的治理能力，除体现在对土地的严格控制以及由此形成的农民的集体地权意识之外，还体现在征地拆迁中合理的利益分配机制。也就是说，土地要素和土地制度要发挥其优势作用，还必须依赖于国家治理能力的介入，由此才能在土地增值过程中形成合理的利益分配机制，抑制不公平的现象。

按照当地的拆迁补偿方案，一般农户家庭在拆迁后能够获得180平方米的住房（分为大小两套，大套110平方米，小套70平方米），但需要用每平方米800元的价格购买。而农户的原有住房一般评估价格为40万元左右（包括宅基地费6万元），这样算下来，购房和装修之后，农民的拆迁补偿款剩余不了多少。因此，拆迁只能获得基本的利益补偿，并不能以此致富。对于当地农民而言，这些补偿已经足够了，他们认为土地本来就是集体和国家的，长期以来所形成的地权意识使得他们并没有漫天要价。即使是那些少数的"钉子户"，也只是"软钉子"，他们想要的额外补偿并不多，少则几千元，多则几万元。但即使是对于这样的"软钉子"，当地政府也不会让步。政府一定要维持自己公平和公正的形象，绝对不给"钉子户"开口。上文提及的"预征预拆"给了政府在应对"钉子户"时足够的缓冲空间，因此可以慢慢做工作。此外，村集体在拆迁中并没有获得额外的补偿，拆迁时村集体的企业只获得厂房和设备补偿，而并没有获土地补偿费。总体来看，在土地增值收益的分配中，政府制定了相对合理的利益分配机制，并且一以贯之地执行这个政策。这样既满足了农民在拆迁过程中的基本利益，同时又使得政府能够将大部分的资源用于城市化过程中的公共基础设施建设，从而有利于城市化的顺利推进。

第四，土地的保障性。当土地作为农民的基本保障时，在很大程度上降低了工业发展的成本。前文提到，从农民的角度而言，城市化进程中除要获得稳定的就业之外，还要获得最为基本的保障，如此才能在城市中获得基本生存。苏州地区的政府通过土地换社保的方式，解决了农民的后顾之忧，这也是当地大多数农民愿意拆迁的重要原因之一。

首先，在农地上，政府通过土地换社保的方式，将农地从农民手中顺利上收。实际上，在拆迁之前，农地已经一步步

　　　　　　　　　　　　流变的家庭

地与普通农户脱离。当地在20世纪80年代分田到户时是按照"两田制"的方式，即将土地分为口粮田和责任田，口粮田为人均0.5亩，责任田根据劳力多少来分配，各个生产队之间因为土地规模和劳力数量不同，故在责任田的分配上略有差异。由于苏南乡镇企业发展较快，当地农民很早就实现了就业非农化，土地上的收益对于农民而言没有吸引力。因此，从20世纪80年代后期到90年代初期，当地各个村庄的责任田基本都是由大农户集中耕种，一般农户只种自己的口粮田。这些大农户基本都是以前当过农技员或生产队小队长的，对于务农比较精通。由于有上交农业税的压力，因而并不是任何人都可以当大农户，村干部会对之进行挑选。此外，在1998年第二轮土地承包时，很多农户签订了自愿放弃承包责任田的协议，因此，他们实际上很早就已经与责任田脱离，并且是自愿地、无偿地脱离。当地农民在提到将责任田交给大农户种时，都表示"开心得不得了，高兴得不得了"。在2000年左右，因为工业发展和城市建设的需要，农户的口粮田也逐渐被征收，补偿标准是按照"三六八"的政策，即：18周岁以下的小孩，每月给30元；18～60岁之间的农民，每月给60元；60岁以上的老年人，每月给80元。而从2006年（最早的为2004年）开始拆迁以来，农户的口粮田全部上收，补偿方式为：18周岁以下的小孩，一次性买断，补偿6000元；18～60岁之间的青年和中年人，为其购买11.4年的社保，此外还一次性补偿两年，每年1920元；而60岁以上的老年人则享受每月870元的农保。在拆迁之后，当地农民都能获得基本的保障，到了60岁之后都能享受至少每月800元的社保，这对于农民而言是非常重要的保障措施。

其次，在宅基地上，通过宅基地换安置房的方式，解决了农民在城市化中的居住问题。当地农民进入城镇之后，一方面能够从本地工业化中实现基本的就业，另一方面又能通过土地换取基本的住宅和社保，因而农民从主观上都愿意拆迁，愿意进城。并且，通过这些方式，当地政府将所有的土地都变成了预征土地，为城市化的顺利推进奠定了重要基础。

以上主要从土地制度的角度来理解政府如何推进农民城市化的进程，可以看到，苏州农民从农村到城市的过程，在很大程度上靠的是国家和政府的制度保障。由此也可以看出，分析农民城市化的动力和机制时，不仅要关注劳动力、资本等市场的要素，而且还要纳入土地、制度和国家治理的视角，而后者的关键在于政府的主导作用。事实上，政府与市场或者政府与社会并非对立关系，在农民城市化的问题上，二者之间可以相互融合。

二

城市化包含劳动力和土地这两个基本要素，因而城市化也有两个维度：一是人的城市化，二是土地的城市化。人的城市化是指，农民不仅在观念上和心理上接受城市化的生活方式，而且确实能够通过就业和制度保障在城市获得基本的生存。土地的城市化是指，政府通过一系列政策将农地变为建设用地，从而改变了土地的用途。只有当人的城市化与土地的城市化这

流变的家庭

二者相互配合时，才是城市化最理想的状态。

苏州农民城市化的进程是人的城市化和土地的城市化同时进行的过程，二者之间没有出现脱节。在人的城市化方面，正如前文所言，由于当地工业化开始的时间较早，当地农民从20世纪80年代开始就逐渐实现了就业上的非农化，地方市场上就业机会很多，只要农民愿意干，基本都能找到工作。并且，在拆迁过程中，政府通过土地换社保的方式给予农民基本的社会保障，从而使那些丧失劳动能力的老年人也能通过社保维持基本的生活水平。此外，在拆迁过程中，逐渐实现了农民的户籍平移，从农村平移到安置社区，身份从农民变为居民（不是市民），因此可以享受与城市市民差别不大的公共服务。当地农民在城市化过程中逐渐获得城市市民的保障和待遇，这是人的城市化的重要体现。而在土地的城市化方面，当地政府对土地的管控非常严格，依赖于强大的集体土地制度，并通过"预征预拆"的方式，很顺利地将土地从农民手中收回，这也是当地城市化顺利推进的关键原因。

然而，在中西部地区，人的城市化和土地的城市化之间则出现了脱节，在推进土地城市化的过程中，并没有同时注重人的城市化。中西部地区城市化的推进往往是出于地方政府的政绩考虑，一方面，农民并没有足够的进行城市化的货币积累，另一方面，政府也没有充足的财力来为农民城市化提供稳定的就业机会和制度保障。虽然政府和开发商建了很多楼盘，但农民在没有足够积累的情况下往往并不会选择在城镇买房。即使是买了房，没有稳定的就业和基本的制度保障作为支撑，农民也难以在城市立足，难以实现真正的城市化。因此，中西部地区（尤其是在一些偏僻的县城）经常出现很多"空心城"或"鬼城"。

流变的家庭

为什么大城市近郊农村都是外地人种地？

　　在武汉、上海等大城市近郊农村调研时，笔者发现一个有趣的现象，当地人基本都不愿意种地，而主要是由外地人种地。

　　上海农村主要是通过"反租倒包"的方式将土地流转给外地人种植，即农民先将土地流转给村集体，村集体向农户支付土地流转金，并由村集体将土地再流转给外地种植大户，大户向村集体支付租金。而武汉农村主要是通过两种方式将土地流转给外地人种植：一是农民先将土地流转给公司，公司再将土地转包给外来大户；二是外地人直接从本地农民手中流转土地，这种情况下一般都要找中间人。这些外来大户一般都是"夫妻档"，很少雇工，有的种植水稻等大田作物，有的以种植蔬菜为主。一般而言，如果种植大田作物，一对夫妻可以种植100～150亩；如果是种植蔬菜，一对夫妻一般种植10～20亩。正常情况下，"夫妻档"大户的收入比一般的打工收入更高，但即使如此，本地农民也不愿意种地。这主要与以下几个原因有关。

　　第一，本地人打工和生活的逻辑与外地人不同。简言之，大城市郊区的本地农民不仅要打工挣钱，而且要生活，因此他们普遍不会选择太累的工作。对于本地农民而言，务农不仅有失体面，而且很累、很辛苦，且以种植蔬菜为主的农业会面临极大的自然风险和市场风险。从农业本身的性质来看，"夫妻档"大户的务农收入比打工收入更高，但挣的都是辛苦钱，投入了比打工多得多的精力和时间。而打工虽然工资不高，但是很轻松，且相对稳定。这很符合大城市近郊农村农民的心理预期和生活状态。一般而言，由于城市的辐射带动效应，大城市近郊农村的各项社会保障体系相对健全，农民收入也不低，因此他们普遍追求一种稳定、轻松的生活状态，不愿意冒险。

在上海农村调研时，问及当地一位50多岁的中年妇女为何不愿种地，她回答："种这么多田太伤脑筋了，我不想赚那个钱，又不是没吃没穿的，我跳跳舞、唱唱歌，觉得挺舒服的。我公公婆婆那一代很勤快，我们这一代已经懒掉了。钱有得花就可以了，挣那么多干吗？不想这样烦恼，不想动这个脑子。种田有风险，心思花得多，比较麻烦。而且（种田）晒得很黑，老得快，我们不想这样，要讲究生活质量，有份工作就可以了。我们也不喜欢换工作，工作稳定，做得开心，收入一般般，就行了。上海有规定，（工资）差也差不到哪里去，至少每月有2020元。我们这里的人就是不思进取，比较容易满足。"

外地人的打工逻辑，则有所不同。外地人在城郊务农和在城市打工一样，他们出来就是为了挣钱，所以能够忍受务农过程中的各种艰辛。正如城市农民工通过拼命加班来增加工资收入一样，他们在城市里只是打工，没有生活，他们生活的意义和载体还是在原来的村庄，因此，打工辛苦与否他们并不在乎，如何挣更多的钱才是他们关心的问题。武汉黄陂农村的农民对在当地种地的外地人做出如下描述："他们一年四季都在地里，过年过节都不回家，还要自己去市场卖菜。不是在菜地种菜，就是在市场卖菜，很辛苦，一天只睡几个小时。本地人吃不了这个苦，都愿意在附近打工，少赚一点，快活一点。"

第二，大城市近郊就业机会多，可以吸纳不同年龄、不同性别的农民就业，从而使得本地农民家庭劳动力进入市场的程度很高。以武汉黄陂农村为例，当地的年轻人主要在武汉市内务工，以服务业为主，工资收入为每月三四千元；中年人主要在乡镇或黄陂区内的工业园打工，工资收入为每月两三千元；而有劳动能力的老年人可以在村庄附近的蔬菜种植基地打工，每小时10元，一天可以挣60～80元。大城市近郊农村农民家庭的劳动力得到充分利用，呈现出"个人收入不高、家庭收入不低"的特点。

第三，在大城市近郊农村附近通常有大量的低端工业园，这些工业园的工作相对简单，工资不高，从而形成一个"工资洼地"。其主要吸纳本地中年人就业，本地年轻人不愿意去，同样，对外地人也没有吸引力。为何低端工业园可以吸引本地中年人，却不能吸引外地人？主要是由于工资太低（每月一般为2000～3000元）。同时，这与本地人打工的特点有关。本地人打工是"离土不离乡"，他们虽然在城市打工，但是仍然在乡村居住生活，有村庄作为依托，其生活成本相对较低，因此可以接受较低的工资。并且，打工工资再低，也比单纯种植自己的承包田强。而外地人有所不同，一方面，他们外出务工就是为了挣钱，因此会选择挣钱更多（即使更为辛苦）的工作；另一方面，外地人在城市打工，要承担房租等额外支出，其生活成本比本地人更高，因此低收入的工作对其没有吸引力。

最后，从农业种植的角度而言，外地人比本地人更具有优势。这些外地的种植大户一般都是多年的种植能手，很有经验。而大城市郊区农村的能人，由于拥有靠近大城市的区位优势，他们早已经脱离农业进入市场。留在本地农村的都是一些劳动能力较弱的农民，他们去种地肯定也种不过外来大户。

流变的家庭

农村副业资本化对小农经济的瓦解

小农经济从来都不是完全封闭的，而是一个相对开放的体系。小农经济的维系不能单纯依靠农业，小农不仅仅是围绕农业生产，也可以进入市场，因而小农经济的社会化程度非常高。农村副业是小农经济的重要组成部分，副业与农业共同支撑小农经济的维系与发展。

一

农村副业是在发达的农业基础上建立起来的，与农业之间是相互促进的关系。农村副业包括两种类型。一种是面向村庄之外的市场而生产，如家庭养殖业（养猪、鸡鸭、鱼等）。在传统时期，这种类型的副业所生产的产品主要是向村外的大市场提供，以获得货币从而购买家庭更为急需的物品。而在当前阶段，这类副业所生产的产品更多的是为了家庭自给自足的需要，这减少了家庭的货币开支，提升了家庭的生活水平。另一种是服务于村庄内部的市场，如小卖部、小型加工厂、农资店等。

副业作为小农经济的重要组成部分，其本身经历了变迁。

在传统社会里，小农经济的理想结构是"男耕女织"，其中，"男耕"属于农业，"女织"则属于家庭副业。这种结构安排是出于小农经济自我维持的需要，脱离任何一方，家庭的维系和再生产都有可能面临困境。到了大集体时期，"两田制"继续在大部分农村地区存在，"两田"包括集体所有的大田和农户的自留地。集体所有的大田是当时农业体系中最为重要的部分，这是为了满足国家工业化积累的需要而进行的制度设计。农户私人的自留地，则相当于是每家每户的副业，作为家庭收入的重要补充。20世纪80年代初实行分田到户以来，"粮猪型农业"是我国大部分农村的主导生产方式。除种地之外，农户附带一些家庭副业，如养猪、养鸡、养鱼等，从而使家庭内部的过剩劳动力、过剩粮食通过副业的方式间接进入市场。这一方面可以增加农民的家庭收入，另一方面对于城市的现代化建设也有一定的作用。

农村副业是小农经济体系不可或缺的一部分，在一定程度上可以认为，农村副业的存在与发展，是农村稳定与发展的重要力量。"中农"是农村中的中坚力量，但其不仅仅是指种田多的农户，那些在农村里种了一点田，同时从事一定的副业生产的农民也可以叫作"中农"。正是农村副业的存在留住了这一批农民，从而使得农村的发展彰显出更为生机勃勃的一面。

二

从农村副业本身的变迁可以看出，其具有商品化的性质，也即，副业产品是面向市场的，而不是完全自给自足的。但商品化并不等于资本化，在副业商品化时，其利润还是属于农民，而一旦资本化，副业就与农民没什么关系了。

近年来，农村副业资本化的趋势很明显，主要表现为农村副业的产品市场被专业化、规模化所生产的产品挤占。例如，村内的小卖部是为农民服务的，在20世纪八九十年代，生意普遍很不错。当时，大部分农民没有走出过村庄，一辈子都生活在村里，小卖部成了他们与外界沟通的重要桥梁。在小卖部里，农民可以买到自己所需的日常用品，也可以了解到外界的部分信息。并且，在当时各种条件的限制下（如交通条件），农民在小卖部购买日用品最为方便快捷。然而，随着农村交通的改善、农民生活水平的提高，以及农民对各种商品的品质要求越来越高，村内的小卖部已经难以满足农民丰富多彩的需求，而由资本规模化生产的产品此时更容易受到大家的青睐。在此背景下，村内的小卖部越来越衰败，不再作为农民购物的第一选择，而只是作为应急所需。

又如，农村的养殖业，原来是作为家庭副业的重要组成部分，是家庭过剩劳动力进入市场的有效方式之一。然而，随着资本推动的大规模养殖业的兴起，原本作为农村副业的家庭养殖业失去了生存空间。农民投资养殖业，在资本积累和抗风险能力上本来就"先天不足"，规模养殖的兴起彻底击败了原来的家庭养殖。规模经营具有资本优势，抗风险能力强，且得到政府的各种支持与补贴，单家独户的小农难以与之竞争。

副业资本化是一个缓慢的过程，它是在工业化的过程中逐渐形成的。农村副业资本化主要与以下原因有关：首先，工业化的发展，为社会提供了各种各样的商品，在一定程度上替代了原来的副业产品；其次，现代化过程中农村越来越具有开放性，这种开放性一方面使得农民具有多重选择，另一方面也使得市场的物品、观念进一步深入农村地区。

三

农村副业作为小农经济的重要组成部分，其资本化必然会对小农经济造成重创。在传统社会里，小农体系非常完善，农业是农民生活的根本，副业则作为辅助在农业社会里发挥着重要功能，农民各种生活需求基本都能在村庄中得到满足。可见，农业与副业对于农业社会而言都是不可或缺的。副业资本化以后，小农经济的维系就必须要依靠工业化、城市化的发展。

因而，现阶段大部分农村地区小农经济的典型结构是"半工半耕"，农民由原来的通过家庭副业间接进入市场，转变为将自己的劳动力直接投入市场。并且，进入工业化、城市化的基本都是农村中的优质劳动力，也就是说，原本属于农业社会中的中坚力量的农民，现在都已经作为工业化的劳动力进入市场。可以看出，对于农民家庭本身而言，工业与农业的收入总和足以维持其家庭再生产。然而，对于农业体系内部而言，则面临劳动力流失的危机，这使得农业体系本身的维系与发展受限。

农村副业的变迁，反映了农民生活方式以及整个农村的变

　　　　　　　　　　　　　流变的家庭

化。传统社会里，农业体系十分完善，农业生产主要依靠夫妻分工完成，家庭内部的辅助劳动力则是副业生产的主力；而当前农民家庭的维系需要农业与工业的配合，农业体系本身会变得比较单调。

六

家庭变迁与政策反思

城乡中国视野下农民家庭结构的多样性
与灵活性

　　家庭结构是指家庭成员的构成及相互关联的模式。农民家庭结构变动是认识和理解农民家庭转型的重要方面。随着乡土中国逐渐向城乡中国转型，传统的关于家庭结构的界定和分析显然已经落后于转型期农民家庭结构的实践形态，在此意义上，我们需要在城乡中国的视野下重新认识和理解转型期的农民家庭结构。

　　传统的乡土社会是一个相对静态且比较封闭的社会，农民家庭结构的变动与家庭所处的生命周期之间具有直接关联。从理想类型来看，从两个人结婚开始，家庭结构会先后经历夫妻家庭、核心家庭、主干家庭、联合家庭和空巢家庭等几个形态。在此意义上，在传统时期，处于同一家庭生命周期的不同农民家庭在家庭结构上具有较大的同质性。然而，随着打工经济的普遍兴起以及农民城市化越来越普遍，农民面对的就不是封闭和静态的乡土社会，而是一个更加开放和变动的城乡中国。在城乡中国的视野下，农民的家庭结构呈现出多样性，其形态不再是家庭所处的生命周期的自然呈现，而是在特定的家庭目标和家庭策略之下农民家庭的主动选择，因此仍具有较强的灵活性。

一

在城乡中国视野下，农民的家庭结构形态主要取决于家庭劳动力配置的逻辑和方式。根据笔者近年来在各地农村的调研，转型期的农民家庭结构可以大致分为以下四种类型。

第一种类型是"一城一乡"的家庭结构，即年轻的子代主要在城市工作和生活，中老年父代主要在农村生活。这种家庭结构形态在大城市郊区农村最为典型，笔者调研的武汉和北京郊区农村就属于这种类型。

在"一城一乡"的家庭结构形态下，父代与子代的家庭既相互独立，又相互融合。相互独立主要体现在空间上的独立和生活方式上的差异。年轻人在城里有住房、有工作，其大部分时间是在城市度过，更接近于城市的生活方式；而父代主要在农村劳动和生活，其生活方式仍然是比较传统的。相互融合表现为关系融合，并通过资源互通和情感互动体现出来。其中，父代会在资源上尽力支持子代家庭，帮助后者在城市立足和发展，而子代家庭主要是以经常回家看望父母等情感互动的方式反馈父代。此外，"一城一乡"的家庭结构还能实现两代人以周为单位的聚合。虽然两代人分别生活在农村和城市，但城乡之间的适度距离为他们经常性的互动提供了条件。也正是基于此，笔者在大城市郊区农村调研时发现"中老年周末夫妻"这一现象比较凸显，即中老年女性在周一到周五进城帮子代带小

流变的家庭

孩，周末时又回到村里和老伴一起生活。总体而言，大城市郊区农村"一城一乡"家庭结构的形成主要与以下两个因素相关：一是家庭经济基础较好，因此可以实现子代核心家庭的完全城市化；二是城乡之间的适度距离为代际之间的有效互动提供了空间。

第二种家庭结构形态建立在典型的以代际分工为基础的"半工半耕"的家计模式之上。这是中西部农村最为普遍的家庭结构形态，是典型的"流动家庭"加"留守家庭"的组合。"流动家庭"主要是由年轻的小夫妻组成，他们可能在同一个城市务工，也可能分散在不同的城市，由于大部分年轻人是以非正规就业为主，因此在工作地点和从事的工种上都具有较大的流动性。"留守家庭"由父代和孙代构成，爷爷奶奶不仅要种植土地，更重要的是要带好孙代。为了尽可能增加家庭收入，父代夫妻之间也可能进一步分工，即由奶奶主要负责照料孙代，爷爷除务农之外，在农闲季节还可以在村庄附近打一些零工。一般情况下，外出务工的子代只有在每年过年时才回家，此时年轻人组成的"流动家庭"与父代和孙代构成的"留守家庭"实现了暂时的聚合。

第三种家庭结构是，年轻人外出务工，中老年父母中的一方在家务农，另一方在乡镇或县城陪读（一般是奶奶陪读）。这种家庭分工模式建立在两个前提之上：一是家庭经济基础比较好，能够支付孙代在乡镇或县城的教育费用；二是父母对小孩的教育比较重视，具有投资小孩教育的动力。这种情况之下，在乡镇或县城陪读的奶奶一般是每周或每月带着小孩回村一次，平常主要是爷爷一个人在村。

第四种家庭结构是，年轻人在城市有比较稳定的工作，父母中的一方或双方一起进入城市成为"老漂"，帮助子代带小孩和料理家务。在这种家庭结构类型里，年轻人的学历一般都比较高，大部分是本科以上，他们可以在城市找到比较稳定且收入还不错的工作，多是"双薪家庭"。因此，一方面，年轻夫妻都要工作，无法照顾小孩；另一方面，夫妻双方的收入足以支撑一家人在城市的生活。此外，在这种类型的家庭里，年轻人对子代的教育尤其重视，他们不会同意父母将小孩带回农村抚养，而更愿意让父母到城里来带小孩。

"老漂"还可以进一步分为"单漂"和"双漂"，前者是指父母中的一方进入城市照料孙代，后者是指父母一起进入城市。调研发现，"单漂"远远多于"双漂"，且"单漂"以女性老年人为主。在女性老年人一个人进城就能照顾好孙代的情况下，男性老年人一般不愿意进城。这主要有以下几方面的原因：一是出于减少子代家庭开支的考虑，"多一个人就多一份开销"；二是在城市较为封闭和狭小的居住空间里，男性老年人和媳妇生活在一起有诸多不方便；三是男性老年人对家务活普遍不是很在行，因此他们进入城市之后容易成为家里的"闲人"，这会让他们在心理上产生负担。

二

可见，在城乡中国视野下，农民家庭劳动力配置已经超

流变的家庭

越了简单的"务农"与"务工"的分工，家庭结构形态呈现出多样性和灵活性。从以上关于农民家庭劳动力配置和家庭结构形态的论述中可以发现，在四种类型的家庭结构里，年轻人都是以在城市务工为主，但是由于所受教育水平的不同，他们在就业层级以及就业稳定性方面具有一定的差异。若年轻人所受教育水平较低，他们通常只能选择在普通工厂打工，就业层级相对较低，且就业的流动性较大；若所受教育水平较高，他们就可以选择正规就业，相对比较稳定。而父代参与子代家庭再生产过程的方式则更为多样化，既可以留守农村务农和照料孙代，也可以进入乡镇或县城陪读，还可以进入城市成为"老漂"。可见，转型期的农民家庭在家庭结构上具有很强的弹性，其根据家庭发展的需要，对家庭劳动力采取不同的分工策略，并最终形成不同的家庭结构形态。其中，孙代的教养方式、家庭资源的丰富程度以及家庭城市化的动力等是重要的影响因素。

孙代的教养方式在当前越来越成为影响农民家庭结构形态的关键要素。随着越来越多的年轻人外出务工以及城市"双薪家庭"的兴起，照料孙代普遍成为爷爷奶奶的任务，但是，对孙代教养方式的不同，会影响家庭劳动力的配置逻辑和方式。如果将孙代放在农村学习和生活，那么爷爷奶奶需要留守在村照顾孙代；如果将小孩送到乡镇或城里上学，那么爷爷奶奶要到外地陪读，或者是成为"老漂"。随着年轻人对小孩的教育越来越重视，越来越多的农民家庭倾向于将孙代送到城里上学，在年轻人没时间照料小孩的情况下，只能由爷爷奶奶进城照料孙代。可见，孙代教养方式的城市化，是父代阶段性和暂时性进城的主要原因，同时也是转型期影响农民家庭劳动力配置最为关键的因素。

此外，家庭经济条件和家庭城市化的动力，也是影响农民家庭结构形态的重要因素。当农民家庭经济条件较好，且家庭城市化的动力较强时，他们对教育也更为重视，会更倾向于将小孩送到城市上学，进而对家庭劳动力配置提出新的要求，并最终塑造出与之相匹配的家庭结构形态。

三

通过上文的论述可以发现，父代的劳动力如何配置是塑造转型期农民家庭结构形态的关键。他们根据家庭发展的需要，与子代家庭之间形成有效分工，塑造出丰富的家庭结构形态。

总之，转型期的农民家庭结构呈现出多样性和灵活性等特点。因此，我们需要超越传统的静态的家庭结构观，深入到转型期农民家庭结构形态的复杂经验中，分析其特点及形成原因。

最具时代特征的"中年人"

近年来笔者在各地农村调研时访谈过很多五六十岁的中年人，他们大多都感慨"我们这一代人是最辛苦的一代"，经历了"缺衣少食"的童年，当前又正在经历"上有老、下有小"的人生最困难的阶段。在笔者看来，出生于20世纪50、60年代的中年人是不是最辛苦的一代倒没有定论，但确实是最特殊的一代，他们身上具有浓厚的时代特征。之所以说特殊，是因为他们具有以下三个共同特征：他们是为子女付出最多的一代人，是最后一代要为父母养老的人，同时也可能是第一代不需要子代养老的人。可以说，中国家庭的变化和家庭转型的特征，在这一代中年人身上体现得最为明显。因此，该群体构成了理解中国家庭变迁和转型的重要切入口。

一、"为子女付出最多的一代人"

说如今五六十岁的中年人是"为子女付出最多的一代人"一点也不为过。他们不仅要完成传宗接代的人生任务，即帮助子代成家立业，而且在子代结婚之后还要带孙代以及在经济上源源不断地支持子代家庭。因此，其人生任务链条被不断延长，而且完成每一项人生任务的成本相较于以前而言都更高。

首先，这一代中年人完成传宗接代的人生任务的成本很高。他们的子女大多出生于20世纪80年代和90年代，普遍在2000年之后结婚。这一时期，随着婚姻市场上适婚青年男女性别比的失衡，男性在婚姻市场上逐渐处于弱势地位，男方家庭面临的婚姻成本不断攀升。男方家庭不仅要支付高额的彩礼，而且女方家庭还可能提出买房等刚性要求。调研发现，进入2000年以来，我国农村地区的彩礼金额不断上升，从2000年左右的几千元逐渐上涨至几万元、十几万元，甚至几十万元，其中华北农村的彩礼金额最高、上涨速度最快。由于年轻人在婚前的经济积累较少，大部分年轻人在婚前打工的收入只够自己开支，因此婚姻成本大部分是由父母承担。对于普通的农民家庭而言，高额的婚姻成本无疑是很大的经济负担。

其次，这一代中年人的人生任务链条不断延长。在传统时期，父母的人生任务一般是以子代的婚姻为节点，子代顺利结婚意味着父母的人生任务已经完成，他们可以相对退出家庭的生产领域，进入退养状态。然而，当这一代中年人开始为人父母之后，他们面临着完全不一样的环境。随着农民家庭再生产的目标由简单家庭再生产逐渐向扩大化家庭再生产转型，农民家庭不仅要完成传宗接代的目标，而且还要尽力实现家庭发展和家庭社会流动的目标。家庭再生产目标的提升使得农民家庭面临着前所未有的压力。在此情况下，农民家庭必须要对家庭资源进行高度整合，对家庭成员进行深度动员，以实现家庭资源积累能力的最大化。在以发展为导向的家庭目标面前，依靠

流变的家庭

年轻人自身的努力显然不够，而中年父代也不忍心对子代家庭"不闻不问"，因此在子代结婚之后，他们仍然深度参与到子代家庭再生产的过程之中，通过代际合力的方式实现家庭发展的目标。具体而言，在子代结婚之后，中年父代主要通过以下两种方式帮助子代家庭：一是时间上的帮助，主要是帮助子代带小孩，以缓解年轻人工作的压力；二是经济上的支持，包括子代家庭的日常生活开支以及孙代的抚育费用。如此一来，这一代中年人的人生任务链条不断延长。笔者在农村调研时，很多中年人提到自己的目标是"生命不息、奋斗不止"，"帮儿子帮到死"。

说这一代中年人是"为子女付出最多的一代人"，不仅在于他们在经济上对子女的支持最多，而且还在于为了支持子代家庭的发展，他们能够主动进行自我调适，以适应子代家庭的需要。近年来在农村调研发现，农村中老年群体中出现了一些新的现象，如"老漂""中老年周末夫妻"等。在这些现象中，中老年群体需要突破其既有的生活模式和生活圈子，扮演新的角色，进入新的生活环境，这对于他们而言无疑是很大的挑战。在农村调研时，笔者采访过很多有过"老漂"或"中老年周末夫妻"经历的农民。他们一方面很有成就感，因为他们帮助子代家庭处理了很多生活杂事，令子代夫妻可以专心工作；另一方面他们也坦言进入城市之后有诸多不适，这种不适不仅源于城市生活环境，而且也源于与子代家庭共处一室。此外，很多中老年人提到最不习惯的就是"夫妻到老了还要分居"。然而，尽管进入城市之后有诸多不适，但只要子代家庭有需要，他们仍然义无反顾地进城帮助子代家庭。为了子代家庭能更好地发展，中年人愿意进行自我调适，也愿意牺牲自己。

二、"最后一代要为父母养老的人"

之所以说中年人可能是"最后一代要为父母养老的人"，是因为如今的中年一代可能将成为"第一代不需要子代养老的人"。在此将首先分析为何中年人是"最后一代要为父母养老的人"。

如今五六十岁的中年人的父辈普遍已经七八十岁，正处于需要子代赡养的阶段。并且，七八十岁的老年人基本没有外出务工的经历，他们这一代人是典型的"老农民"，一辈子都生活在农村并以农业为生，家庭积累能力有限，在完成自己的人生任务之后，几乎没有任何资源积累，在养老上要高度依赖于子女。因此，当前五六十岁的中年人普遍面临养老的压力。一方面，七八十岁的老年人基本都已经丧失劳动能力，其自养能力有限，在自身没有经济积累的情况下，必须要依靠子代的资源反馈才能维持生活。另一方面，中年人不仅要面临一定的赡养父代上的经济压力，而且更关键的在于他们还需要参与子代家庭再生产，这使得养老有了较高的时间成本。在传统时期，中年人较早就完成传宗接代的人生任务，在子代结婚之后，最重要的任务就是为父母养老送终，在此情况下，养老并不具有太高的时间成本，赡养老人与子代家庭再生产的过程也并不冲突。然而，在当前子代家庭面临较大的发展压力的背景下，中年人在子代结婚之后仍然要参与子代家庭再生产，他们要么继续参与市场积累资源以支持子代家庭，要么帮助子代家庭带小孩或料理家务。在此情况下，赡养老人就具有了较高的时间成本。中年人需要在履行赡养义务和参与子代家庭再生产二者之间做好平衡，否则就可能产生家庭矛盾。

在农村调研中笔者发现，近年来农民家庭由于赡养老人而发生的矛盾纠纷很多。通过深入了解很多养老纠纷可以发现，其中大部分不是源于子代不想养老人，或者是不愿意出赡养费，而是源于子代没有时间照顾老人。可见，养老时间成本的增加成为当前农村养老纠纷产生的主要原因。而如今的中年人养老之所以具有较高的时间成本，在于在家庭发展压力之下，他们还需要参与子代家庭再生产。这是传统时期的中年人所没有的经历。也正是从这个意义上讲，这一代中年人不仅是"最后一代要为父母养老的人"，而且也可能是在养老上面临"两难选择"的一代。

三、"第一代不需要子代养老的人"

在各地农村调研发现，如今五六十岁的中年人大多为自己未来的养老做了一定的准备，因此，从经济层面来看，他们或将成为"第一代不需要子代养老的人"。这一代的中年人在年轻时基本都有外出务工的经历，是中国历史上第一代"农民工"，外出务工的经济积累不仅帮助他们完成了传宗接代的人生任务，而且还使得他们有能力为自己的老年生活做准备。尤其是在子代结婚之后，中年父代普遍还要继续外出务工，一方面是为了继续支持子代家庭的发展，另一方面也是为自己未来的老年生活积攒资源。在打工经济普遍兴起的背景下，中年人只要有一定的劳动能力，都可以找到合适的工作，因此他们多多少少都有一定的经济积累。

实际上，这一代中年人普遍对子代未来的赡养不抱期待，这不是因为他们的子代不孝顺，而是因为中年人深知子代面临多重压力（如教育压力、城市化压力），因此他们更倾向于在自己还有一定劳动能力时为自己积攒养老资源，以减轻子代未来的养老压力。这一现象在发达地区农村和大城市郊区农村更为典型，因为这些地区基于其靠近大城市的区位优势，务工机会更多，中年人的资源积累能力更强。笔者在武汉郊区农村调研时，一位50多岁的中年男性对子代未来的反馈有如下看法：

> 我们这一代人，养老（在经济上）都不需要儿子操心，都有积蓄。对儿子主要是一种精神寄托。只要儿子、媳妇讲点孝心，从语言上和行动上给老人一点安慰，就心满意足了。语言上就是嘴巴甜一点，尤其是媳妇，回家要妈妈前妈妈后地叫，婆婆听了心里就高兴了，不要回家吃饭人都不叫。行动上就是要多回来看看，老人比较孤独，儿子、媳妇经常把孙子带回来，我们心里就高兴。以后老了不能动了，儿子开车带我们去医院，帮忙我们买点吃的回来，帮下忙就可以了，其他没什么需要他们做的。

虽然这一代中年人是为子代付出最多的一代，但他们并没有指望子代未来在经济上对自己有多大的反馈。他们只需要子代在日常生活中从语言上和行动上给予一定的情感反馈，这就是他们心甘情愿为子代付出的意义所在。

四、中年人与家庭转型

如果将这一代中年人放到家庭转型的历程中，其经历或许就不再是特殊的，而是农民家庭转型的一个缩影。从这一代中年人的时代特征中，我们可以看到转型期农民家庭的韧性与弹性。农民家庭可以根据家庭发展的需要，对家庭成员进行高度动员和整合，并通过代际合力的方式应对家庭现代化和发展的压力。从中年人的行为逻辑中，我们还能看到转型期的农民家庭具有很强的能动性，能够根据家庭面临的现实问题对家庭结构和家庭关系进行积极调适，以应对家庭发展的困境。这一代中年人的经历和处境或许是特殊的，但他们的经历背后所体现出的中国家庭的特点却具有普遍性的意义。基于此，我们要深入中国家庭转型的复杂经验中，从经验的语境里理解中国的家庭转型和转型家庭的实践形态。

农民工的变迁

——从"一个人进城打工"到"举家外出务工"

改革开放以来，随着我国经济、社会的发展以及对农民进入城市的诸多限制的取消，农民逐渐开始外出务工。从20世纪80年代开始的"第一代农民工"到如今的"第二代农民工"，农民外出务工的特点和行为逻辑发生了很大的变化，基于此，我们需要深入到他们的生产、生活实践中，去观察和理解这些变化。

一

从区域差异来看，农民外出务工时间的早晚往往与一个地区的人地关系有很大关联。在人地关系紧张、人均土地较少的地区，农民外出务工的时间较早，例如云贵川地区从20世纪80年代就开始有很多农民外出务工；而在人地关系宽松、人均土地较多的地区，由于农业剩余较多，农民外出务工的时间相对晚，例如东北平原和江汉平原，农民普遍在2005年之后才开始大规模外出务工。

从农民家庭外出务工的主体来看，从20世纪80年代至今大

流变的家庭

致经历了四个阶段的变化。

第一阶段是20世纪80年代，这一时期外出务工的主体是家庭中的青壮年男性，女性外出务工的极少。这是因为这一时期农民外出务工能够选择的工种比较有限，并且主要以重体力活为主，大部分工作都是与建筑工程相关的，例如当泥瓦匠、木匠或在建筑工地上打零工。女性劳动力难以胜任这些工作，且在当时的社会环境中，女性仍然是以"主内"为主。

第二阶段是20世纪90年代，这一时期外出务工的主体包括青壮年男性和未婚的年轻女性，已婚女性外出务工的比较少。其中男性仍然主要从事与建筑行业相关的工作，青年女性则主要在工厂务工。这一时期年轻女性大规模外出务工主要得益于沿海地区（尤其是珠三角地区）"三来一补"企业的大量兴起，城市的工厂越来越多，吸纳了大批农村年轻女性进城。然而，当时的家庭分工结构仍然以性别分工为主，因此女性在结婚之后一般较少外出务工，而是在家务农和照料家庭。

第三阶段是2000年至2010年，这一时期外出务工的主体是中青年人（一般是50岁以下），包括男性和女性。相比于20世纪90年代，这一阶段务工主体的变化在于，女性在结婚之后仍然以外出务工为主，因而中青年夫妻往往一起外出务工。

第四阶段，大约是2010年以来，这一时期外出务工的主体仍然是中青年人，但与前一阶段的不同在于，越来越多的年轻人在条件允许的情况下，开始考虑将小孩带到打工的地方生活和上学。年轻人上班无法照顾小孩，因此通常需要爷爷奶奶中的一方跟随到城里照顾小孩，从而开始出现农民工"举家外出务工"的现象。

从外出务工的主体来看，从一代农民工到二代农民工，农民家庭经历了从"一个人外出务工"到"举家外出务工"的变迁。这种变迁产生的原因主要有以下几个方面。

一是城市就业结构的变化和就业机会的增多。随着我国城市经济的迅速发展，就业结构从单一化走向多样化，就业机会随之增多。20世纪80年代时农民工外出务工主要从事建筑行业，从90年代以来，工种选择更加多样化，如建筑行业、加工制造业、服务业等，吸纳了越来越多的农民工就业。

二是家庭分工模式的变迁。我国传统的家庭分工模式是"男主外、女主内"的性别分工，这与农业社会具有很强的契合性，并一直持续到20世纪八九十年代。在这一分工模式下，父代在子代结婚之后就逐渐退出家庭的主要生产领域，作为家庭的辅助劳动力，而中青年夫妻通过性别分工的方式完成农业生产和家庭照料。2000年以来，随着越来越多的年轻人外出务工，传统的性别分工模式逐渐瓦解，形成了以代际分工为基础的"半工半耕"的家计模式，农民家庭分工从性别分工转向代际分工。这一变化对外出务工主体的影响主要体现在，女性开始逐渐走出家庭，进入劳动力市场。

三是家庭抚育观念的变化。尤其是"80后"和"90后"一代为人父母之后，他们不愿意下一代像自己一样成为留守儿童，因此在家庭经济条件和家庭劳动力允许的情况下，越来越多的年轻人倾向于将小孩带到打工地点。这除出于不想要自己的小孩成为留守儿童之外，还有出于对小孩教育的重视，在经济条

　　　　　　　　　　　　流变的家庭

件允许的前提下，他们希望小孩在城市接受更好的教育。

二

随着农民家庭从"一个人外出务工"到"举家外出务工"的变迁，农民工外出务工的行为逻辑也在发生变化。

首先，是农民工生活空间的变化。当农民工是"一个人外出务工"时，他在城市里主要是完成生产。而当农民工是"举家外出务工"时，在城市里就不仅仅要从事生产，而且要面临全家在城市里生活的问题，此时，他们在生活空间的选择上会发生变化。调研发现，20世纪八九十年代一个人外出的农民工在居住上往往倾向于选择工厂或建筑工地的集体宿舍，这些地方不仅省钱，上班还很方便。这一阶段专门在外面租房住的农民工不多。而当农民工是夫妻一起外出务工或者是带着小孩和父母"举家外出务工"时，工厂或建筑工地的集体宿舍显然不适合家庭居住，此时，大城市的"城中村"往往成为他们居住的首选。"城中村"的房子一般比较破旧，但居住完全没问题，关键是生活成本很低。并且，"城中村"的地理位置较优越，交通便利，农民工在此居住上班也很方便。因此，"城中村"往往成为外来务工人员尤其是"举家外出务工"的农民工的聚集地。

其次，是农民工社会关系网络的变化。一代农民工的社会关系网络主要是老乡，他们在务工过程中建构的新的关系网络很有限，这主要源于两方面。其一，交往方式的限制。一代农民工外出务工时，社交网络还不发达，手机等通信设备以及QQ等社交方式也不普遍，社会交往仍以面对面为主，这在很大程度上限制了农民工社会关系网络的拓展。其二，农民工的生活面向。一代农民工外出务工是以挣钱为主，其生活面向仍然是农村，他们对于城市生活没有太长远的预期，进而弱化了其在务工过程中建构新的社会关系网络的动力。然而，调研发现，二代农民工在社会关系网络的扩展上明显与一代农民工不同。二代农民工在务工过程中虽然仍然重视老乡或原来的同学关系，但他们在社交上更具开放性，愿意结交新朋友，因此其社会关系网络更大。一方面，这是因为当前的社交方式更加多元化，尤其是QQ、微信等社交方式的普及，使得农民工结交和维系新的社会关系都更为容易。另一方面，这也与二代农民工的生活面向有关。二代农民工进城不仅是为了获得资源积累，同时还有城市化以及最终在城市扎根的期望，因此往往会更加积极地融入城市社会，也会更加重视在务工过程中的关系积累。

最后，农民工务工状态的变化。一般情况下，我们认为农民工外出务工具有很强的流动性，这不仅表现在工种选择上，也表现在务工地点的选择上。很多农民工"一年换一个地方""一年换一份工作"，具有很强的不稳定性。然而，调研发现，当农民工是"举家外出务工"时，其流动性相对较弱，具有"半流动性"的特点，即一方面他们的务工机会仍然是不稳定的，另一方面他们会尽量避免流动太快。这是因为，相对于"一个人外出务工"而言，"举家外出务工"的农民工不能仅仅从个人喜好或个人的职业选择来考虑，而且还要基于家庭

　　　　　　　　　　　　流变的家庭

整体来考虑。例如，如果子女跟着一起在外面上学，经常变换务工地点就意味着子女也要经常换学校，这对小孩的学习显然不好。笔者在"城中村"调研时发现很多举家外出的农民工都在一个地方务工好几年，甚至有十年以上的。

三

上述分析表明，我们对于农民工的研究要有变迁的视野，要关注到农民工本身的变迁，同时，研究的视角需要更加多元。既需要从农村的视角来研究农民工，例如研究农民工为何要外出务工、影响农民工外出务工的因素有哪些、农民工外出务工的区域比较等，实际上，这一视角是从农民工来反观农民家庭和乡村社会。此外，也需要从城市的视角来研究农民工，要关注农民工在城市的生活状态和生活逻辑，尤其是举家外出的农民工是如何安排其在城市的生活的。

"城中村"，是观察和研究农民工在城市生活逻辑的重要场域，这不仅是因为大量农民工居住在那里，而且还因为"城中村"本身就构成了一个微型社会，我们可以从中观察到农民工如何通过"城中村"实现与大城市的关联。

武汉农村为何解决不了土地抛荒的问题？

近年笔者在武汉周边农村调研发现，相比于中西部一般农业型地区而言，当地的抛荒现象尤为严重，大量耕地被直接抛荒或是种上了树，后者也是抛荒的一种方式。调研所在的新洲区仓埠街道X村，2017年土地抛荒比例达到50%以上。

一般认为，大城市近郊农村由于背靠大城市的区位优势和市场优势，其土地利用价值应该更高，例如可以种植蔬菜水果为城市提供农副产品。那么，为什么武汉周边农村的土地利用率如此低，抛荒现象如此普遍？

一

要回答这一问题，首先要理解小农为何抛荒。大集体时期没有出现过抛荒的问题，从分田到户以来，小农抛荒经历了两个阶段。第一阶段是在20世纪90年代税费负担很重的时期，种地的收入可能还不够上交农业税，土地在当时对于很多农民而言是一种负担，因此出现部分农民"弃田"外出务工的现象。但这一时期，不可能让大量的田地抛荒，否则村集体难以完成国家规定的税费任务。并且，当时农民外出务工的机会有

流变的家庭

限，在村务农的人还比较多，村干部通过上门做工作和将田地"打折"的方式，让部分在村农民将外出务工者抛荒的田一起种上，在1998年二轮延包时，这些田地就登记到了实际种田农户的土地承包经营权证上。取消农业税费之后，很多农民回来"要地"即源于此。

农村真正开始大规模出现抛荒的现象始于2000年，尤其是取消农业税以来。一方面，取消农业税之后，原有的乡村治理体系发生改变，村集体在农业生产方面的统筹能力越来越弱。在农业税费时期，村集体要代表国家向农民收取农业税，此时其也要为农民提供基本的生产条件，例如组织集体抗旱解决水利问题、每年的沟渠维护、机耕道维修等。村集体的统一组织解决了单家独户的农民不好做和做起来不合算的事情，因此这一时期农业生产条件相对较好。而取消农业税之后，国家不再向农民收取税费，村集体也不再具有为农民提供基本生产服务的积极性，农民需要自己解决生产过程中的诸多问题。与此同时，打工经济带来农民的分化，农民在农业生产环节的相互合作越来越难以达成，这带来的直接问题就是田地越来越不好种了。这是导致农民抛荒的根本原因。另一方面，2000年以来打工经济普遍兴起之后，农民外出务工的机会越来越多，务农收入在农民家庭收入中所占比重越来越小，因此部分农民选择将土地抛荒。

二

通过以上分析可以看出，小农抛荒的原因在于"地不好种"和"种地不划算"，而前者是更为根本的原因。然而，当农村开始出现抛荒现象时，政府的判断是"农村无人种田"，因此在政策上开始鼓励资本下乡流转土地，希望以此来解决"无人种田"的问题。武汉农村从2005年以来大规模推动资本下乡流转土地，并且，越是靠近武汉市区的农村，资本下乡流转土地的比例越大。

然而，资本下乡流转土地不仅不能解决土地抛荒的问题，反而是将这一问题进一步固化。大部分资本下乡都不可能真正种粮食作物，只要是小农能够进入的生产环节，资本肯定是种不过小农的。资本种地的成本极高，不仅需要支付较高的土地流转费，而且在经营过程中还完全依赖于雇工，因此靠种地是不可能存活的。实际上，资本下乡流转土地主要有两种用途：一是种植经济作物，但经济作物面临市场风险和自然风险的问题，其收益不能得到保证；二是搞第一、第二、第三产业融合发展，发展休闲农业，但这种方式只能在极少数有市场区位优势和自然条件优势的地方才可能成功，并且还需要依托于政府大量的项目资源投入，因此必然只有极少部分资本能够依靠这种方式存活，其余大部分资本最终都无法生存。其最终结果是，资本要么将流转的土地抛荒（其抛荒的亏损往往还低于其种植的亏损），要么跑路，不管是哪种方式，最终都没有解决土地抛荒的问题。

流变的家庭

在此意义上，资本下乡不仅不能解决土地抛荒的问题，反而使"无人种田"从一种预言和误判变为现实，进一步锁定了土地抛荒的状态。首先，资本下乡流转土地之后，一般不会真正种地，多是靠政府的项目支持维系暂时的生存，从而出现"政府花钱养荒"的现象。其次，资本下乡流转土地，消解了村庄内部"中农"和大户发育的空间。

在资本下乡流转土地之前，每个村庄内部一般都会存在数量不均的"中农"或者大户，他们因为各种原因没有外出务工，因此将外出务工者的土地种植起来，形成适度规模经营，不仅提高了自己的收入，而且很好地解决了土地抛荒的问题。这种方式在当前很多中西部一般农业型村庄普遍存在，但在武汉周边农村，村庄内部的"中农"和大户却没有普遍发育出来，其根本原因就在于资本下乡之后消解了其发育和存在的空间。

一般而言，村庄内部的"中农"或者大户种植外出务工者的土地，只需要支付很少的租金（每亩100元左右）或者不用付租金。这对于双方都是互惠的，一般农民只是不想土地荒着，因为荒久了以后不好种，而村内"中农"或大户也不可能支付太高的租金，否则种田就不划算。因此，在没有资本下乡流转土地的地方，在外出务工者与部分在村务农者之间形成了一种自然的平衡，这既解决了土地抛荒的问题，也使得双方都能获利。然而，资本下乡流转土地的租金普遍较高，此时小农就不愿意再将土地给村内的"中农"或大户，而更愿意给外来的大资本。

再次，资本下乡流转土地之后，小农很难再回归农业。资本流转土地的租金较高，提高了农民对土地价值的预期，因此出现了农民"只要租金不要土地"的现象。一些资本跑路之后，在合同到期之前，只好由政府来继续支付租金。

　　武汉农村解决不了土地抛荒的问题，根本原因在于对小农抛荒的逻辑没有清晰的认识。小农抛荒的根本原因在于"地不好种"和"种地不划算"，而政府却认为是"无人种田"，并试图通过推动资本下乡流转土地解决"无人种田"的问题，而没有回应小农"地不好种"和"种地不划算"的问题。最终结果是南辕北辙，使"无人种田"从一种预言变为现实。实际上，政府应该解决的是"地不好种"和"种地不划算"的问题，只要解决了这两个问题，即使在武汉这种大城市郊区农村，也同样会有农民愿意种地。

流变的家庭

低保制度的变迁

2017年笔者在湖北巴东农村调研发现，低保制度及其实践近年在当地经历了较大的变化，低保制度规范越来越清晰，执行和监管越来越严格，不仅村干部，连乡镇民政工作人员都说工作比以前好做多了。调研所在的G镇，全镇总人口5.9万，1万多户，2017年农村低保户为1802户，2554人，城镇低保户为118户，174人。低保救助金分为三类：一类，每人每月320元；二类，每人每月225元；三类，每人每月150元。

一

低保制度作为国家的一项社会救助政策，其目标是帮助村庄或社区中最弱势的人群，满足其最基本的生活需求，对弱势群体进行兜底。但在实践过程中，低保制度越来越背离其政策意涵，并且其实践过程还给乡村社会带来一系列治理难题。以巴东县为例，当地的低保制度在2015年之前执行得比较混乱，主要存在以下问题。

第一，低保的指标化问题。2015年之前，当地的低保都有指标，县里有给乡镇指标，乡镇也有给各个村指标。并且，既对低保总户数有指标要求，又对低保的总人数有要求，村干部要将这些指标分下去极其困难。整体而言，以前乡镇给予各个村庄的低保指标都超出了真正应该获得低保的农户数量。我国当前已经形成了全国统一的劳动力市场，家庭内部只要有一定的劳动力，都不至于太贫困，村庄内部真正困难的家庭极少。而除掉这些困难的和少数经济条件特别好的家庭以外，大部分家庭的经济状况相差不大，因此，这些多余的低保指标如何分配就成为困扰村干部的难题。此时，不管村干部如何分配，都有农民觉得不公平。

对此，G镇赵村的村书记深有感触，他说："以前低保工作难度大，国家政策好，但是不太契合农村实际情况，反正给你村里这么多户，你要把它分下去，必须完成。给的指标，说多又多，说少也少，如果只搞特殊的、真正困难的，指标用不完，如果把一般户也算进去，指标又少了，大部分农民家庭情况都差不多。以前给的指标，既有人的指标，又有户的指标，比如说，10户20人，你怎么去平衡？全部按户不行，全部按人也不行，搞得村干部很头疼。我们自己也觉得不公平，但是没有办法。你报多了上去，上面不认；报少了，把指标退回去，又觉得可惜了。国家有这个政策，还是想让农民得点好处。以前工作难度大，农民意见也大。评一次低保，老百姓要闹好几个月。现在好了，政策条款清晰了，老百姓自己可以对号入座，也没有指标要求，'应保尽保'，工作好做多了。"

低保的指标化给老百姓造成一种误解，认为低保救助是村干部的私人资源，能否获得低保名额的关键是看与村干部的关系如何。因而，当老百姓没有获得低保救助时，他们不会认为是自己达不到基本的条件，而会认为是村干部针对自己，从而进一步带来干群之间的不信任和矛盾冲突。

第二，政策要求的"低保户"在实践中变成了"低保人"，即低保评定不是按户而是按人。按照制度要求，低保应该是按户评选，即以户为单位，计算家庭所有成员的收入，人均年收入低于一定的标准才能被纳入低保救助。并且一旦家庭被纳入低保，就应该是家庭所有成员都获得低保救助，而非个体。而在实际操作过程中，一方面是对农民的家庭收入难以进行精确的计算，另一方面是因为以前的低保指标普遍偏多，因此"低保户"变成了"低保人"，即特殊个体单独进保的情况很普遍。以巴东农村为例，以前的"低保人"主要是两类群体：一是生大病的，以前政策规定二十二种大病可以单独进保；二是老年人。但事实上，患病者的家庭有可能经济条件很好，而将老年人直接纳入低保更加不合理。

第三，低保的福利绑定和福利泛化违背了低保作为社会兜底政策的意涵。在以前的低保实践中，各项社会救助政策归类不清晰，低保福利泛化的倾向很严重，一旦被纳为低保对象，就可以享受远远超出兜底救助的优惠政策，如获得医疗、教育等方面的福利。低保户成为特权户，从而导致出现"人人争低保"的现象。并且，低保的福利泛化还导致了农民对低保的认识和理解的变化。一开始有低保政策时，大部分农民还觉得吃低保"是一件丑事"，有人被评上了还不愿意，但现在农民却觉得"吃低保光荣""吃低保有面子"。

第四，低保的对象瞄准不清晰，没有硬性评定标准。虽然以前也有进入低保的门槛，即家庭人均年收入低于一定的标准，但农民的收入很难精确统计。赵村的村书记说："以前没有硬线，没有硬性条件，条款涉及面太大，按照政策，很多老百姓都符合，不好评。"因此，单独以收入进行衡量，在城市可以很好执行，但在农村就比较困难。这既给村干部的低保工作带来难题，也给村干部将低保指标私人化留下了很多空间，出现很多"关系保""人情保""治理保"等不规范的现象。

二

从2015年开始，巴东县的低保制度及其实践进行了相应的调整，用G镇民政办负责人的话说，2016年是"猛纠"阶段，至笔者调研的2017年9月，当地的低保制度及其实践已经很规范。2016年10月恩施州出台了《恩施土家族苗族自治州最低生活保障实施办法》，要求"按户施保、按标施保、应保尽保、动态管理"，并对低保制度及其实践过程进行了更加清晰的规定。

按照新的规定，在低保的评定过程中，首先要剔除掉"硬伤户"，即本人或子女有机动车的、在外有商品房的、身为国家公职人员的、经商的等，然后再根据家庭收入情况进行评定。总体的变迁趋势是，低保制度越来越清晰、规范，乡村干部的低保工作越来越好做，农民对低保制度及其实践的意见越来越少，争着吃低保的现象也逐渐减少。巴东县G镇民政办的负责人说："我们现在执行得比上面的政策还要严格一些，我

　　　　　　　　流变的家庭

只看材料是否符合，只看政策。以前是人性化大于政策，现在以政策为尺子。以前管的力度不大。我的绝招就是只讲政策，不讲人情。我要把政策给老百姓讲透，我的底线就是不违反政策，不违反纪律。低保规范之后，好做，以前不规范，才难。现在政策非常清晰，谁都不敢踏红线。要规范才好，不规范乡镇工作不好做。"具体而言，2015年以来巴东县的低保制度及其实践主要经历了以下变化。

第一，取消指标，严格执行"应保尽保、动态管理"。从2015年开始，巴东地区取消了对低保的指标限制，这大大减轻了基层干部在低保工作上的压力。以前村干部在低保工作上的难题之一就是如何分配指标，并且，低保的指标化还使得老百姓将低保政策看作是村干部的私人资源。而取消低保指标后，凡是符合条件的都可以申报，能否申报成功不是村干部说了算，而是上级部门说了算，这也在一定程度上减少了低保实践中的干群矛盾和冲突。

第二，严格按户评选，清退"低保人"。从2015年开始就逐渐提出要按户评选，但真正严格执行是从2016年开始，至我们调研的2017年9月，巴东县大部分低保都是以户为单位进行评定和救助。但还有少部分"低保人"存在，这主要是出于稳定的考虑，地方政府担心一下子全部清退会带来基层的不稳定。当时还没有清退的"低保人"主要都是"卡内贫困户"，据相关人员介绍，2017年下半年会把不合格的"低保人"全部清退。值得注意的是，巴东县在评定低保时所指的"户"，并非法律意义上的"户"，而是社区意义（也即实际意义）上的"户"。老年人只要有后代，就不能单独算作一户，即使老年人和子代已经分家，在评定低保时，也是作为一个整体来评定，这就减少了很多以前老年人单独进保的现象。对此，G镇民政办的负责人说："现在是以实际共同生活的户为准进行评定。如果国家和政府都去养老人了，还要你后人（即后代）做什么？不能把老人抛给政府和社会，后人要养老。以前有老年人单独进保的，现在不行，后人有能力，老人就不能吃低保，要杜绝这样的事。如果都把老人抛给政府，国家就没指望了。"

第三，低保户的福利"减绑"，低保制度逐渐回归"兜底制度"。以前低保制度存在的很大问题是福利泛化或福利绑定，尤其是低保与医疗救助制度相互绑定在一起，使得低保户可以获得比一般农户更高的医疗报销和救助，这也成为很多农民争着吃低保的重要原因。实际上，很多乡村干部都提到，农民想吃低保，并不是想获得救助金，而是想要获得低保身份所带来的其他福利，尤其是医疗上的福利。而2017年巴东县的相关社会救助制度（尤其是医疗救助制度）进行了重大改革，一方面提高了所有农民在医疗救助上的福利，另一方面减少了低保户的特殊福利，从而缩小了一般农户与低保户在医疗救助上的差距。具体而言，从2017年7月1日起，巴东县的大病医疗救助主要进行了如下改革。

（一）取消病种限制。以前是只有二十二种重大疾病才能申请大病医疗救助，现在没有病种限制。所有农民在新型农村合作医疗报销之后，自费合规医疗费用达到2万元以上，即可申请大病医疗救助。

　　　　　　　　　　　　　　流变的家庭

（二）救助额度提升。以前大病医疗救助的上限是8000元，现在提高到8万元。

（三）农民获大病医疗救助之后，还有自费部分，可以申请临时救助，一般农户最多可以申请8000元，贫困户和低保户最多可以申请1.5万元。

大病医疗救助制度改革之后，农民在医疗方面获得的保障越来越高，由于生病而单独进保的情况锐减，这使得低保制度进一步回归其"兜底制度"的本色。

此外，在残疾人救助方面也有相应改革。以前政策规定一、二级残疾可以纳入低保户，但现在残疾人不能单独进保，也要看家庭收入。并且，目前重度残疾每月有100元的救助金。

第四，低保评定的标准越来越清晰，对象瞄准更加精确。正如赵村的村书记所言："现在低保政策很清晰，老百姓自己都可以对号入座，看自己是否符合条件。"

三

近几年，除巴东农村外，全国还有很多农村都在对低保制度及其实践进行规范。只是很多农村并未真正将改革落到实处，而巴东农村在低保制度完善方面做得更好，其经验值得其他农村地区学习。关于低保制度还有两个普遍性问题值得讨论。

第一，"低保户"与"低保人"的问题。按照政策要求，低保的评定是以户为单位，但在以前的制度实践中，"低保人"的现象在各地农村都很普遍。所谓"低保人"，是指在低保的评定中不是以户为单位，而是以人为单位，个体由于一些特殊因素（如因病、因学、因残、年老等）而获得低保救助。其中最典型的是"疾病保"和"老人保"，一些地区甚至将低保作为老年人的一项普惠性政策，规定只要年满60周岁即可获得低保。特殊个体单独进保，实际上瓦解了农民家庭的整体性和家庭责任的连带性。低保作为一项社会救助制度，同时也是一项家庭制度和家庭政策，在实践中要考虑家庭的整体性，与家庭之间形成良性的互动。中国的家庭对家庭成员而言具有重要的功能性，成员之间强调责任连带、风险共担。"低保人"的关键问题在于，忽视了家庭的责任和功能发挥，实际上是一种"去家庭化"的政策实践。低保制度在政策设计中应该对接家庭，而非盲目对接个体。政策的介入是为了更好地激活家庭的潜力和能力，而不是完全替代家庭功能的发挥。

第二，低保政策的制度定位问题。在低保制度的实践中，其往往被当成一种基础性制度，各项社会救助政策和相关制度都以之为基础进行福利叠加和绑定。其中最典型的就是低保制度与教育救助、医疗救助、扶贫政策等相互叠加，从而导致一个结果，即一旦成为低保户，就可以获得各种政策帮扶和福利。成为低保户成了获得其他社会帮扶和福利的基本门槛，这完全违背了低保制度作为"兜底制度"的意涵。作为一项兜底性制度，应该是使低保户成为真正的低保户，而非特权户，要把其他相关的福利和政策帮扶从低保救助中离析出来。这样不仅能减轻乡村干部的工作负担和工作难度，而且老百姓争着吃低保的现象也会越来越少。